株式投資2025
波乱必至のマーケットを緊急点検

前田昌孝

日経プレミアシリーズ

はじめに

本書は日経プレミアシリーズとしては6冊目、「株式投資202○」と銘打った本としては4冊目の出版物になる。書名をみて誤解してお買い求めになる読者の方がいらっしゃるかもしれないので、最初に、株式相場の見通しを書くことが本書の主眼ではないことをお知らせしておきたい。

力を入れて書いているのは、株式投資での資産形成を目指している人に、等身大の金融・資本市場を理解してもらうための最新知識だ。特にここ数年は税制が変わり、取引所が改革を推進し、活発にM&A（企業の合併・買収）が起きるなど、市場は急激に変化している。

企業も「株式上場がステータス」だった時代は終わり、上場メリットを感じていないところは次々に市場から去る一方、上場し続けるところは「株価を上げなければ買収されかねない」との危機感を持って、企業価値の増大に努めている。

政府や政治家の市場との向き合い方も変わってきた。ちょっと前までは「私は株式投資などをしないクリーンな政治家です」と自己PRする政治家も多かったが、今は「人々の株式投資意欲に水を差すことがないように、金融所得増税には慎重に取り組みたい」と投資を応援している。

こうした変化は私たちの生活にも大きな影響を与えている。いいことばかりではない。企業は企業価値の維持・増大のために黒字リストラもいとわなくなってきている。人生を支えるのが会社ではなく、自らの技量や知識になったのだから、日々の努力を怠っていると、厳しい人生に直面する恐れも高まっている。

政府が証券投資に旗を振るのは、社会保障財政が悪化し、国民の面倒をみていられなくなったからでもある。インフレの高進や税・社会保険料負担の高まりに加え、老後の生活を支える質の高いサービスはますます高価になっているから、2000万円の貯蓄があれば老後は安心だという「よき時代」は終わりつつある。

将来不安から現役層が節約に走るため、経済におカネが回らない。税・社会保険料負担を引いた後の可処分所得が増えないから、結婚や出生をためらう。この悪循環が日本経済をますます地盤沈下させるのではないかとの懸念も拭えない。

筆者は1979年以降、日本経済新聞の記者・編集委員だったころも、嘱託定年で退職して独立した今も、日々、さまざまなデータを追い掛け、関係者に取材し、世の中の変化を伝える記事を世に問うことを仕事にしている。

本書は証券投資のノウハウ本ではなく、証券市場に映る社会や経済の変化を描き、読者の皆様に賢く生きる知識を身に着けてほしいと願って執筆した本だ。締め切りの10月下旬までに起きた出来事は極力、織り込んだ。読者の皆様の資産形成のお役に立てれば、うれしく思う。２０２５年、素晴らしい1年になってほしい。

目次

第2章 投資魅力がある企業とは

第3章　金利上昇がもたらすもの

第4章　東証改革の光と影

第5章　起業社会をどう構築

第6章　変わる世界と資産形成

第 1 章

新NISAを襲った試練

1 「植田ショック」に「石破ショック」

過去最大の大幅安

「植田ショック」に「石破ショック」。株式の投資家は2024年、驚くような急落に何度か見舞われた。超金融緩和や非課税制度など政府・日銀の旗振りも手伝って34年ぶりに過去最高値を更新した東京株式相場は、ぴんと張ったゴムひものようになっているのかもしれない。2025年も手軽に稼げるようなイメージで臨んでいると、大やけどが待っているだろう。

8月に起きた日経平均株価の急落・急騰は7月31日に日銀が追加利上げをした直後だったから、総裁の名前を借りて「植田ショック」といわれている。8月5日の下落幅は4451円と1987年のブラックマンデー（暗黒の月曜日）時の下落幅3836円を上回り、過去最大を記録した。翌8月6日の上昇幅は3217円で、1990年10月2日の上げ幅2676円を上回り、これも過去最大になった（図表1－1）。

図表1-1　日経平均株価の2024年の動き

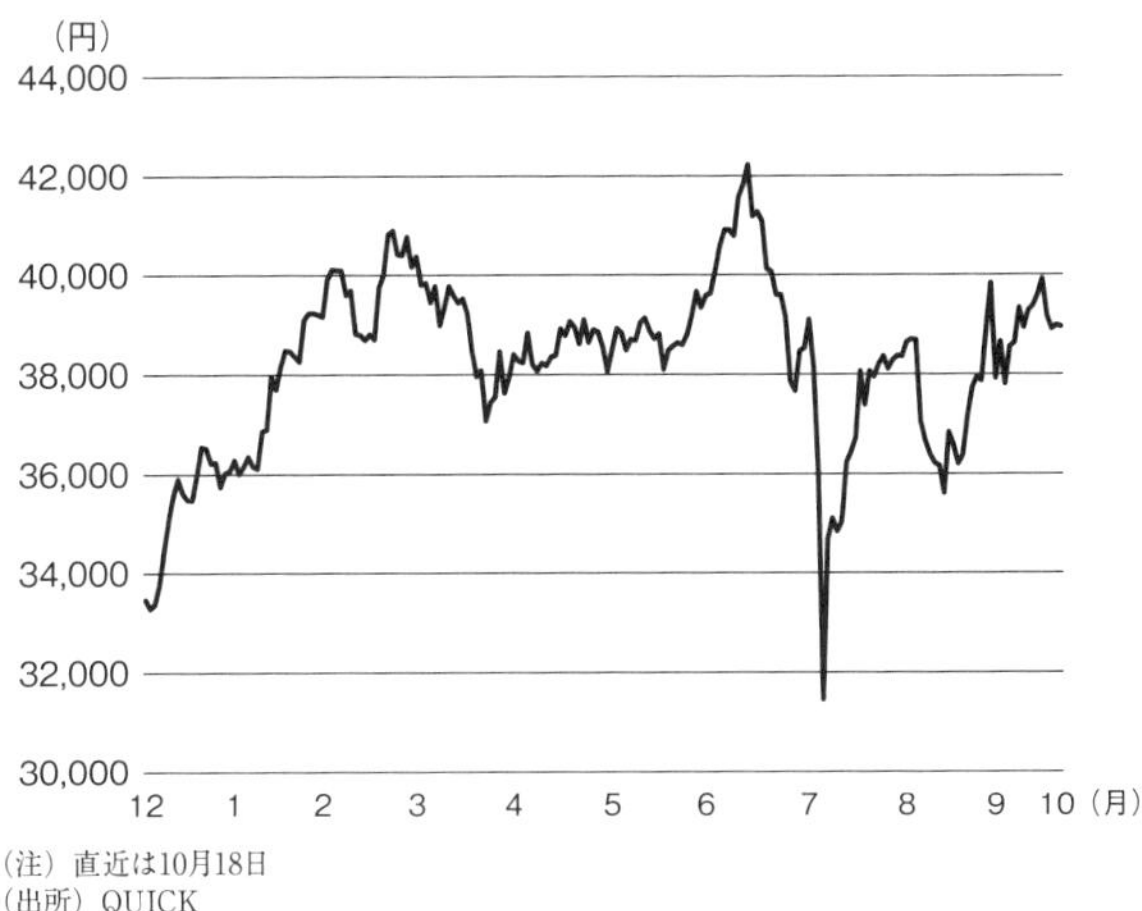

（注）直近は10月18日
（出所）QUICK

振り返れば2024年は日経平均が1989年12月末に付けた最高値を約34年ぶりに更新した歴史的な1年でもあった。3万8915円87銭。一定の年齢以上の市場関係者ならば誰もが記憶している1989年12月29日の終値だ。2024年2月22日に日経平均は前日比836円52銭高の3万9098円68銭になった。ついに「あのとき」を上回ったのである。

日経平均はその後、3月4日には初めて4万円の大台に乗せ、3月22日には4万0888円43銭まで上昇した。2022年3月から段階的に利上げし、2023年7月に5・50％（誘導目標の上限）

まで引き上げられた米国の政策金利が早晩、引き下げに転じるのではないかとの期待が日米の株価上昇に結び付いてきた。

NISA大型化が個人を動かす

年明けから春先にかけての日経平均の上昇はもっぱら個人投資家が主導した。1月から少額投資非課税制度（NISA）が大型化し、非課税投資枠が従来の3倍の年360万円（つみたて投資枠の120万円を含む）になるとともに、非課税期限も撤廃されたためでもあった。衣替え後のNISAの特徴は図表1－2の通りだ。

2024年9月17日に金融庁が公表した統計によると、1～6月期にはつみたて投資枠に2兆2178億円、個別株も買える成長投資枠に7兆9163億円と、合わせて10兆1341億円の個人マネーがNISA口座を通じて証券市場に流入した。このうち1～3月期には6兆1776億円が流入し、相場の押し上げに一役買った。

投資信託（投信）では全世界の株式を組み入れるインデックス（指数連動）型の商品などがもっぱら人気を集めたため、個人マネーのすべてが国内の株式市場に入ってきたわけではない。個別株は以前から保有していた銘柄を売却してNISA口座で買い直したケースも多

図表1-2　2024年からのNISAの特徴

	つみたて投資枠	成長投資枠
口座開設	1人1口座（口座内で2つの投資枠を併用できる）	
非課税期限	無制限	
制度（口座開設期間）	恒久化	
年間投資枠	120万円	240万円
非課税保有限度額（総枠）	1800万円	
		1200万円（内数）
投資対象商品	長期の積立・分散投資に適した一定の投資信託（金融庁の基準を満たした投資信託に限定）	上場株式・投資信託等
対象年齢	18歳以上	

（注）成長投資枠の投資対象商品から除外される株式や投資信託もある
（出所）金融庁ホームページをもとに筆者作成

いと思われる。それでも、1～3月期は個人の売買代金が毎月、過去最高を更新し、個人マネーがごそっと動いていることを印象付けた。

日米の金融政策が左右

再び日経平均が４万円台に乗せたのは７月２日のことだった。米国の半導体関連株の上昇が市場心理を好転させたのに加え、日本の長期金利の上昇が銀行株を押し上げたからだ。７月４日には日経平均が４万０９１３円65銭と３月22日に付けた最高値を上回るとともに、出遅れていた東証株価指数（ＴＯＰＩＸ）も約35年ぶりに最高値を更新した。

ところが、７月10～11日には１ドル＝１６

図表1-3　2024年の円の対ドル相場

（注）直近は10月18日
（出所）日銀

1円まで売られていた円相場が円高方向に動いたこともあり、自動車などの輸出関連株の値下がりで日経平均は再び下落基調に転じてきた。日銀は3月19日の金融政策決定会合でマイナス金利政策の解除を決めていたが、7月31日の会合では0〜0・1%としていた政策金利（無担保コール翌日物レート）を0・25%に引き上げることを決めた。

図表1―3のように、円高が進行し、翌8月1日の日経平均は1000円近く下落した。弱気心理に追い打ちをかけるように米国景気の減速を示す経済指標が発表され、日経平均は8月2日に2221円安、翌営業日の5日に4451円安

図表1-4 日米の政策金利

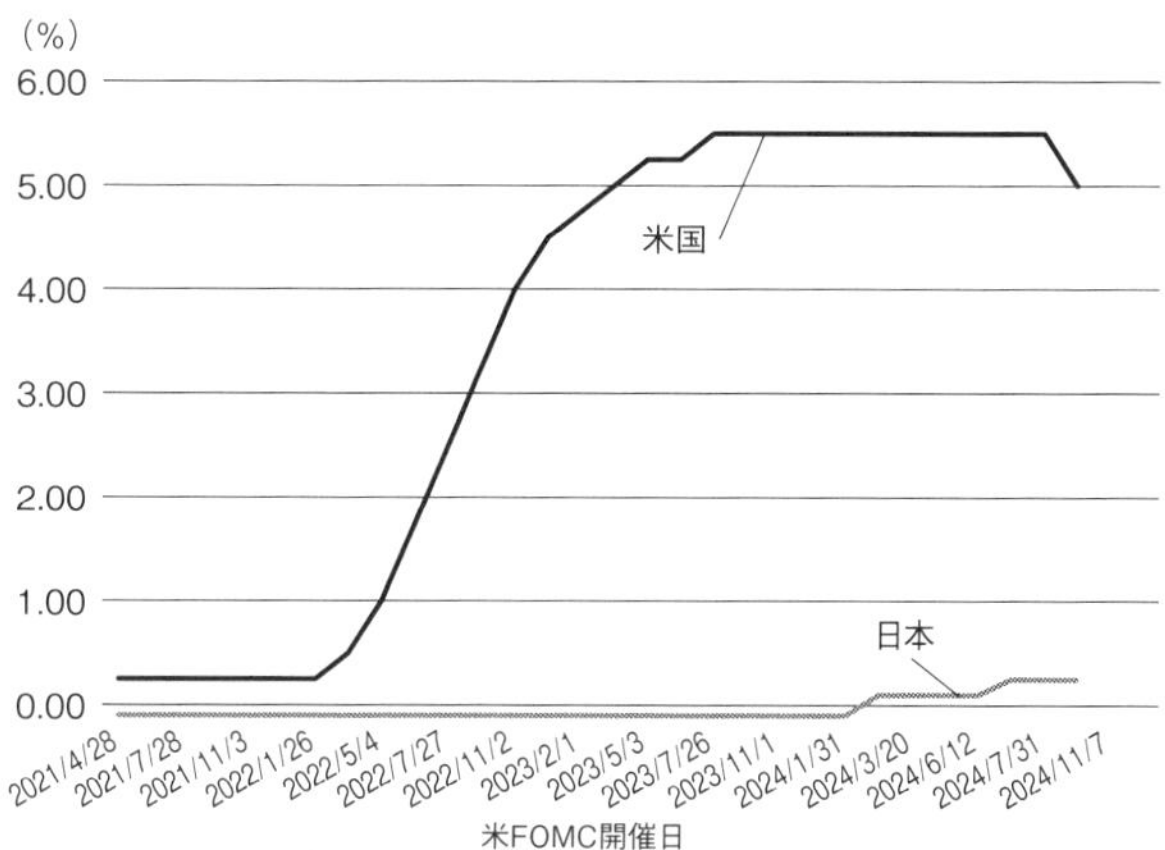

（注）横軸はFOMCの結果公表日（現地時間、年8回開催されるうちの一部）。日本は無担保コール翌日物の誘導目標、米国はフェデラルファンドレートの誘導目標の上限
（出所）日銀、米連邦準備理事会（FRB）

と大きく崩れた。低金利の円で資金を調達し、世界の株式市場などに投資をする「円キャリートレード」が日銀の追加利上げを受けて急速に巻き戻されたことが大きな要因だった。

なおくすぶる不透明感

「植田ショック」といわれた8月5日の急落後の日経平均終値は3万1458円42銭だったが、翌8月6日には3217円高と過去最大の上昇幅を記録した。その後も5日連続高などを交えながら、9月2日には3万8700円87銭まで回復し、市場にはまた強気論が増えた。しかし、9月4日に1163

8円も下落するなど不安定感は拭えず、9月11日には再び3万5000円台まで下落した。

米連邦準備理事会（FRB）はおおかたの予想通り、9月17〜18日に開いた連邦公開市場委員会（FOMC）で4年半ぶりの利下げを決めた（図表1-4）。米国株は米国経済の軟着陸期待から最高値圏に進んだ。しかし、日本では9月27日に事実上の次の首相を決める自民党総裁選を実施、決選投票で新総裁に石破茂氏が選出され、市場に動揺を与えた。

9月27日の取引時間中には第1回の投票で最多の票を得た高市早苗経済安全保障相が決選投票で勝利するのではないかとの期待が高まり、日経平均が大引けにかけて急騰していた。ふたを開けてみたら石破氏に決まったので、週明け9月30日には急騰の反動もあって、日経平均が1910円も下落した。これが「石破ショック」である。

その後、米国株高を背景に日経平均は再び3万9000円台を回復したが、10月下旬の段階では2024年の年末に向けてクリスマス・ラリーが期待できるのかどうかも、何ともいえない雰囲気だ。

2　NISAで動いた10兆円

第一選択は「オルカン」

株式市場にはここ数年、30歳代を中心とする若年層の参入が相次いでいる。その要因は2つ。1つは2019年6月に金融庁の審議会が「公的年金だけでは老後の生活費をまかなえず、約2000万円が不足する」との試算を含む報告書（金融審議会市場ワーキング・グループ「高齢社会における資産形成・管理」）を公表し、危機感を覚えたからだ。

もう1つはNISAの導入や拡充、少額でも投資できるさまざまなサービスの導入、投資単位を引き下げる上場企業側の措置などによって、小口の投資家でも株式や投信を購入しやすくなったからだ。

NISAの拡充を機に投信への積み立て投資を始めた人たちの第一選択はオルカン、つまり、三菱UFJアセットマネジメントの「eMAXIS　Slim全世界株式（オール・カントリー）」、その次は同社の「eMAXIS　Slim米国株式（S&P500）」だった。

図表1-5　オルカンとS&P投信資金流入

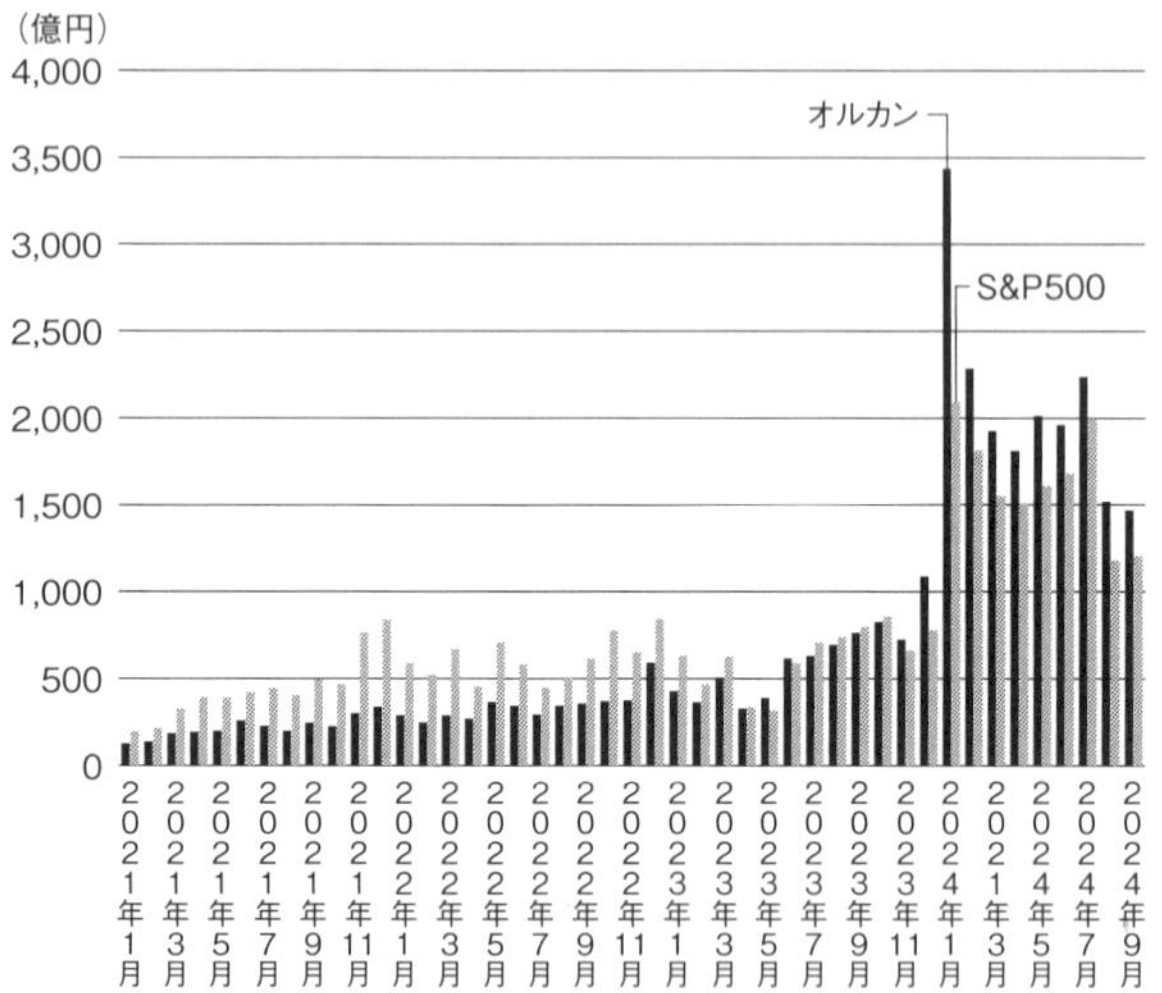

（注）オルカンは「eMAXIS Slim全世界株式（オール・カントリー）」、S&P500は「eMAXIS Slim米国株式（S&P500）」。ともに運用は三菱UFJアセットマネジメント
（出所）三菱アセット・ブレインズ

図表１－５はこの２つの投信への毎月の資金流入額を示している。

図表１－６はＮＩＳＡのつみたて投資枠の対象投信３００本のうち２０２４年10月１日現在の純資産総額が大きい上位20本のリストだ。これらの投信には積み立て投資のお金だけではなく、タイミングをみて短期的な利益を確保しようと売買する資金も大量に入っている。上位10本のうち９本は低廉な運用報酬（信託報酬）を武器に個人マネーを引き付けているインデッ

クス投信である。

オルカンのほかにも上位には全世界株式を組み入れる投信が並んでいる。米国株式や先進国株式を対象にしたインデックス投信も目立つ。熟慮のうえに、これらの投信を選んだ人もいるかもしれないが、「オルカン一択がベストだ」などというムードにあおられて何となく選んだ人も多いだろう。

個別株投資でも若年層台頭

若年層の資金流入の第二のパイプはＮＩＳＡを活用した個別株投資だ。１~９月期の個人売買代金は前年同期の１・４倍の４７１兆円に達し、すでに２０２３年に記録した年間の最高額４４９兆円を上回った。株式の保有状況は金額ベースではますます高齢者に偏っているが、株主数では若年層が目立って増えている。株主の若返りが活発な株式売買につながっている様子だ。このままの勢いで推移すれば、２０２４年は年間で６３０兆円前後と過去最高を大幅に更新する公算が大きい（図表１－７）。

委託売買代金（全体の売買代金から証券会社の自己売買分を除いた金額）に占める個人の売買代金のシェアも1月に28・９％、２月と3月にそれぞれ28・０％に達した。４月以降は

純資産総額	年初来リターン
101,251	13.0
57,225	31.5
47,247	15.0
45,186	26.3
18,766	31.4
17,109	29.7
8,333	27.7
7,801	27.7
7,607	31.8
6,828	27.7
5,886	27.1
5,472	6.5
5,413	24.9
5,126	15.9
4,474	14.1
3,586	15.2
3,571	15.5
3,245	31.5
3,227	18.5
3,184	31.3

ややウエートが低下したが、低い月でも2023年1年間の個人の売買代金シェア25・3%を上回っており、2024年は個人の存在感が高まった1年になるのは間違いない（図表1−8）。

売り越しが続いていた個人投資家の売買動向にも変化がみえる。東京証券取引所（東証）が毎週木曜日に公表している投資部門別売買状況をみると、個人は金額ベースでは2020年まで売り越しが続いていたが、2021年には2811億円、2022年には1兆1777 4億円の買い越しとなった。株数ベースでは2020年から5年連続で買い越しとなっている（図表1−9）。

2023年のように金額ベースでは売り越しでも、株数ベースでは買い越しになった年もある。2023年は年間で日経平

図表1-6 NISAつみたて投資枠対象投信の純資産総額上位20本

順位	ファンド名	運用会社
1	iFreeETF TOPIX（年1回決算）	大和アセット
2	eMAXIS Slim 米国株S&P500	三菱UFJアセット
3	iFreeETF 日経225（年1回決算）	大和アセット
4	eMAXIS Slim 全世界株式（オール・カントリー）	三菱UFJアセット
5	SBI・V・S&P500インデックス・ファンド	SBI
6	楽天・全米株式インデックス・ファンド	楽天
7	eMAXIS Slim 先進国株式インデックス	三菱UFJアセット
8	<購入・換金手数料なし>外国株式インデックス	ニッセイ
9	G・ハイクオリティ成長株式F（ヘッジなし）	AMOne
10	たわらノーロード 先進国株式	AMOne
11	eMAXIS Slim 全世界株式（除く日本）	三菱UFJアセット
12	ひふみプラス	レオス・キャピタルワークス
13	楽天・全世界株式インデックス・ファンド	楽天
14	セゾン・グローバルバランスファンド	セゾン
15	iFreeETF JPX日経400	大和アセット
16	世界経済インデックスファンド	三井住友TAM
17	セゾン資産形成の達人ファンド	セゾン
18	楽天・プラス・S&P500インデックス・ファンド	楽天
19	のむラップ・ファンド（積極型）	野村アセット
20	iFree S&P500インデックス	大和アセット

（注）2024年10月25日現在。単位億円、%。純資産総額はつみたて投資枠の残高ではなく、全体の残高。年初来リターンは税引き前分配金再投資ベース
（出所）QUICK資産運用研究所、ウエルスアドバイザー

均が28・2%上昇した。金額ベースでの売り越しは、以前から保有していた株式を売却して利益を確定する動きが活発だったことを意味している。株式ベースでの買い越しは、売却した銘柄よりも株価水準が低い銘柄を積極的に買ったことを意味している。

図表1-7　個人投資家の株式売買代金

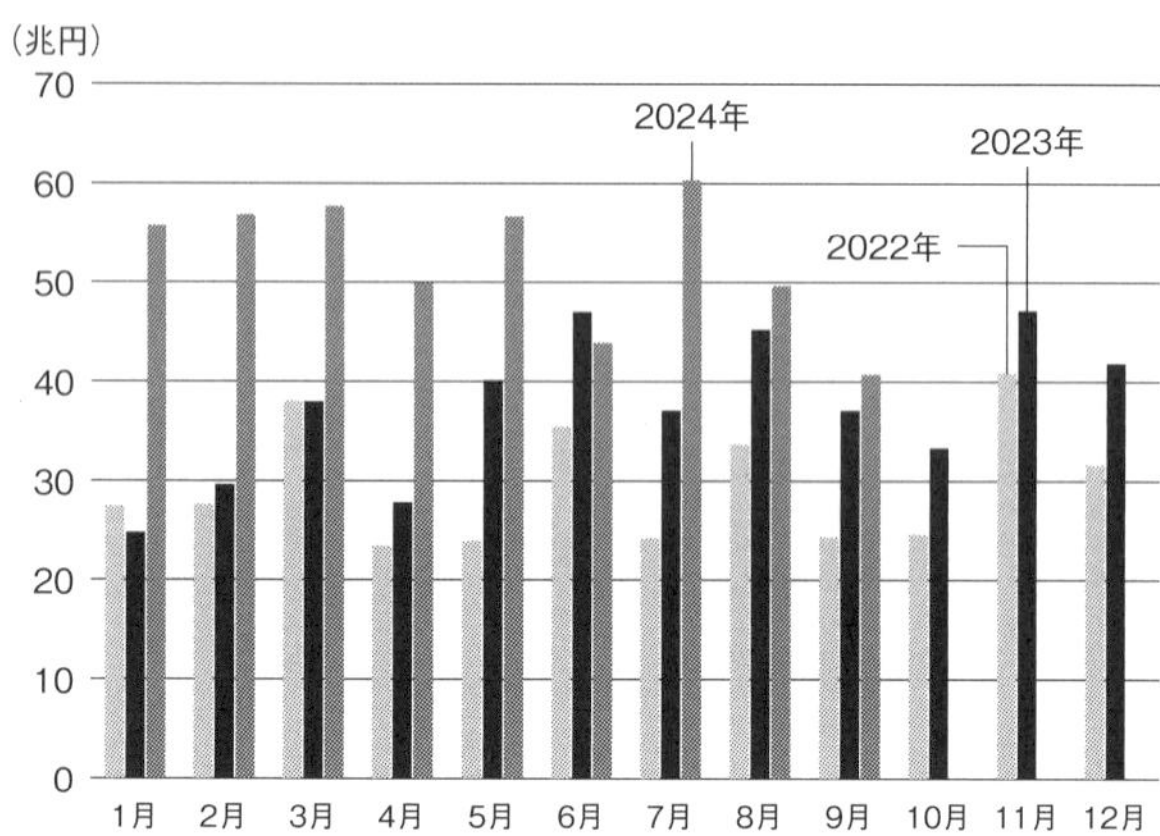

(注) 買いと売りの合計。現金取引と信用取引の合計。東京・名古屋2市場
(出所) 東京証券取引所「投資部門別売買状況」

個々の個人投資家がどう動いたかはさまざまだろうが、個人全体としては安く買っていた銘柄が値上がりしたために高く売却し、売却代金の一部を商品やサービスの購入に振り向け、残ったおカネで株価水準が低い銘柄を複数買ったというイメージだ。

ショック安に巻き込まれたが

2024年1月からのNISAの大型化を機に、新しく投信への積み立て投資を始めた初心の投資家にとっても、「植田ショック」や「石破ショック」は無縁ではなかった。日本株の急落と同時に、急激な円高も進行し、外国株を組み入れ

図表1-8 東京・名古屋2市場委託売買代金に占める割合

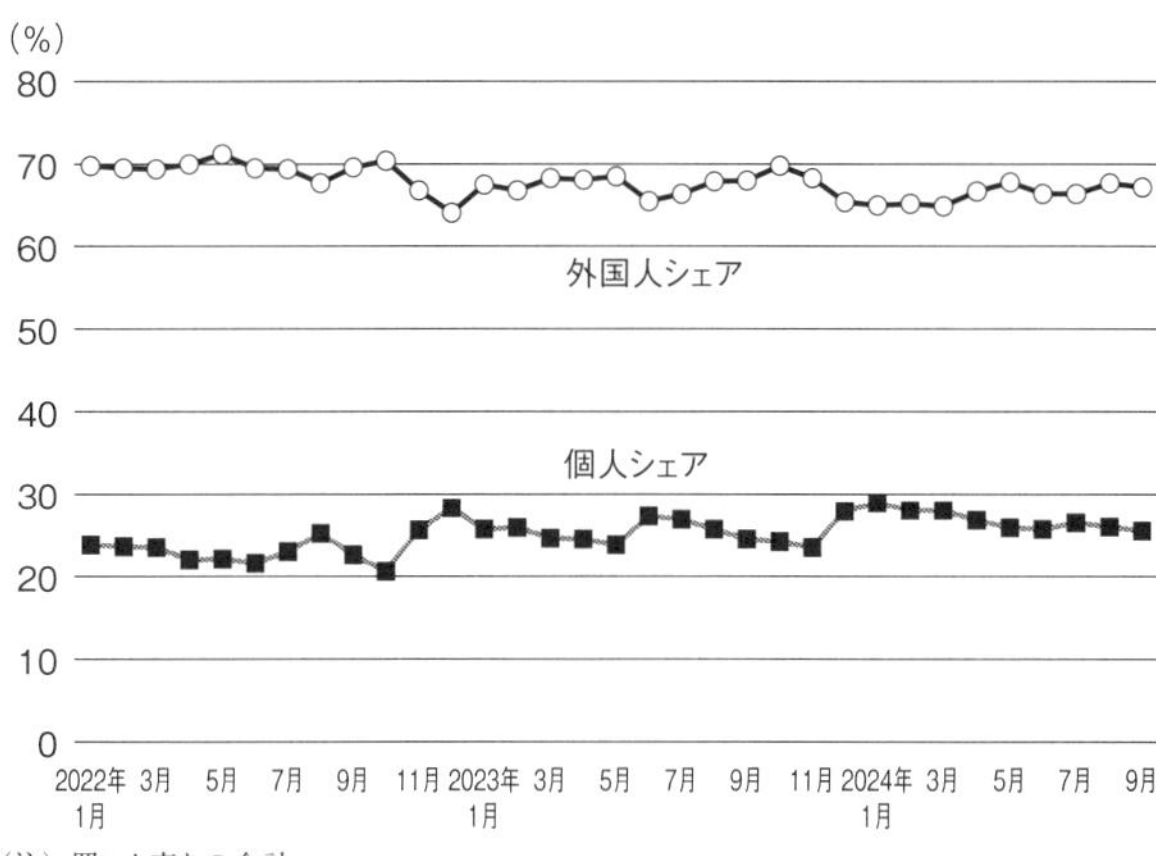

(注) 買いと売りの合計
(出所) 東京証券取引所「投資部門別売買状況」

る投信も基準価格が大きく下がったからだ。

具体的に急落・急騰・急落を経て9月末現在でどうなっていたかを振り返ると、三菱UFJアセットマネジメントの「eMAXIS Slim全世界株式(オール・カントリー)」(いわゆるオルカン)に1月末から1万円ずつ積み立ててきた場合は、含み益が1917円、「eMAXIS Slim米国株式(S&P500)」を買ってきた場合は2002円に目減りしていた。

参考のために、日本株を対象にしたインデックス投信「eMAXIS Slim国内株式(TOPIX)」に積み立て

図表1-9　個人投資家の売買状況

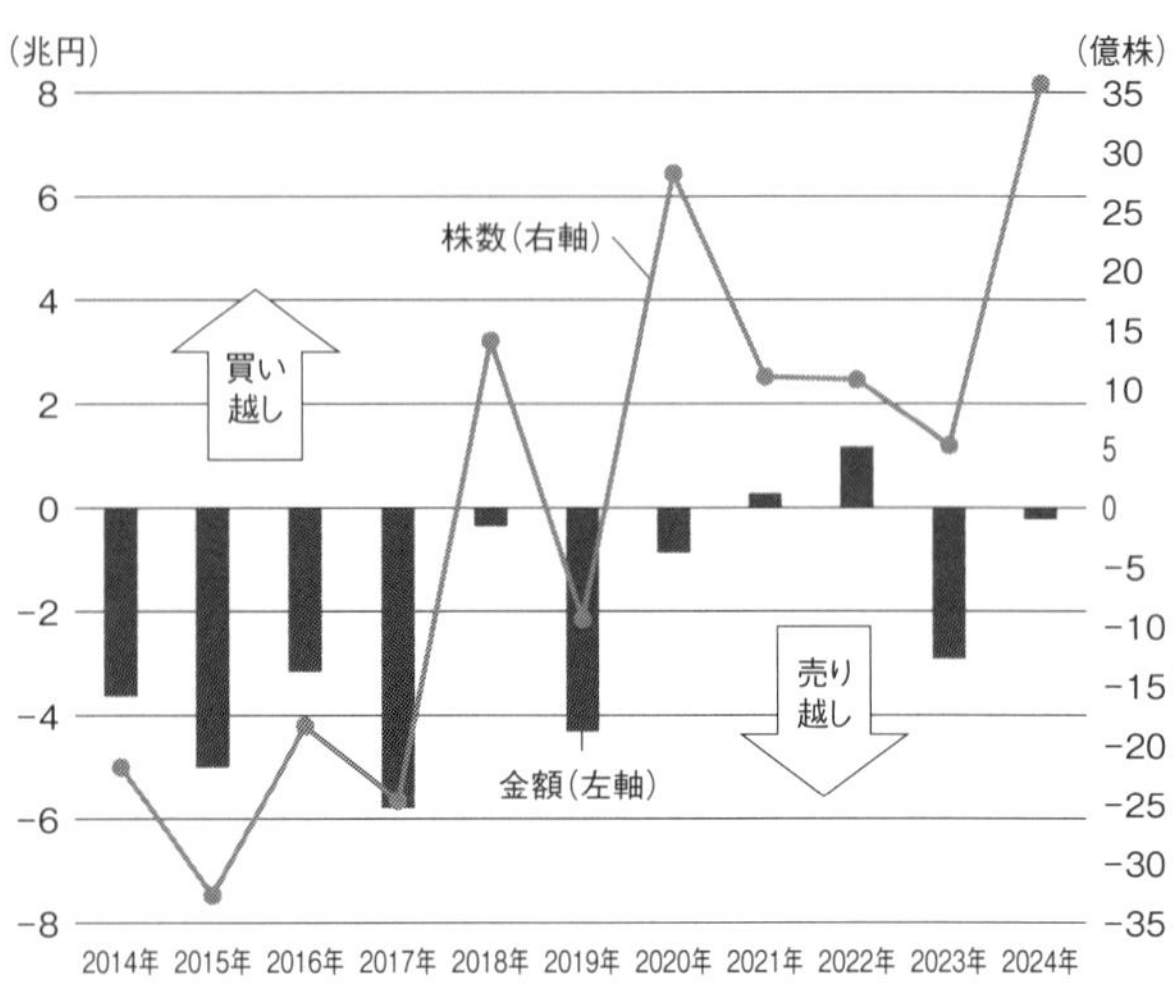

（出所）東京証券取引所「投資部門別売買状況」

てきた場合の9月末の状況を書いておくと、1590円の含み損になっていた（図表1－10）。

6月末には全世界株式型が6613円、米国株式型が7355円、国内株式型が3705円の評価益を確保していた。その後の状況は大きく揺れ動いた。急落局面ではチャンスとばかりに落ち着いて株式を買ったベテランの投資家も多かったが、投資を始めたばかりの人たちには、相場変動の怖さを実感させた。

図表1-10 投信積み立ての評価損益

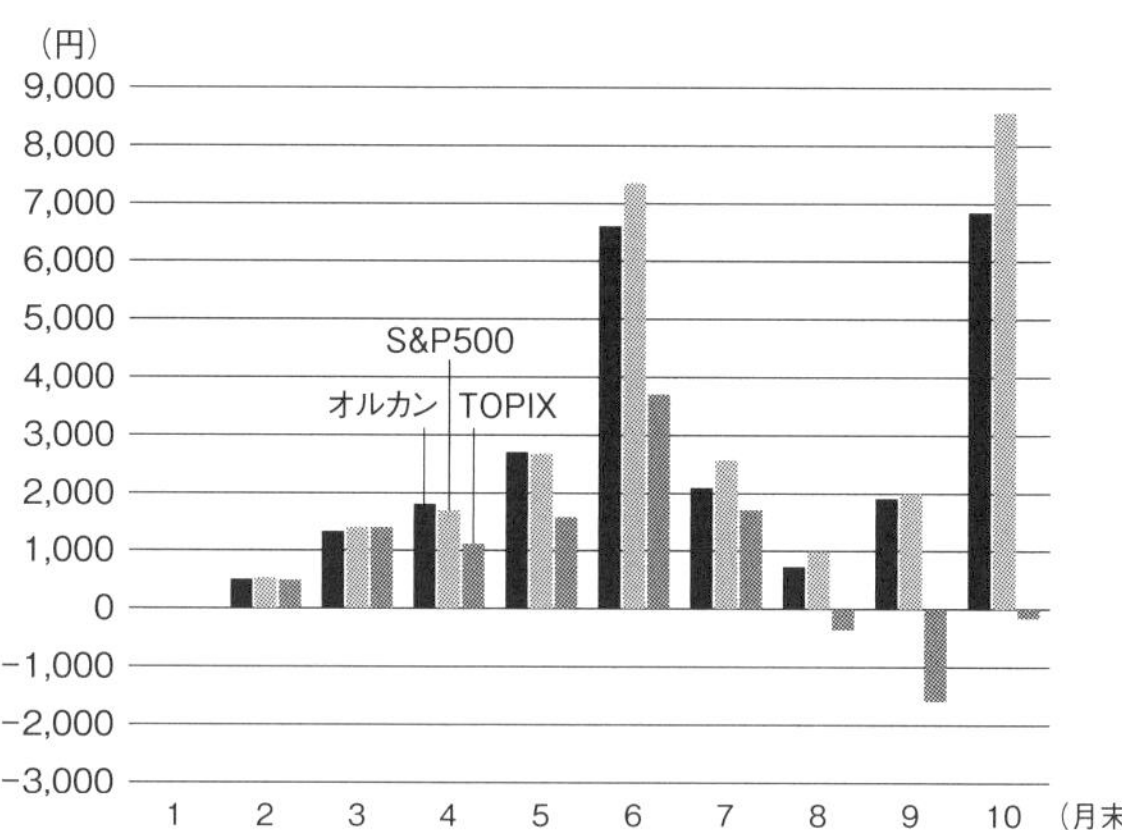

(注) 2024年1月から毎月末に1万円ずつの積み立て投資をしてきた場合の毎月末の評価損益。10月末は10月18日現在の基準価格が月末まで変わらない場合。三菱UFJアセットマネジメントのeMAXIS Slim シリーズ(全世界株式=オール・カントリー、米国株式=S&P500、国内株式=TOPIX)に積み立て投資をしてきたと仮定
(出所) QUICK資産運用研究所のデータをもとに筆者作成

積み立ては継続が基本

SNS(交流サイト)上にはNISAが大型化されたばかりでの急落とあって、「政府にだまされた」といった訴えが相次いだ。だからといって、解約が増えたという話はあまり聞かれない。相場の大幅な変動への対処法は一括投資と積み立て投資とでは基本的に異なるが、長期的な積み立て投資の場合は、相場の下落は悪いことではない面もある。

毎月、同じ金額ずつ購入している場合には、相場が下落すれば、同じ購入代金でより多い株式なり投信を

買うことができる。将来、相場が上昇したときに、より多く持っていれば、より大きい利益につながるからだ。30年、40年という長期の積み立てを想定すると、積み立てを始めた当初の相場下落は、スタート台が下がったことと大差ない。

もう一つ勉強になったこともあったようだ。投資家が不安を抱えるような局面になると、インターネット上にはその不安心理を狙いすましたように、もっと相場が安くなると思わせる情報ばかりがあふれてくる。相場の上昇局面で強気論があふれるのとまったく逆のことが起こるのだ。

２０２４年初めに「オルカンとＳ＆Ｐ５００のどちらがいいか」などというホットな論争にあおられて、何となく投信への積み立て投資を始めてしまった人にとっては、自分の行動を顧みる好機にもなった。相場の変動があっても一喜一憂せずに長期的に資産を形成しようと考えたのではなかったのかというわけだ。

相場の変動に伴う損益の振れが気になって、夜も眠れないという人もいたかもしれない。証券投資のために健康を害するのは本末転倒だ。もちろんこれからは預貯金だけで資産形成ができる時代に戻るとは思えないので、ある程度、リスクを取ることに慣れていく必要もあるが、損益の振れが気にならない程度にまで、毎月の積立額を減らしておくのは、生活のクオリティーを高めるためにも大切だろう。

オルカン一択でよかったか

株式投資にはさまざまなアプローチがあるということは、本書全体のテーマでもあるのだが、ここで考えておかなければならない観点を箇条書きにしておこう。

①オルカンは新興国・地域も含む全世界の株式に投資する点で分散が利いた投信ではあるが、それは単に株式という1つの資産のなかでの銘柄分散にすぎず、資産分散には当たらないのではないか。

②企業の良否にかかわらずまんべんなく株式を購入するインデックス運用は、市場取引を通じて成長企業に資本配分をするという資本市場の基本的な機能をゆがめるのではないか。

③家計の分散投資にとって重要なのは、組み入れ対象の銘柄が分散された1つの投信を持つことではなく、資金が必要な時に解約・換金の選択肢が多いことではないか。

④アクティブ運用投信の過半がベンチマークに負けるといわれるが、運用報酬を差し引く前で比較すると、個別株投資のリターンがインデックス運用に負ける理由は何もないの

ではないか。

⑤ＮＩＳＡが株式や一定の条件を満たした投信の購入だけを優遇し、家計の資産運用の選択肢に中立ではないという点で、税制としてゆがんでいるのではないか。

どんなスタイルで投資するかは一人ひとりの自由ではあるが、日本にも信奉者が多い米著名投資家のウォーレン・バフェット氏は家族にはインデックス運用の投信を勧める一方、個人ではがちがちのアクティブ運用をしている。株価を追い掛けるよりも、将来、花開く可能性がある企業を発掘することを好んでいる。

本書はアクティブ運用の勧めではないが、「植田ショック」や「石破ショック」といわれる株価急落を経て、株式投資のリスクが浮き彫りになったいま、証券市場にこれからどう向き合っていくのかをしっかりと考えておくことの重要性は強調しておきたい。

3　投信積み立てを科学する

年率3%の前提は実現しない

株式相場の変動は同じ30年間、あるいは40年間でも「いつからいつまで」を取るかによって、大きく異なる。特に投信積み立てによって長期的な資産形成に取り組んでいる人は、こうした変動パターンの違いを頭に入れておきたい。

よくＮＩＳＡのパンフレットなどで、「年率３%ずつ資産が増えた場合」などの前提を置いて、長期的な積み立ての成果を説明していることがあるが、そんなきれいな変動になることはありえない。30年後、40年後の成果は時と場合によって、大きく異なる。株価の上昇が必ずしもいい結果に結び付くわけではないことにも、注意する必要がある。

実際、戦後の日経平均を利用し、どんなふうに相場が展開すると積み立て投資の成果が上がるのかを検証してみよう。日経平均に連動するインデックス投信に40年間積み立てるという前提を置いて、積み立ての開始月を１９４９年5月から１９８４年9月まで1カ月ずつずらして計算してみる。

毎月末に1万円ずつ積み立てをすると考えると、スタート月と積み立て最終月との組み合わせは「1949年5月～1989年4月」「1949年6月～1989年5月」「1949年7月～1989年6月」と1カ月ずつずれていき、最後は「1984年9月～2024年8月」になるまで全部で425通りになる。図表1－11はこの425通りの積み立ての結果、最終積み立て月に「元利金」がいくらになったのかを示している。

積立期間は40年間、つまり、480カ月だから、合計の投資元本は480万円になる。最も積み立ての成果が上がったのは「1950年1月～1989年12月」の480カ月間の積み立て投資をしたケースで、最終積み立て月（1989年12月）の日経平均をもとに計算した「元利金」は2億2020万9648円になっていた。

半面、最も振るわなかったのは「1972年6月～2012年5月」の480カ月間の積み立てのケースで、「元利金」は414万3201円と、投資元本を下回っていた。つまり、同じインデックス投信への積み立てでも、開始時期によって成果には53倍もの格差ができるのである。

図表1-11 40年間の積み立て投資の元利金

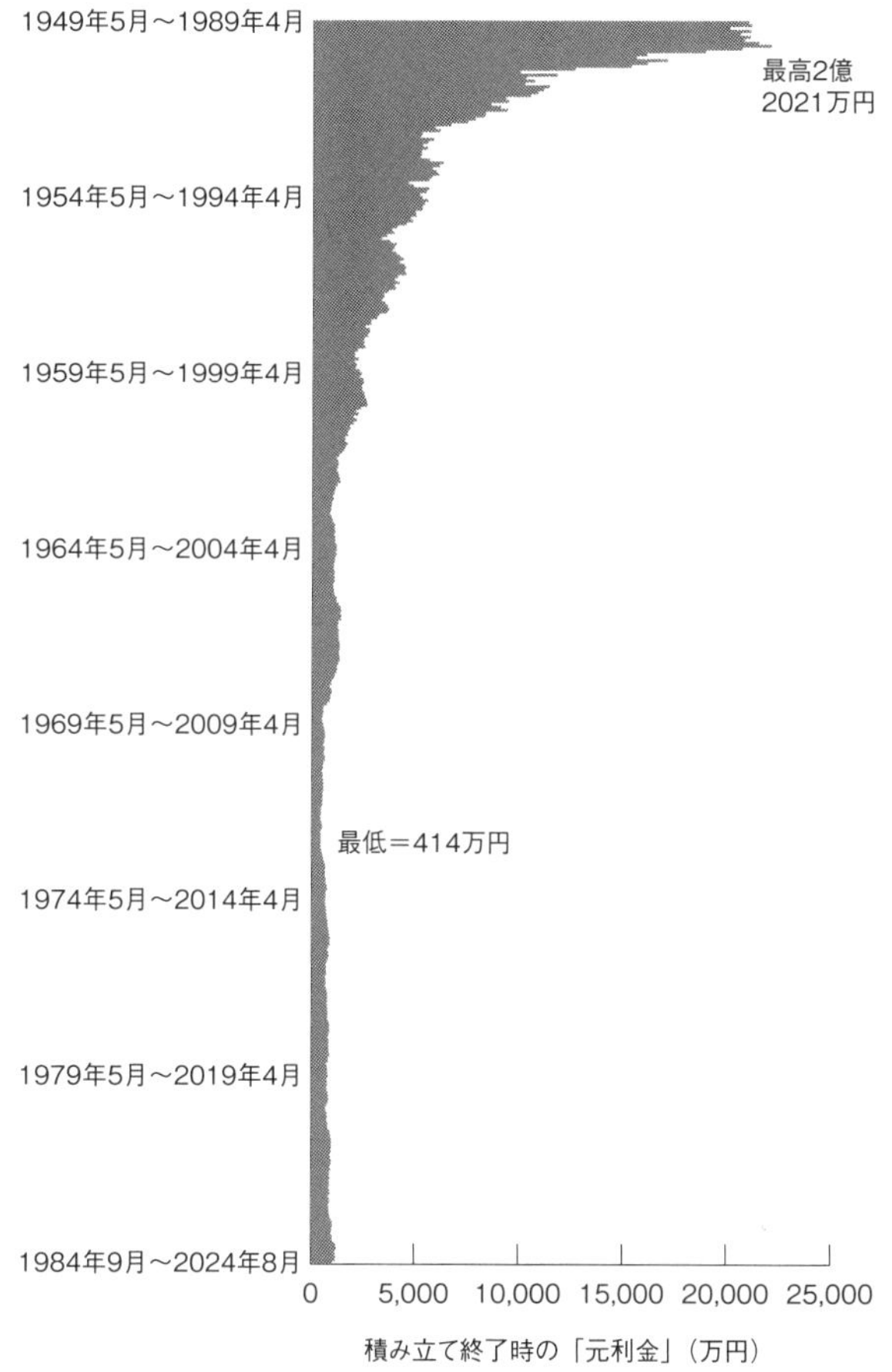

（注）日経平均株価に連動するインデックス投信に毎月末1万円ずつの積み立て投資を40年間実施したと仮定して計算、配当は考慮していない
（出所）筆者作成

失敗したパターンとは

最高だった局面と最低だった局面の日経平均の動きは図表1－12と図表1－13の通りだ。最高だった局面ではスタート月の日経平均が92円54銭、最終月の日経平均は1980年代後半のバブル相場のピークに付けた3万8915円だった。40年間の上昇倍率は420倍。積み立て終了時点で保有している投信をすべて最終月の価格で評価すると、約2億2021万円にもなっていた。

つまり、相場がどんどん上昇していき、終了時の価格も最高水準になったため、この40年間の積み立て投資は大成功だったのである。

最低だった局面でも日経平均はスタート月の1972年6月に3710円、最終月の2012年5月に8542円だったから、40年間では2・3倍に上昇している。といってもグラフを一見してわかる通り、日経平均は1989年12月末に当時としては過去最高値の3万8915円まで上昇した後、大きく下落した。

日経平均が高かった局面では、同じ1万円の積み立て投資でも、日経平均連動のインデックス投信をあまり大量に買い付けることができなかった。ただでさえ保有口数が少ないイン

図表1-12 積み立て成果が最高だった40年間の日経平均

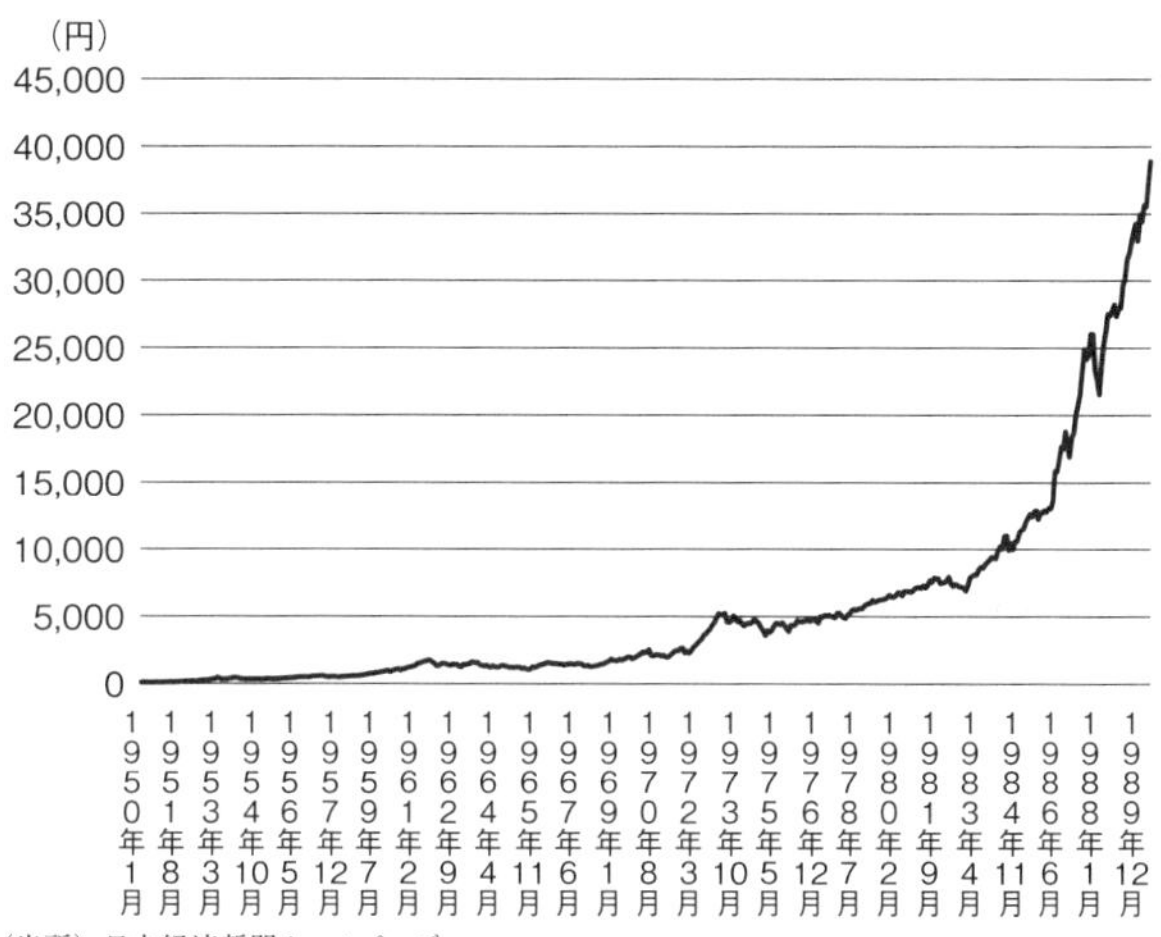

（出所）日本経済新聞ホームページ

デックス投信を積み立て終了時の2012年5月の値下がりした日経平均で評価することになるから、元利金が投資元本を割ってしまうのだ。

なお、ここでの試算では配当や投信の分配金は考慮に入れていない。また日経平均に連動するインデックス投信が金融商品として1949年から存在していたわけではない。ここに書いたのはあくまでも机上の試算であり、記載したような投資が本当にできたわけではないことにも注意してほしい。

U字型でも上がる成果

もし1972年6月から2012年

図表1-13　積み立て成果が最低だった40年間の日経平均

（出所）日本経済新聞ホームページ

５月までの日経平均の推移が、いったん大きな山に登ってから坂道を転げ落ちるような形状ではなく、スタート月から最終月に向けて直線状に上昇していくような相場だったら、もう少し「元利金」が膨らんでいたのではないだろうか。

日経平均が40年間で２・３倍になったということは、年率に引き直すと２・11%ずつ上昇していたことになる。日経平均がもし毎年２・11%ずつ着実に上昇していたと仮定すると、４８０カ月間に積み立てた４８０万円の投資元本は最終月に７４９万７０００円ほどに膨らんでいる計算になる。

図表1-14　株価の変動パターンと積み立ての成果

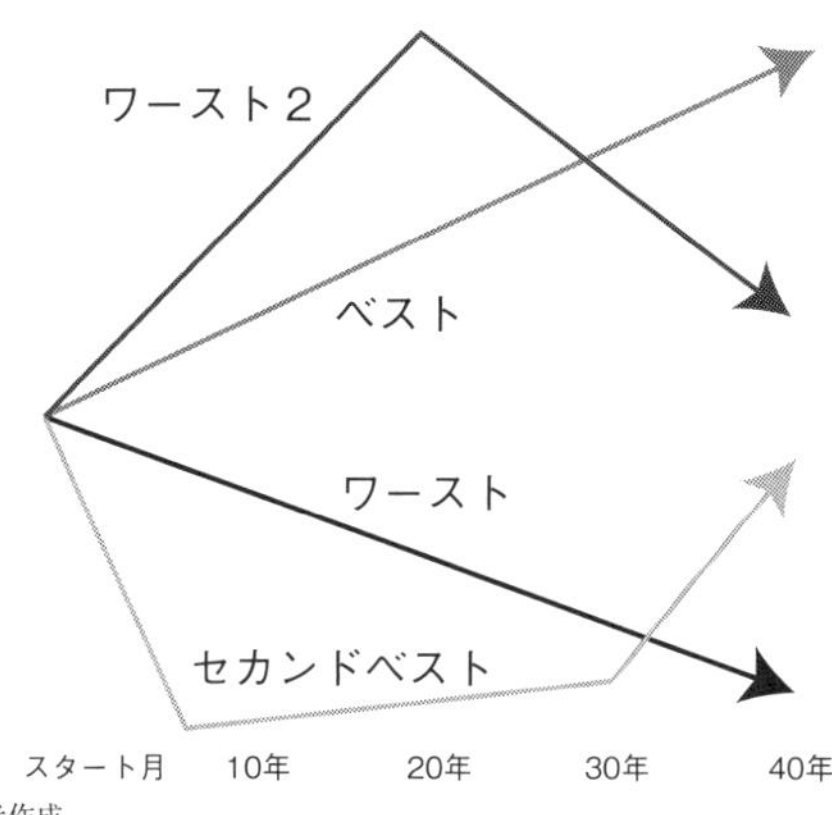

（出所）筆者作成

ただ、もっと優れた成果が期待できるのは、図表１－14に「セカンドベスト」として描いたように、日経平均が推移した場合だ。たとえば最終月の日経平均がスタート月と同じ水準であっても、最初の１年間で日経平均が半値になり、翌年から35年目まで毎年１％ずつ上昇し、最後の５年間でスタート月の水準を取り戻したと仮定してみよう。

今回の例に当てはめると、スタート月の１９７２年６月に３７１０円だった日経平均が１年後の１９７３年６月に１８５５円まで下落し、その後、年率１％ずつ上昇していくと、２００７年６月には２６０２円になる。そこから２０１２年５月まで年率７・５％ずつ上昇していくと、スタート月の３７１０円に戻る計算だ。

この場合、「元利金」は781万4000円ほどになる。日経平均は40年前の水準と変わらないのに、積み立て投資の「元利金」は単純に右肩上がりで上昇し続けた場合に比べて30万円ほど多いのである。もちろん株価は生き物だから、モデルケースを作っても意味がないが、頭の体操だと考えてほしい。

オルカン人気の背景を考えておく

なぜ「オルカン一択がベストだ」とか「オルカンよりもS&P500連動投信のほうがいいのではないか」といった議論が出てくるのだろうか。異論もあろうが、筆者は例えばオルカンに投資しようとしている投資家を想定すると、その考え方のなかに、図表1－15のようなパターンがあると整理している。

第一のパターンは、「やはり株式投資で勝つには企業をしっかり分析して、将来性がある企業への選別投資をするのが一番だが、その能力も時間もないので、インデックス投信を買う」という考え方だ。投資の初心者が生半可に研究をしても、しょせん情報力や分析力に優れるプロにやられてしまうのではないかと思っている個人投資家もこれに含まれる。

図表1-15　なぜオルカンに投資するのか、5つの考え方

	オルカンを選ぶ理由	投資で勝つには	そうはいっても
①	個別銘柄を選ぶのが大変	優れた選択眼があれば勝つ	運用のプロは確率的に指数に負けている
②	分散すれば投資効率が高まる	できるだけ広く分散する	統計的にはS&P500連動投信のほうが効率的
③	これまでの実績が悪くはなかった	優れた投信の運用ノウハウを信じる	将来が過去の運用実績の延長とは限らない
④	大勢の投資家が買う人気商品	成果はともかく人並みが安心	他人と同じ行動では相場に勝てないのでは
⑤	株式相場の先行きは誰にも読めない	オルカンを買えば大負けは避けられる	相場全体が下がるリスクは回避できない

（出所）筆者作成

第二のパターンは、より小さなリスクでより大きなリターンを得るためには、銘柄を幅広く分散すればいいという考え方の信奉者が主張していることだ。米国の経済学者で現代ポートフォリオ理論の父とも呼ばれ、2023年6月22日に亡くなったハリー・マーコビッツ（マーコウィッツ）氏が唱えてきた効率的市場仮説に即した考え方である。

この仮説を信じる人は、分散投資をすればするほどリスクが減ってリターンが高まると主張している。だから、全世界株に投資するオルカンと、米国株だけに投資するS&P500連動投信を比べれば、後者は前者の部分集合のようなものだから、オルカンを選ぶのが当然だという。

実際、図表1－16に示すように、オルカンが連動を目指している全世界株指数やS&P500は、い

図表1-16　横軸にリスク、縦軸にリターンをとった散布図

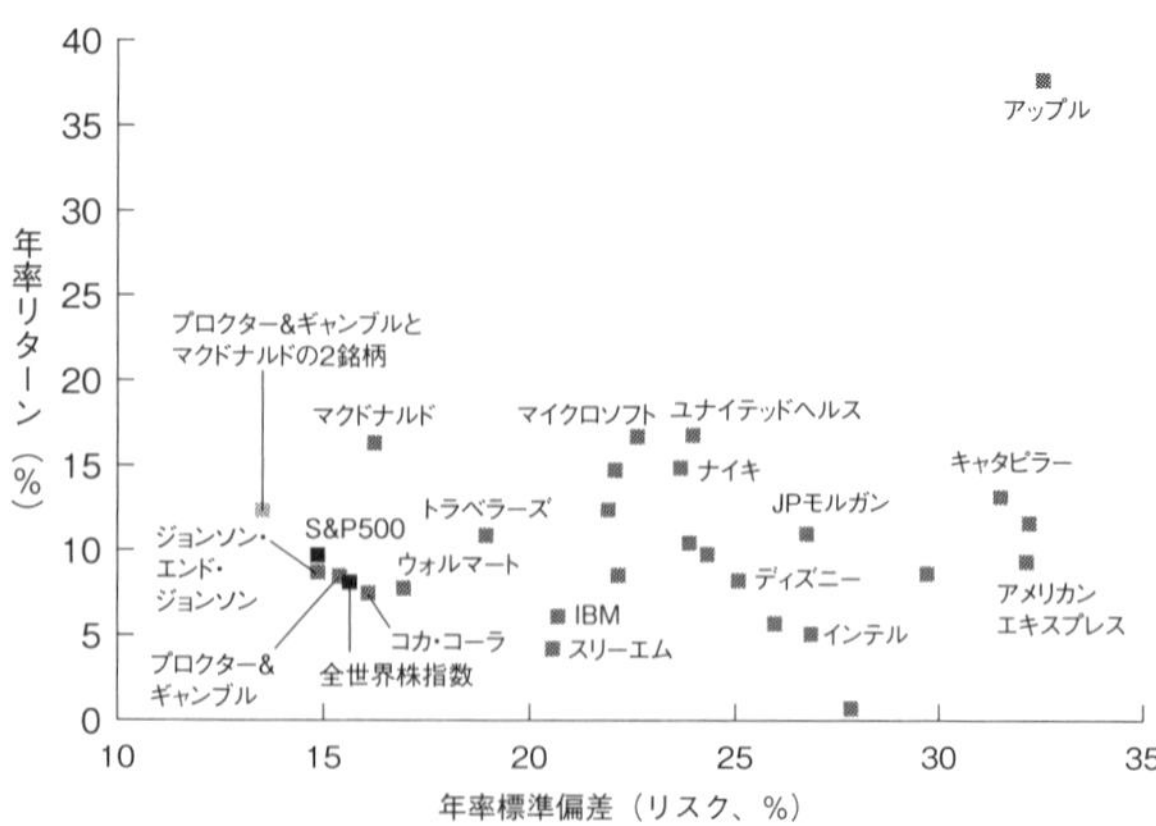

（注）2003年12月から2023年12月までの20年間の月間終値をもとに、標準偏差とリターンを計算。対象はMSCI全世界株指数、S&P500、ダウ工業株30種平均採用銘柄（いずれも配当込み）
（出所）MSCI、S&P ダウ・ジョーンズインディシーズなど

ろいろな選択肢の中ではリスクが小さく、リターンが大きい部類に属している。個別銘柄のなかには、もっとリスク・リターンのバランスがよさそうなものもあるが、いつまでもずっといいポジションにいるとは限らない。

失敗の責任を問われない選択

第三のパターンは市場価格に「未来は過去の延長線上」という傾向があると信じて買うことだ。オルカンが連動を目指している全世界株指数（円ベース、配当込み）の過去35年間の年間騰落を振り返ると、値上がりした年の翌年も値上がりする確率は61%、値下がりした年の翌年に値上がりする確率は75％だった。

つまり、どちらにしても、翌年は上がるパターンが過半なのだから、買っておいて損はないだろうという考え方だ。チャートなどを示されて、「下落局面があっても結局、一時的なものですよ」といわれれば、「そんなものかなあ」と信じて投資するのである。

第四のパターンは「赤信号もみんなで渡れば怖くない」といった話だ。誰かが儲かれば誰かが損をする市場取引の世界で、他人と同じ行動をとることが得策とは思えないが、年金基金などの機関投資家は現実にこの考え方に沿って、株価指数に連動する運用をしている。

基本的には運用に失敗しても、株価指数通りならば、責任を問われないだろうと踏んでいるのである。企業年金基金なども運用成果をスポンサー企業のトップなどに報告することを考えると、担当者は余計なことをして失敗するリスクを取りたくないのだ。

第五のパターンは株価の先行きなど誰にも予想できないという考え方に基づいている。投資家の必読書の『ウォール街のランダム・ウォーカー』を著した米経済学者のバートン・マルキール氏が唱えていることでもある。

もし予想できるのならば、その能力を身に付けたいと頑張る人がいるはずだが、長年、その努力を続け、アクティブ運用投信のファンドマネジャーになっても、過半が株価指数に負けているのだから、「株価の先行きは予想できる」という命題（最初の設定）が間違っていると考えているのだ。

この考え方の信奉者がオルカンに投資したからといって、相場に勝てると考えているわけではない。銘柄を幅広く買っておけば、大負けすることはないだろうと、何となく考えている程度だ。

どの考え方に沿って投資するか、一人ひとりが異なっているのは好ましいことだ。実験室のような世界で特定の理論が正しくみえても、現実の株価の動きは複雑だし、投資は人間がすることだから、自分が納得いかない方法で取り組んで失敗した場合、悔しさをどこに持って行っていいかもわからなくなってしまう。

とにかく将来、お金が必要になったときに、積み立ててきた投信を不本意な価格で換金しなければならない事態だけは避けたい。余裕資金で投資するに限る。それでも失敗したら潔く諦め、最後は次世代に相続すればいい。親がいくらで買ったかなどはどうでもよくて、いくばくかの価値があれば、喜んでくれるだろう。

4 データにみる投資家の平均像

NISA衣替えで動いた10兆円

金融庁が2024年9月17日に公表した6月末現在のNISAの利用状況によると、新NISAに切り替わった1～3月期と4～6月期を合わせ、10兆円余りの個人マネーが株式や投信の買い付けに動いたことがわかった。中心は30～40歳代の年齢層だ。ここにきて個別株投資でも若年層の参入が相次いでいる。もっぱら高齢者が中心だった株式市場の担い手が少しずつ変化してきたのである。

NISAはひとことでいえば、けち臭い制度から太っ腹な制度に切り替わったようなものだ。6月末の口座数は2428万口座と、2023年12月末の一般NISA1140万口座とつみたてNISA973万口座を合わせた数よりも315万口座も多くなった（図表1－17）。

NISAの口座が開けるのは18歳以上で、一人1口座と決まっている。総務省は毎月1月

図表1-17 NISAの口座数の推移

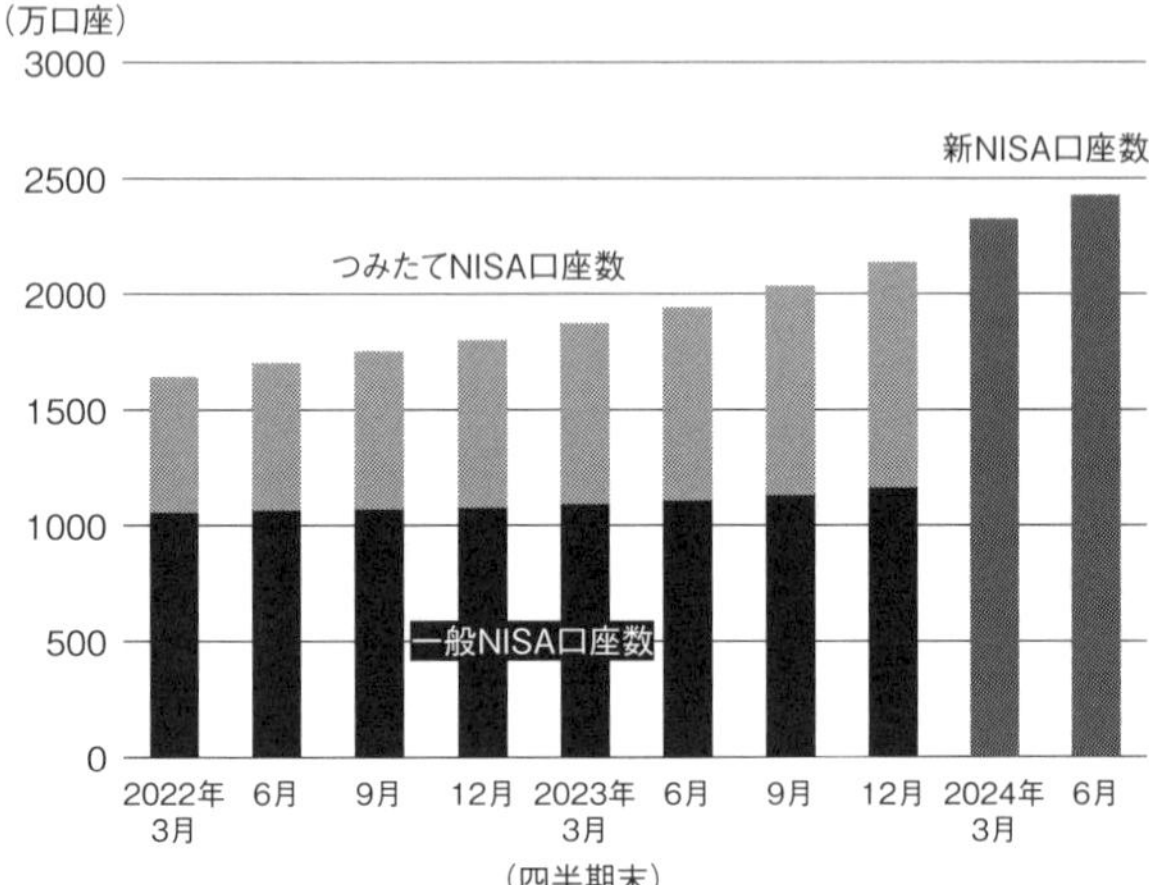

（注）四半期末の口座数、2023年末までは一般NISAとつみたてNISAの両方の口座を持てなかった。2024年からは1つの口座で成長投資とつみたて投資の両方が可能
（出所）金融庁「データ集」

1日現在の年齢別人口を5歳刻みで公表しており、2024年7月1日現在の20歳以上の人口は速報値で1億453万人だという。18〜19歳の人口は公表されていないため、代わりに15〜19歳の人口549万人の5分の2を18〜19歳だと仮定すると、NISA口座を持てる18歳以上の人口は1億673万人という計算になる。

口座数を対象人口で割った人口普及率は22・7％だ。口座に実際に残高があるかどうかは別として、ざっと国民の4・5人に1人がNISA口座を持っていること

図表1-18　NISAの年齢別口座数と人口普及率

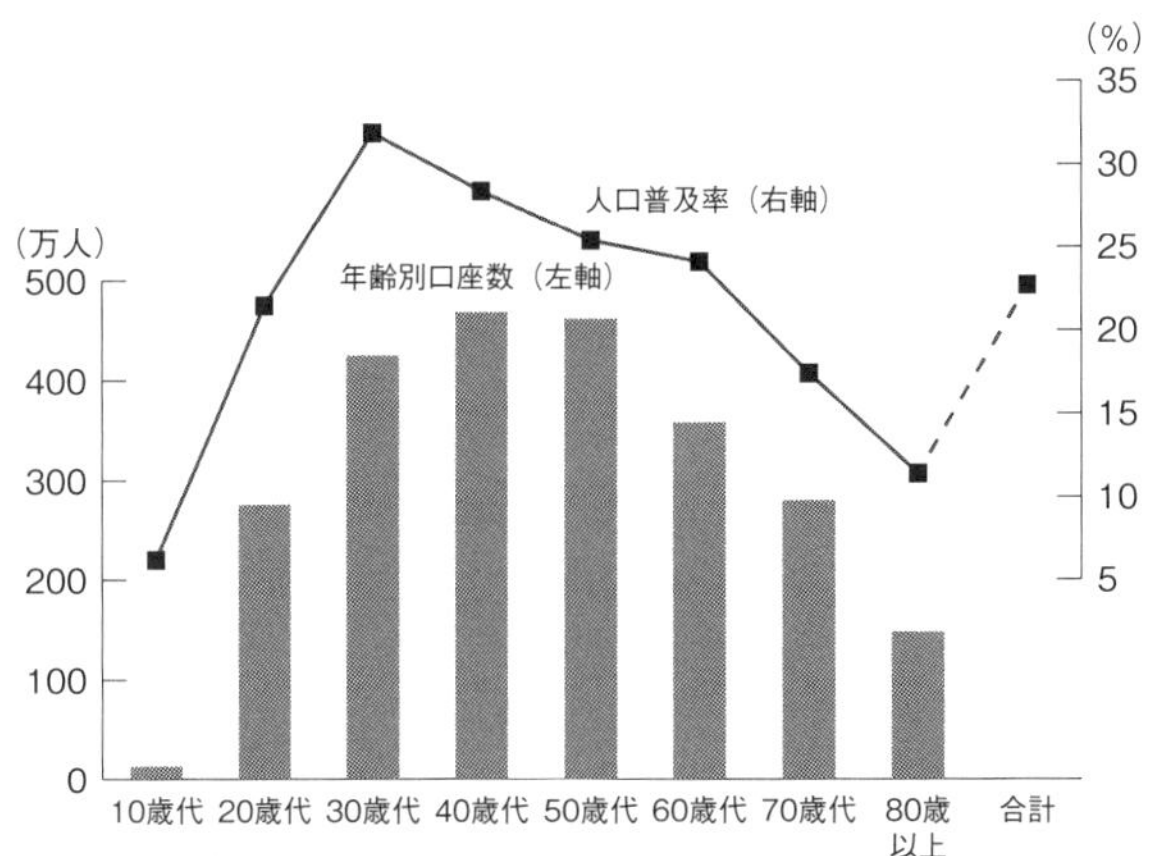

（注）2024年6月末現在。NISAは1人1口座に限られ、口座を開設できるのは18歳以上。年齢別人口は2024年7月1日現在の速報値を利用した。10歳代の人口普及率は15～19歳人口の40%を分母にして計算
（出所）金融庁「データ集」、総務省「人口推計」のデータをもとに筆者試算

になる。2023年12月末の人口普及率は一般NISAの10・7%と、つみたてNISAの9・1%を合わせて19・8%だったから、6カ月間で2・9ポイント高まった計算だ。

30歳代は3割がNISAを利用

6月末の全口座数2428万口座を年齢別にブレークダウンすると、最も多いのが40歳代で468万口座、次いで50歳代が461万口座、30歳代が425万口座となっている。ただ、7月1日現在の年齢別人口は団塊ジュニアに当たる50歳代が1817万人と最も多く、次いで40

歳代が1650万人、70歳代が1609万人となっている。30歳代は1331万人と相対的に少ない。

年齢別の口座数をそれぞれの人口で割った人口普及率は30歳代が31・9％と最も高く、次いで40歳代が28・4％、50歳代が25・4％の順だ（図表1－18）。

年齢別の分析をしたついでに、成長投資枠とつみたて投資枠のどちらを積極的に利用したかという点を年齢別にみてみよう。表に示すように、18～19歳を別とすると、年齢が若いほど、つみたて投資枠を積極的に利用していることがわかる。

20歳代では買い付け額6282億円のうち41・7％をつみたて投資枠に振り向けているが、80歳以上では買い付け額4423億円のうち97・2％を成長投資枠に振り向けている（図表1－19）。

ちなみに、年齢層にかかわらず、成長投資枠に資金を振り向ける割合が大きいが、つみたて投資枠は毎月コツコツと投信に積み立てるといった使い方をするため、1月から6月までの半年間では年間積立額の2分の1しか買い付けられない。

これに対し、成長投資枠はタイミングをみていつでも株式や投信を買えるため、非課税の恩恵を少しでも早く受けようと、1～3月期にまとまった資金を投じた人が多かったのでは

図表1-19　年齢別買い付け額とその構成

	買い付け額	うち成長投資枠の割合	うちつみたて投資枠の割合
10歳代	220	78.6	21.4
20歳代	6,282	58.3	41.7
30歳代	16,618	66.6	33.4
40歳代	20,398	72.6	27.4
50歳代	21,130	77.5	22.5
60歳代	18,971	86.0	14.0
70歳代	13,298	93.7	6.3
80歳以上	4,423	97.2	2.8
合計	101,341	78.1	21.9

（注）2024年1～6月の実績。単位億円、％。10歳代は18～19歳
（出所）金融庁「NISA口座の利用状況調査」

ないかと思われる。どちらの枠が積極的に活用されたかは、1年分のデータを集計しないと、明確な傾向がつかめない。

買い付け額は前年同期の4倍弱

1月から6月までの半年間の買い付け額が10兆1341億円に達したことは前述の通りだが、この78・1％に当たる7兆9163億円が成長投資枠、21・9％に当たる2兆2178億円がつみたて投資枠の利用だった。

買い付け額には季節性があるため、2023年下期の実績と比較するとミスリードする恐れがある。そこで2023年1～6月期の実績と比較すると、成長投資枠は1年前の一般NISAでの買い付け額1兆9499億円の4・1

図表1-20　NISAの四半期ごとの買い付け額

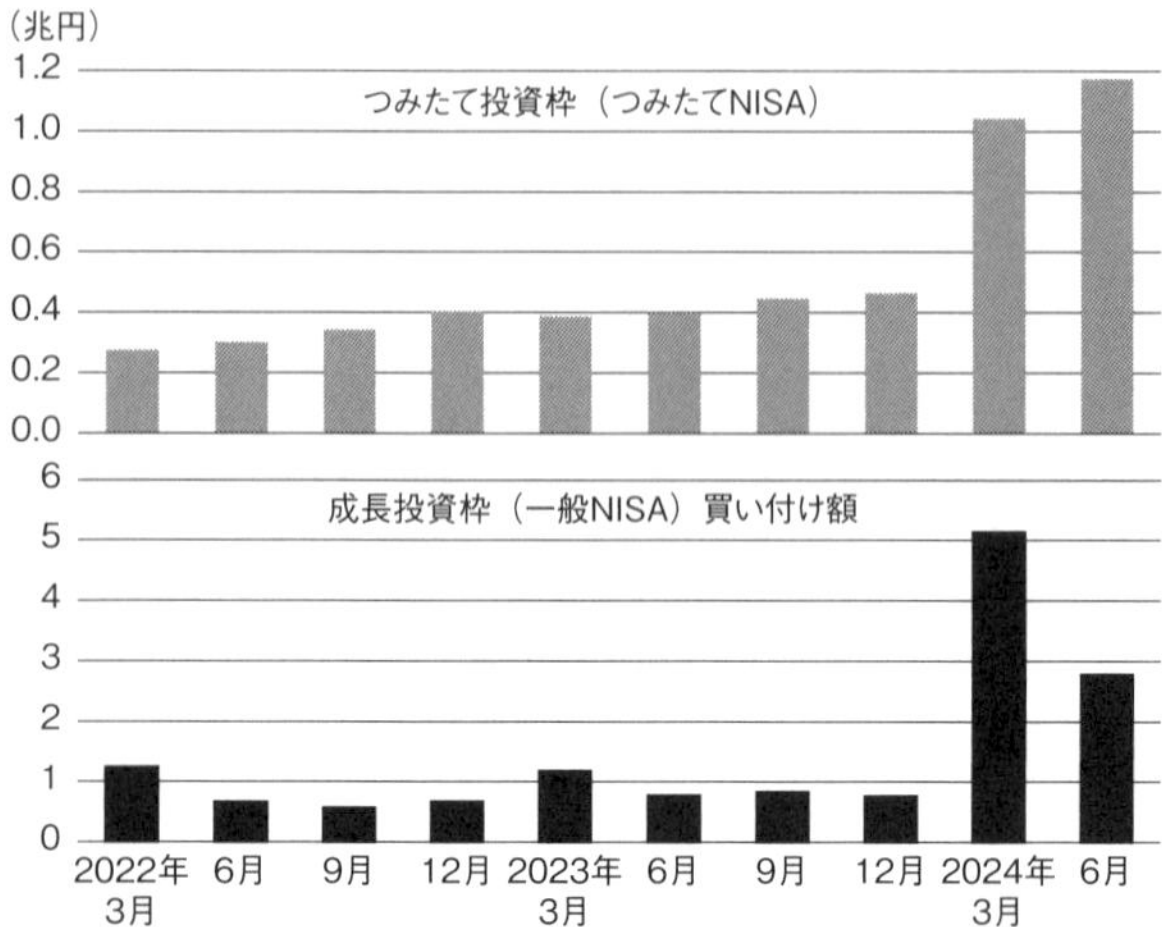

（注）各四半期の元本ベースの買い付け額。2023年12月末までは一般NISAとつみたてNISAの買い付け額。2024年1～6月期は成長投資枠とつみたて投資枠の買い付け額
（出所）金融庁「データ集」をもとに筆者試算

倍、つみたて投資枠は1年前のつみたてNISAでの買い付け額7863億円の2・8倍になった。両方を合わせると、2兆7362億円から10兆1341億円へ3・7倍に急増した（図表1－20）。

1～6月期に投資家がどんな商品に資金を振り向けたかをさらにブレークダウンすると、成長投資枠では個別株に3兆6594億円（46・2%）、上場投信（ETF）を除く投信に3兆9219億円（49・5%）、ETFに2875億円（3・6%）、不動産投信（REIT）に475億円（0・

6%）だった。

つみたて投資枠はすべて投信だが、指定インデックスへの連動を目指す投信に1兆9729億円（89・0%）、指定インデックス以外の指数への連動を目指す投信やアクティブ運用投信に1022億円（4・6%）、ETFに112億円（0・5%）となっている。全体が100%にならないのは、一部の金融機関のデータが不備だったためだという。

名寄せ後の個人株主数は1524万人

個別株の投資家の平均像もみておきたい。証券保管振替機構（ほふり）のデータによると、日本には2024年3月末現在、単元未満株だけを持っている株主も含め、個人株主が1524万人いて、総額で156兆4400億円の上場株式を保有している。3月期決算企業の株主だけをカウントすると、個人株主は1375万人いて、3月期決算企業の株式だけで総額118兆3526億円分を保有している。

過去の名寄せ後の個人株主数のデータは3月期決算企業の株式を持っている株主の分だけしかわからないが、個人株主数が過去からどう増えてきたかを調べると、目立って増えてきたのがここ2、3年であることがわかる。

図表1-21　名寄せ後の個人株主数

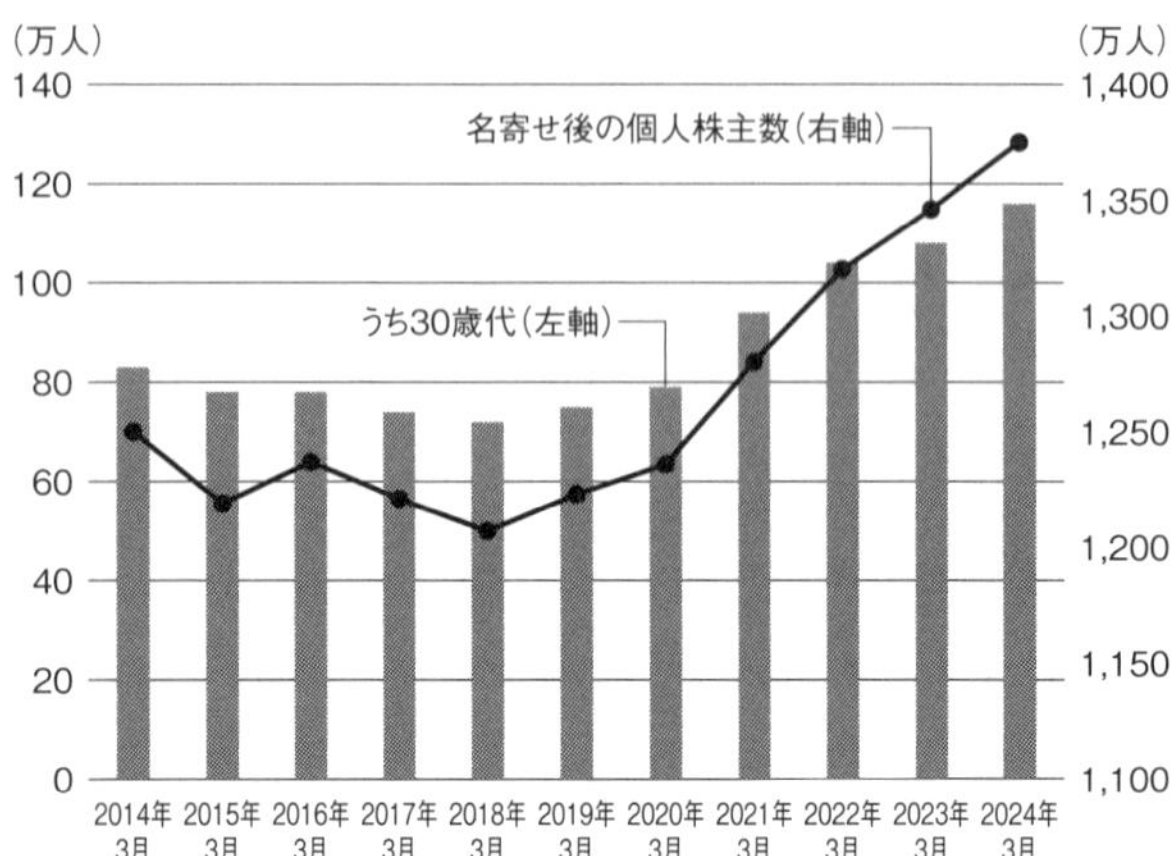

（注）3月期決算企業の株式を保有する株主のみ（単元未満株だけを保有する株主を含む）。個人株主の総数には非居住者は含まない
（出所）証券保管振替機構のデータをもとに筆者作成

2014年3月期末には1250万人だった。その後も一進一退を繰り返し、2020年3月期末には1236万人を数えていた。それが2021年3月期末以降、1280万人、1320万人、1346万人と増加して、2024年3月期末に1375万人になったのである（図表1－21）。

すべての年齢層にわたってじわじわと増加しているが、特に30歳代は2020年3月期末の79万人から2024年3月期末の116万人へと顕著に増えている。30歳代の人口のうち何パーセントが株式を保有しているかを調べると、2019年3月期末まで5％前

図表1-22　年齢別人口に占める株式保有者の割合

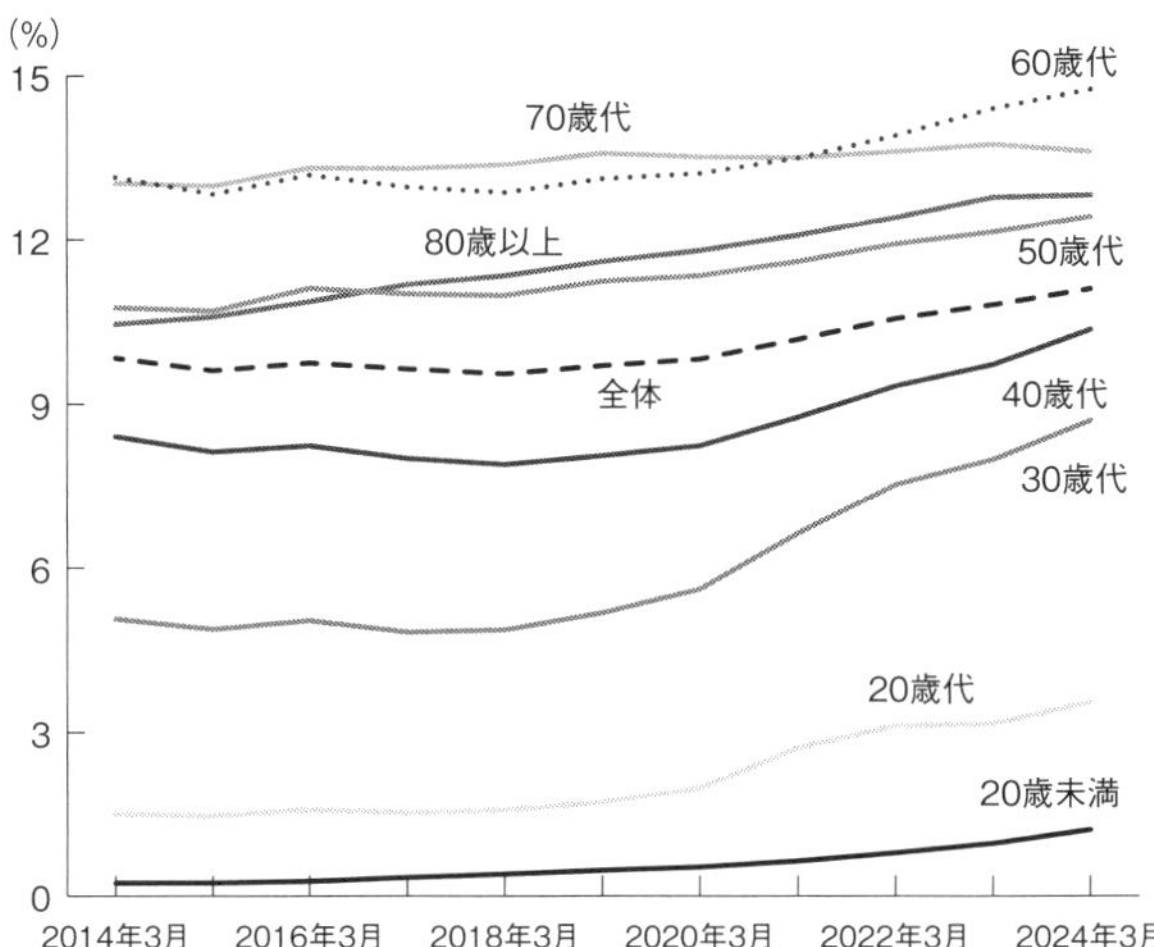

(注) 3月期決算企業の株式を保有している株主の数を各年3月1日時点の総人口で割った
(出所) 証券保管振替機構と総務省人口推計のデータをもとに筆者作成

後で推移していたのに、2020年3月期末には5・6%、2021年3月期末には6・8%、2022年3月期末には7・5%、2023年3月期末には8・0%、2024年3月期末には8・7%と驚くほどの浸透ぶりを示している（図表1－22）。

単元未満株主が急増

名寄せ前の延べ株主数は東証の株式分布状況調査で毎年公表されている。2024年8月14日に公表された2023年度版の資料編によると、2023年度の総株主

図表1-23　総株主と単元未満株

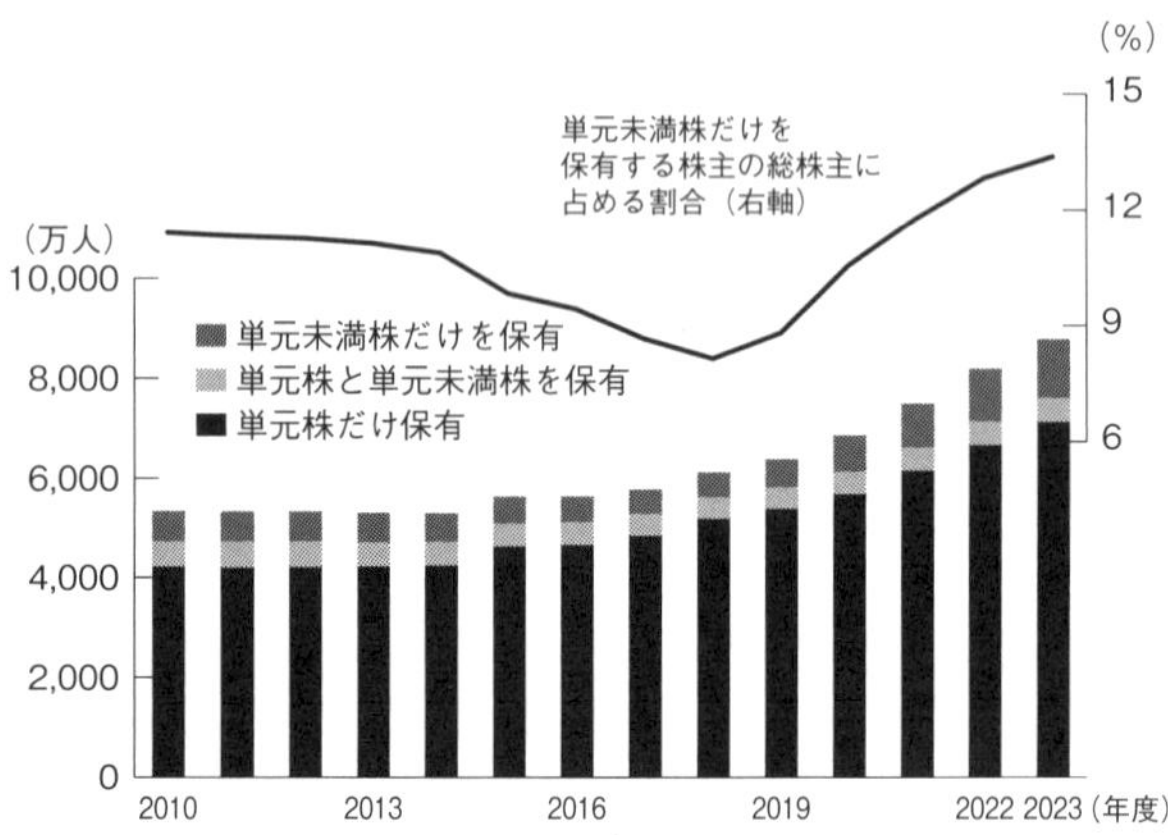

（注）年度末。株主数は延べ数（例えば1人が2銘柄持てば2人と数える）
（出所）東京証券取引所「株式分布状況調査（資料編）」

数は延べ８７８４万６６５２人だった。前年度比では７・３％増だった。

単元株式を保有しているかどうかで総株主を区分けしていくと、単元株だけを保有しているのは７・０％増の７１３１万１３９２人、単元株と単元未満株を保有しているのは０・６％増の４７８万８０９人、単元未満株だけを保有しているのは11・９％増の１１７５万４４５１人となっている（図表１－23）。

単元未満株だけしか持っていない、いい換えれば、保有株数が１株以上99株以下の株主は毎年のように増えていて、２０２３年度には総株主の13・４％もいるのである。単元未満株主の急増は取引所

図表1-24　個人株主の年齢別割合

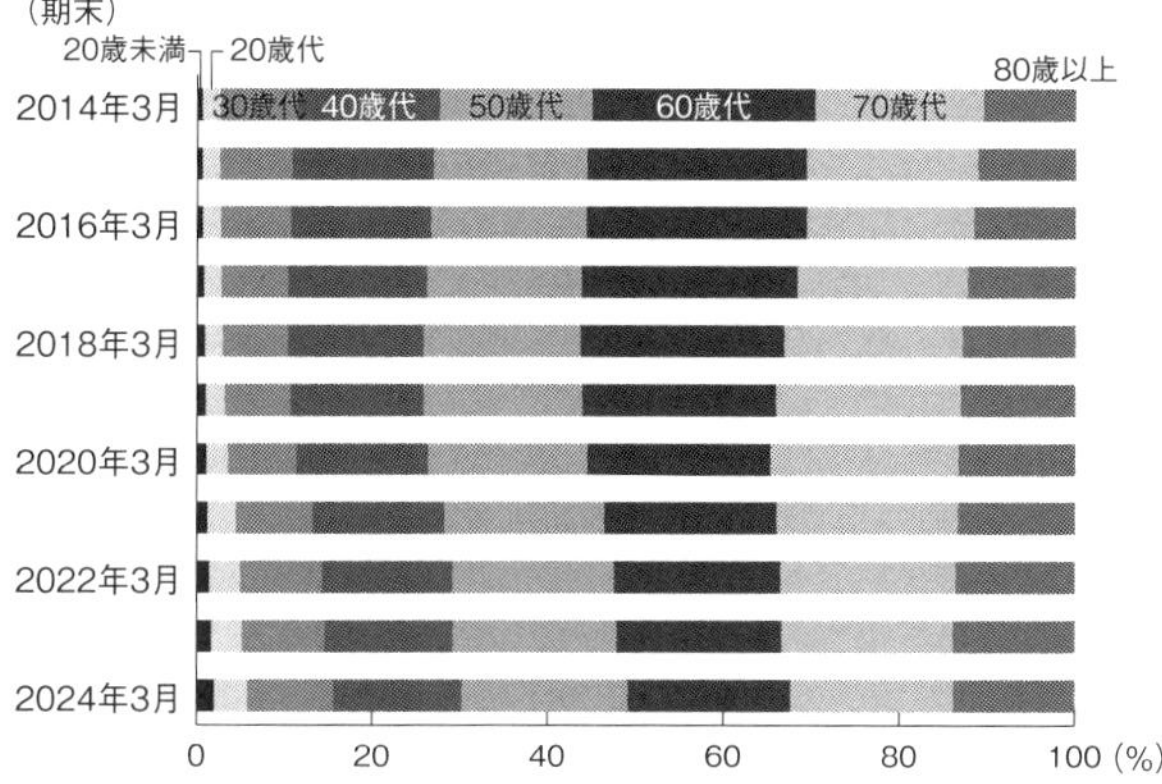

（注）3月期決算企業の株式を保有している株主だけの構成比（年齢不明株主を除く総株主に対する割合）
（出所）証券保管振替機構の統計データをもとに筆者作成

改革にも絡む話なので、この先の議論は第４章に譲りたい。

人数と金額で異なる保有構造

株式の保有構造は図表１－24と図表１－25が示しているように、金額ベースと人数ベースとではかい離が目立っている。人数ベースでは若年層の割合が高まっている。３月期決算の企業の株式を保有する20～40歳代の投資家は２０１４年３月期末には２５５万８８７７人だったが、２０２４年３月期末には１・３倍の３３３万５７２７人になった。年齢がわかっている株主全体に占める割合も10年前の27・０％から28・２％に高まっ

図表1-25　株式保有金額の年齢別割合

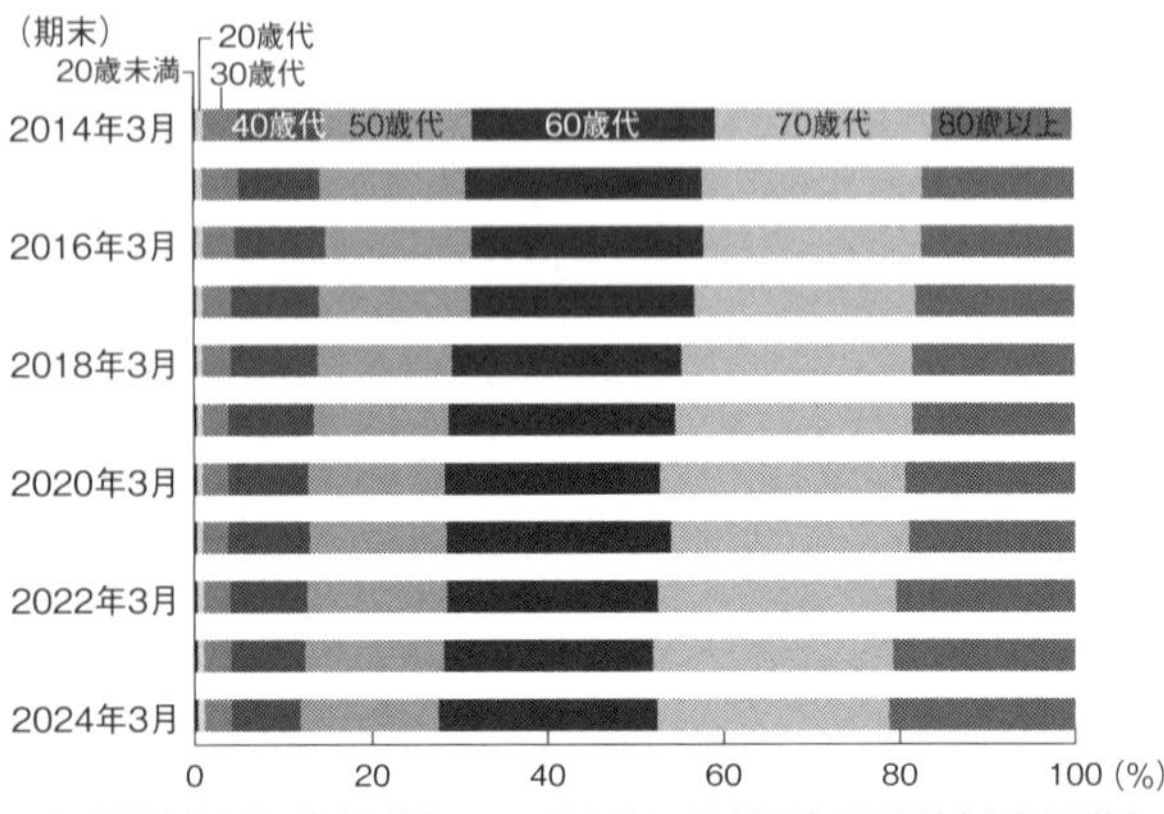

（注）3月期決算企業の株式を保有している株主だけの構成比（年齢不明株主を除く総株主に対する割合）
（出所）証券保管振替機構の統計データをもとに筆者作成

た。

金額ベースでは60歳以上の株主による保有割合が高まっている。3月期決算企業が発行した株式のうち、年齢不明株主を除いた個人株主の保有分を100とすると、2024年3月期末には72・5%を60歳以上の株主が保有していた。

同じデータが2014年3月期末には68・5%だったので、10年間で4ポイントも高まったことになる。人口の高齢化を映している面もある。高齢者も70歳代後半になると、さまざまな規制があって、証券会社が投資勧誘に動きにくい。ほとんど売買をしていないのに、いつの間にか保有株が値上がりしていたといった高齢株主も多そうだ。

20歳代から40歳代が保有している株式の割合は2014年3月期末の14・1%から2024年3月期末の11・5%へ低下した。株主数の割合では増えているのに、保有金額の割合では減っているのは、一人当たりの保有額が相当、小さくなっているためではないかと思われる。若年層の貧困化が原因だというよりも、単元未満株投資に取り組む若年層が増えているからかもしれない。

経済成長のためには効率的な資産配分が不可欠で、そのためには投資家が常に新しい情報を取り入れて投資の中身を見直していくことが重要だという立場から考えると、高齢株主による株式保有の固定化は好ましくないという議論もできる。

5　株主若返り、企業もあの手この手

小学生投資家はNTT株を高値づかみ?

若年層の投資家の急増は、企業にとっては株主層の若返りの好機になっている。「子ども

がお年玉で買えるＮＴＴ株にしたい。投資に対するリテラシー教育があっていいと思う」。ＮＴＴの株式分割を報じた２０２３年6月23日の日本経済新聞電子版は、ＮＴＴ首脳の言葉をこんなふうに紹介していた。実際、子どもがお年玉をもらった２０２４年1月に１９０円台に上昇していた株価は２０２４年10月中旬時点で１５０円弱だ。幼心に株式投資の難しさを実感させる最適の教材になったのではないか。

日本では株式は通常、１００株ずつ売買するから、２０２３年6月まではＮＴＴ株に投資しようと思うと、40万円余りの資金が必要だった。株主の高齢化と株主数の減少に気をもんでいたＮＴＴは、株式を一気に25分割し、１００株を1万７０００円程度で買えるようにした。お年玉うんぬんはこのときの発言。大幅分割の効力発生日は２０２３年7月1日のことだった。

株主数を増やすという戦略は大当たりだった。図表1－26は２０１５年3月期末以降の個人単元株主数の推移だ。1年前の２０２３年3月期末のＮＴＴの個人単元株主数は70万３５１７人と、日本の上場企業のなかでは8番目に甘んじていたが、２０２３年度中に１０５万人も増え、２０２４年3月期末に１７６万７５１人と一気に首位に躍り出たのである。増えた株主の大半は投資額が最高でも十数万円の「豆株主」だった。満18歳未満はＮＩＳ

図表1-26　NTTの個人単元株主数

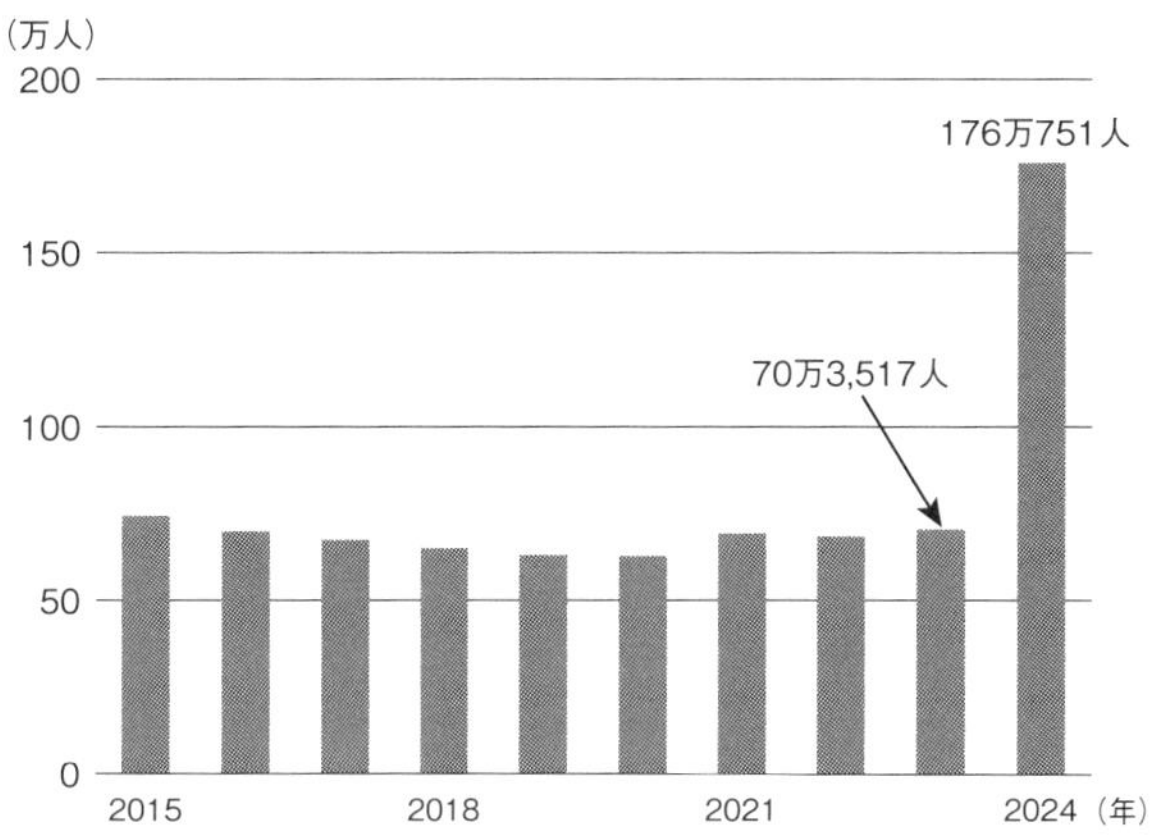

（注）各年3月末
（出所）有価証券報告書各年度版

Aの対象外だから、本当に小学生がたくさんいたかどうかはわからない。それでも保有株式数別の株主構成をみると、2024年3月末現在では法人なども含む全単元株主177万9764人の34・7％に当たる61万7385人が、1単元以上4単元以下の株主だった（図表1－27）。

1単元は100株で、3月末の株価は179円80銭だったから、時価ベースの保有額は4単元を持つ人でも約7万2000円ということになる。

5～9単元を保有する「豆株主」も全単元株主の7・1％に当たる12万5550人を数えていた。同様の計算をする

図表1-27　NTTの保有株式数別の株主構成

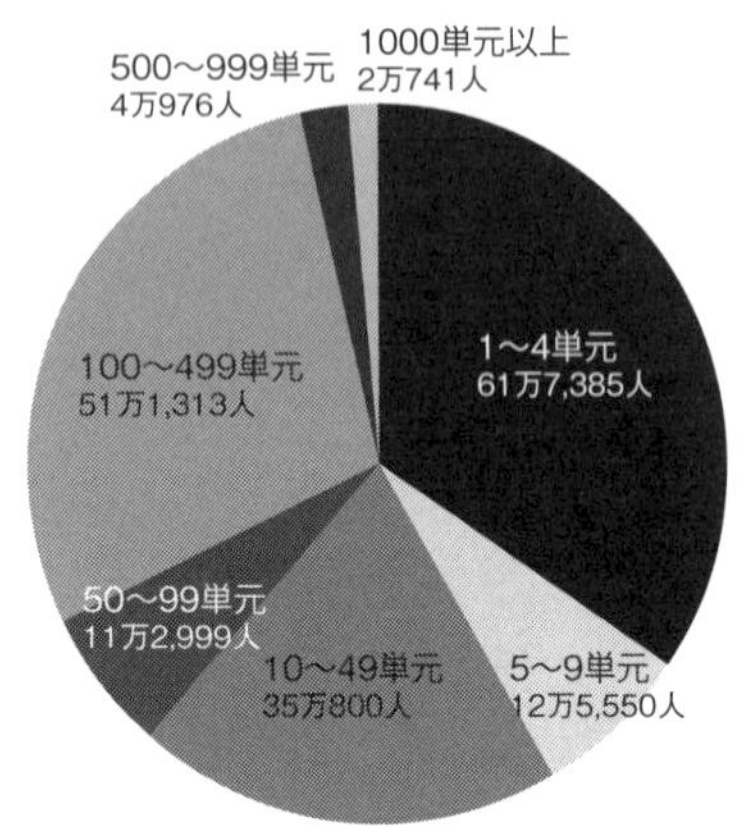

（注）2024年3月末。単元未満株だけを持つ株主8万2,406人を除く
（出所）NTTホームページのデータをもとに筆者作成

と、9単元を持つ人でも時価ベースの投資額は約16万2000円という計算になる。ほかに円グラフには含まれていないが、単元未満株（99株以下の株式）だけを保有する株主が8万2406人いる。1株単位のミニ株の売買サービスを提供しているオンライン証券などで買ったのであろう。

株主数を増やすコストは?

株主数を増やせば、その管理に手間やコストがかかるのは確かである。以前と異なり、2023年3月以降に開催する株主総会からは、総会前に株主に郵送する書類は、株主側から事前に書面交付の要望を受けていない限り、郵送の代わりにホームページに掲載するだけでよくなった。株主には議決権行使書を兼ねたはがきや封書を送り、そこにホームページの掲載場所を書いておけば済むようになった。

株主総会もきちんと手順を踏めば、バーチャルオンリーといって、リアルの会場を設けずに開催できるようになった。最初の定款変更はリアル総会での特別決議が必要だが、変更済みの企業も多い。ＮＴＴのようにスタッフがそろっている企業ならば、リアル総会は望ましいだろうが、中堅以下の上場企業はコスト削減の選択肢として検討してもいい。

そうはいっても、株主層の高齢化は多くの企業に共通した悩みだ。高齢の株主は遅かれ早かれ株式を手放してしまうことが多いため、何も対策を講じないと、個人株主が減少し、個人の株式保有比率もじわじわと低下するからだ。

ほふりのデータによると、２０２４年9月末現在、年齢不明の株主（２０５万４８０３人）を除く個人株主１３５８万９４２３人（単元未満株だけを保有する株主を含む）のうち、48・5％に相当する６５８万９５００人が60歳以上で、これらの株主が保有している国内株式の総額は、個人が持つ国内株式の総額１４１兆２８９２億円（年齢不明株主が保有する９兆９３７２億円を除く）の68・6％に当たる96兆８９３５億円に達している。

図表1-28　株式分割をした企業数

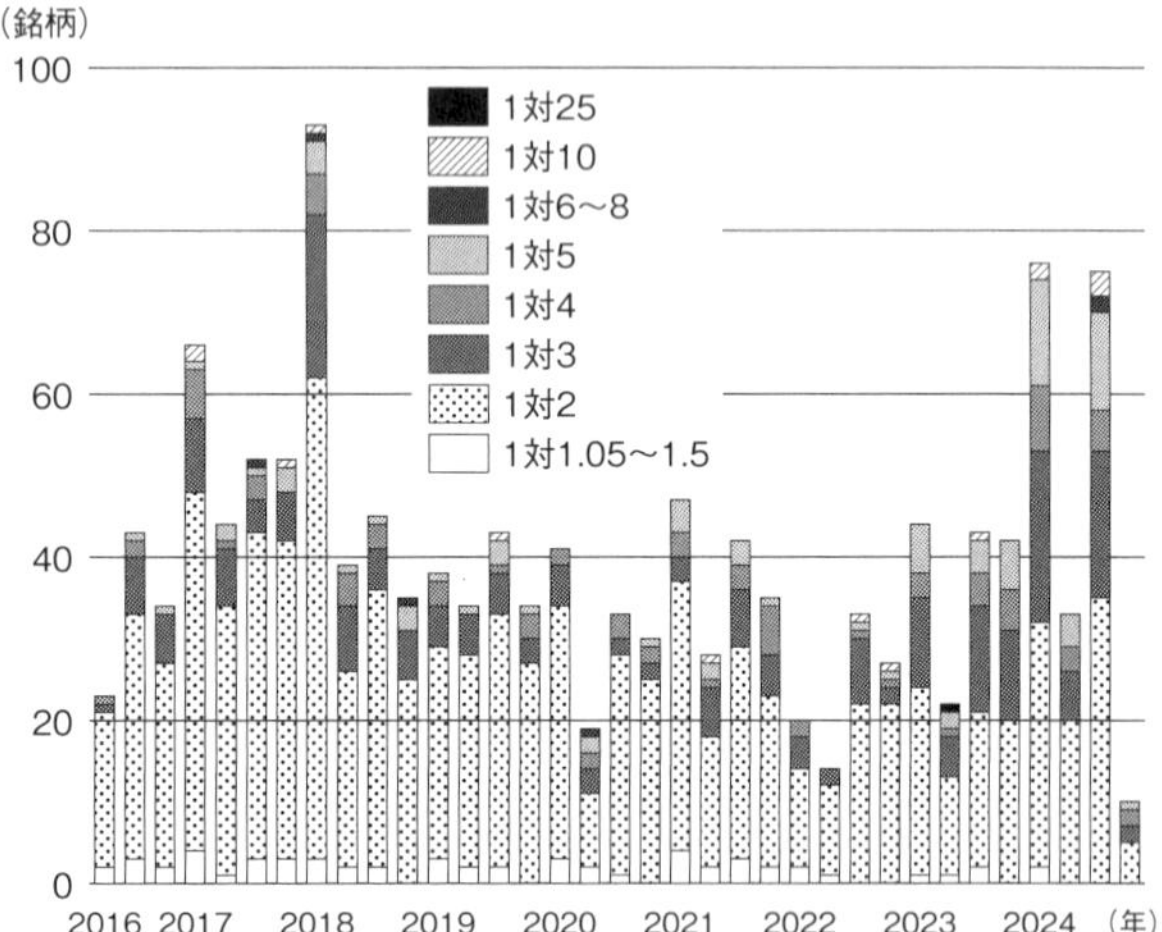

（注）10月18日現在の対象は全国上場企業（ETF、J-REIT、投資法人を含まない）。権利付き最終売買日ベース。今後の実施予定も含む。横軸の刻みは四半期
（出所）松井証券のデータをもとに筆者作成

新NISAきっかけに株式分割

株式を25分割したNTTほど極端ではないにしても、株価を下げて相対的に資金量が少ないこうした株主を引き付けようと、株式を分割する企業も多い。株式分割をすれば、これまで資金量の関係で株式を買えなかった層が買い手として入ってくるから、株価が上昇するのではないかという読みは、期待外れに終わることも多いようだが、若い株主が増えることは喜ばしいのであろう。

株式分割を実施した銘柄数は図

表1－28の通りである。株式分割の効力発生日ではなく、権利付き最終売買日によって、どの四半期に実施したかを区分けしているが、2024年第3四半期（7～9月期）にはソニーグループなど75社が踏み切った。第1四半期（1～3月期）には76社が、第2四半期（4～6月期）には33社が実施しているため、第4四半期（10～12月期）に実施予定の3社を含め、2024年中にすでに194社を数えている（10月18日現在）。

これからも出てきそうなことを考慮に入れると、年間では2017年に記録した214社を上回る可能性がある。

低位株が値上がりする傾向も

一人ひとりの投資行動はさまざまだが、やはり若年層は比較的株価水準が低くて買いやすい銘柄に投資するケースが多いのではないか。1単元株（100株）で100万円を超えるような値がさ株に投資する場合は、オンライン証券の単元未満株売買サービスを利用することも多いようだ。

個人投資家の影響力が大きい市場では、値がさ株よりも低位株のほうが上昇しやすいのではないかといった仮説も立てられる。実際、現在の全国上場4045銘柄を2015年末に

図表1-29　株価水準別の平均年間収益率

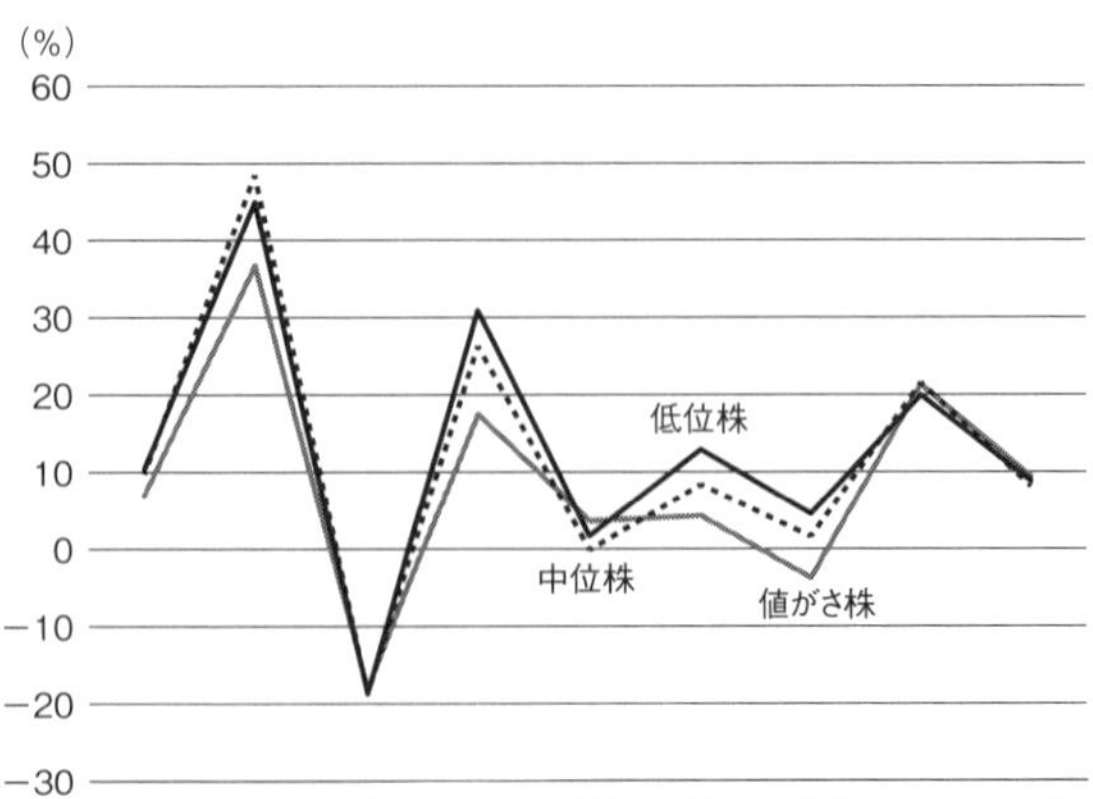

(注) 対象は全国上場4045社。前年末の株価水準（権利落ち修正を施す前）の低い順に3分の1ずつ「低位株」「中位株」「値がさ株」とした。投資収益率は配当込みで2024年は8月末現在
(出所) QUICKのデータをもとに筆者作成

さかのぼり、株価水準によって「低位株」「中位株」「値がさ株」と3分の1ずつに分けてみる。それぞれのグループに属する株式の翌年の投資収益率の平均値を算出してみる。その結果は図表1－29の通りだ。

あまりこれといった傾向がみられない年もあるが、2018年末の株価を使って計算した2019年のリターンは、低位株グループがプラス30・9%、中位株グループがプラス26・3%、値がさ株グループがプラス17・5%と、低位株のほうが平均的により大きな値上がりを記録していた。

図表1-30　低位株オープンの基準価格

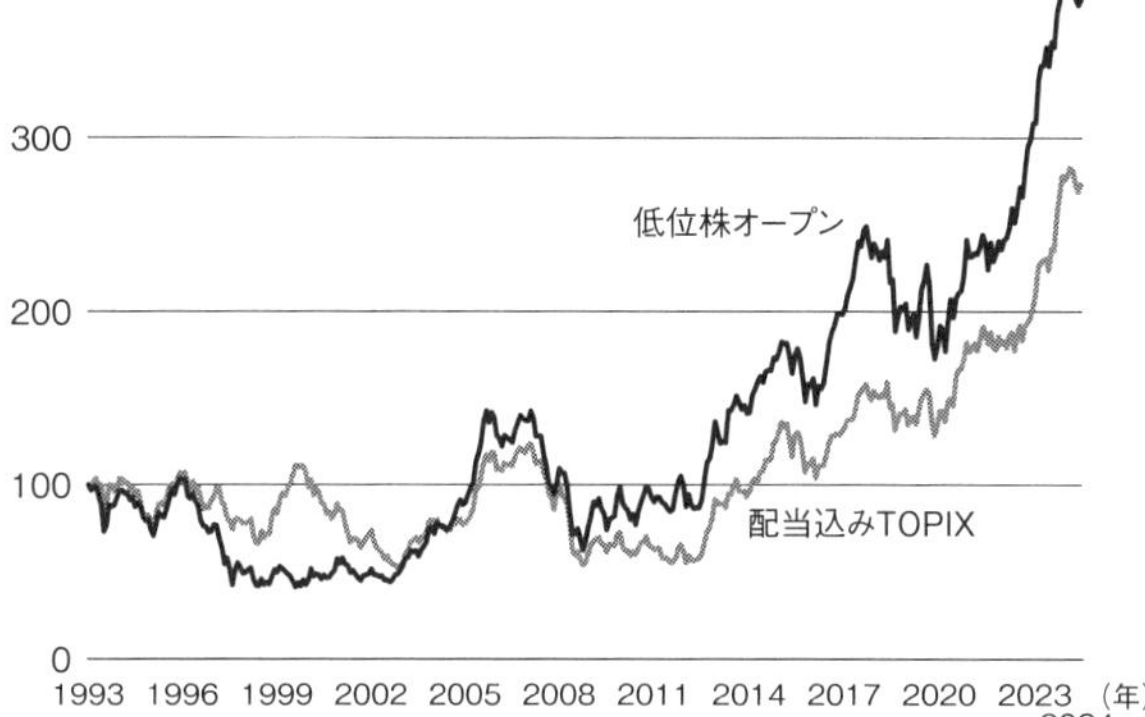

（注）低位株オープンは日興アセットマネジメントが1993年5月28日に設定。グラフは1993年5月末を100として指数化。基準価格は税引き前分配金再投資ベース
（出所）ウエルスアドバイザー、QUICK

２０２１年や２０２２年も低位株が最も値上がり率が大きく、値がさ株が最も小さかった。２０２４年は年初から8月末までのリターンをみると、グループによって大きな差はなく、７・8～9・3％となっている。ただ、株式分割によって年の途中で値がさ株が低位株に変わり、投資人気を集めたのに、集計上は前年末の株価水準を基準に値がさ株に分類されたままなので、値がさ株の値上がり率がかさ上げされている可能性がある。

１９９３年5月28日設定と、日本で最も歴史がある低位株投信である日興アセットマネジメントの「低位株オー

プン」は、株価指数を大きくアウトパフォームしている。税引き前分配金を再投資した場合の基準価格の推移は図表1－30の通りだ。1993年5月の水準を100とすると、2024年9月末に配当込みTOPIXは268・76だが、低位株オープンは376・24になった。

1年1年を区切ると負けていることもあるから、過信は禁物だが、株式分割の合理性や低位株投資の有効性を示すヒントの一つになりそうだ。

第 2 章

投資魅力がある企業とは

1　GAFAM主導の米国市場

一部の銘柄に人気が集中

２０２４年の日米の株式相場を振り返ると、７月の初めごろまでは日本株も米国株も似たように上昇してきた。しかし、８月以降、日本株は「植田ショック」や「石破ショック」で崩れてきたのに、米国株は最高値街道を突き進んでいる。日本経済にはもっとダイナミズムが必要ではないかと感じずにはいられない。

図表２－１は世界の時価総額ランキングの上位35社だ。日本で最も時価総額が大きいトヨタ自動車は上位35社には入らず、やっと50位に顔を出す程度だ。ほかの日本企業は上位１００社にも入らない。

米国の株式相場はここ数年、ＧＡＦＡＭ（アルファベット＝グーグルの持ち株会社、アップル、メタ・プラットフォームズ＝フェイスブックから改称、アマゾン・ドット・コム、マイクロソフト）と呼ばれる巨大ハイテク５社の動向に左右されてきた。２０２４年はエヌビ

図表2-1 世界の時価総額上位35社

順位	企業名	時価総額	本社所在地
1	アップル	3482.00	米国
2	エヌビディア	3306.00	米国
3	マイクロソフト	3090.00	米国
4	アルファベット（グーグル）	2001.00	米国
5	アマゾン・ドット・コム	1959.00	米国
6	サウジアラムコ	1743.00	サウジアラビア
7	メタ・プラットフォームズ（フェイスブック）	1476.00	米国
8	バークシャー・ハザウェイ	980.43	米国
9	TSMC（台湾積体電路製造）	963.46	台湾
10	ブロードコム	867.28	米国
11	イーライリリー	820.00	米国
12	テスラ	762.78	米国
13	ウォルマート	639.92	米国
14	JPモルガン・チェース	605.56	米国
15	ユナイテッド・ヘルス・グループ	551.92	米国
16	エクソン・モービル	547.09	米国
17	VISA	539.92	米国
18	ノボ・ノルディクス	523.92	デンマーク
19	テンセント	515.61	中国
20	オラクル	486.07	米国
21	マスターカード	460.08	米国
22	ホーム・デポ	407.21	米国
23	プロクター・アンド・ギャンブル	396.98	米国
24	コストコ	395.94	米国
25	ジョンソン・アンド・ジョンソン	386.38	米国
26	LVMHモエヘネシー・ルイヴィトン	354.16	フランス
27	アッヴィ	343.28	米国
28	ASMLホールディング	331.09	オランダ
29	ネットフリックス	313.41	米国
30	バンク・オブ・アメリカ	310.15	米国
31	コカ・コーラ	298.45	米国
32	サムスン電子	292.26	韓国
33	中国工商銀行	290.91	中国
34	貴州茅台酒	285.05	中国
35	セールスフォース	277.40	米国
50	トヨタ自動車	229.26	日本

（注）単位10億ドル。2024年10月10日現在
（出所）CompaniesMarketcap.com

図表2-2　エヌビディアの株価とナスダック総合指数

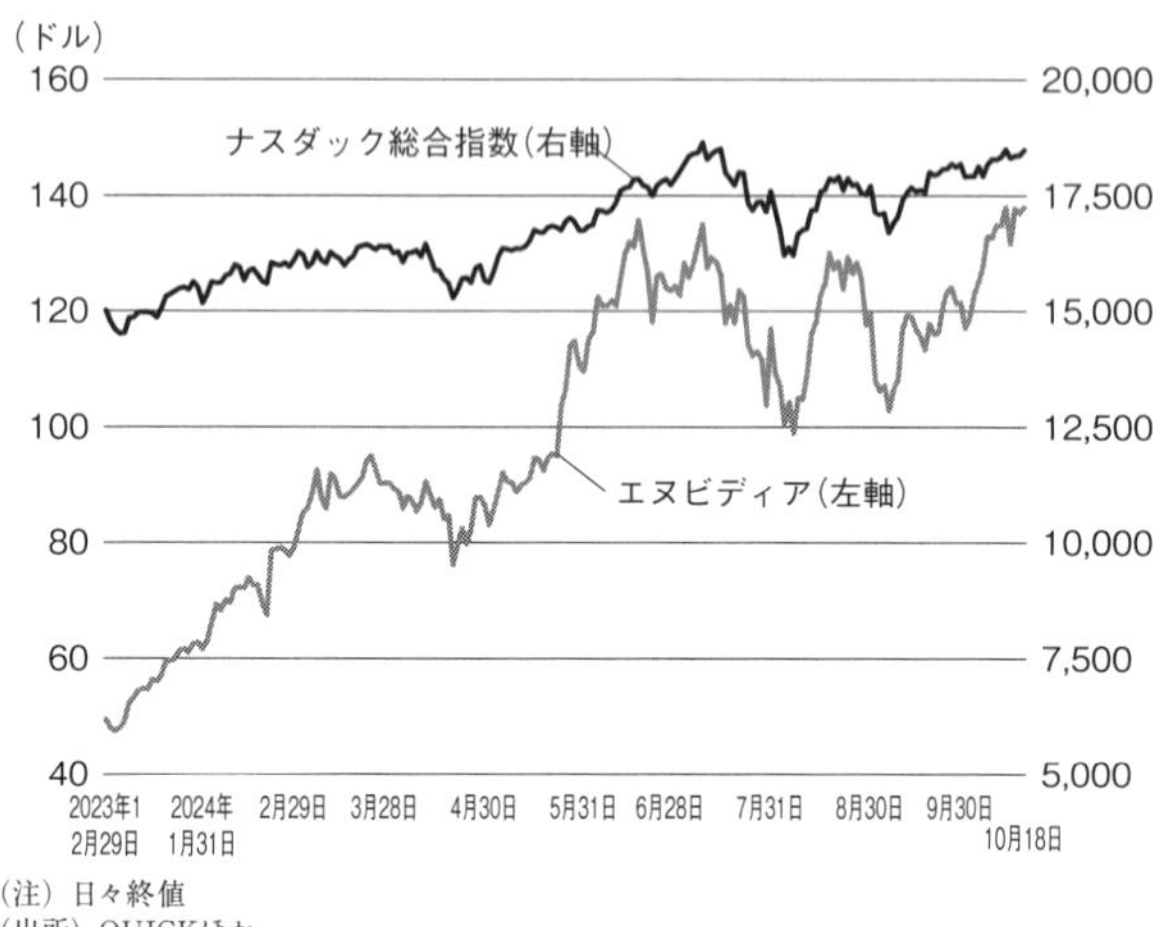

（注）日々終値
（出所）QUICKほか

ディアが注目を浴び、6月には時価総額が3兆3340億ドル（約526兆円）と、マイクロソフト、アップルを抜いて首位に躍り出た。

いわゆる「大化け銘柄」だったエヌビディアの株価動向は世界の株式相場に大きな影響を与えた（図表2－2）。四半期決算の発表のたびに、世界中の投資家が固唾をのんで見守り、一喜一憂することを繰り返した。

米国のマグニフィセント・セブン

GAFAMの5社にテスラとエヌビディアを加えた7社はマグニフィセント・セブンと呼ばれている。いずれも成長企業が集まっているナスダックに上場している。日本では著名企業はだいたい東証プライム市場に上場しているが、米国では歴史ある成熟企業はニューヨーク証券取引所に上場し、ナスダックとのすみ分けができている。本来、米ナスダックのような市場になることを目指して整備してきた東証グロース市場が、似ても似つかない小さな市場にとどまっていることは、日本経済が機能不全を起こしているからである。

この7社の2010年以降の株価動向は図表2－3にまとめている。それぞれの銘柄の株価水準が大きく異なり、1枚のグラフには描きにくいため、直近（2024年10月10日）の株価を100とし、14年前から直近に向けて株価（株式分割などの権利落ち修正済み）がどう推移してきたかを示している。

過去の折れ線の位置が低いほうが、直近に向けて大きく上昇したことを意味している。その筆頭格はエヌビディアだ。2009年12月末には0・47ドルに過ぎなかったのが、2024年10月10日には134・81ドルと287倍だ。

2021年にかけていったん大きく上昇しながら、この3年近くは乱高下を繰り返しているのはテスラだ。テスラの株価は権利落ち修正ベースで2021年11月に414・50ドルまで上昇する場面があった。しかし、電気自動車（EV）に対する懐疑論が広がるにつれ、株

図表2-3　米マグニフィセント・セブンのこれまでの株価

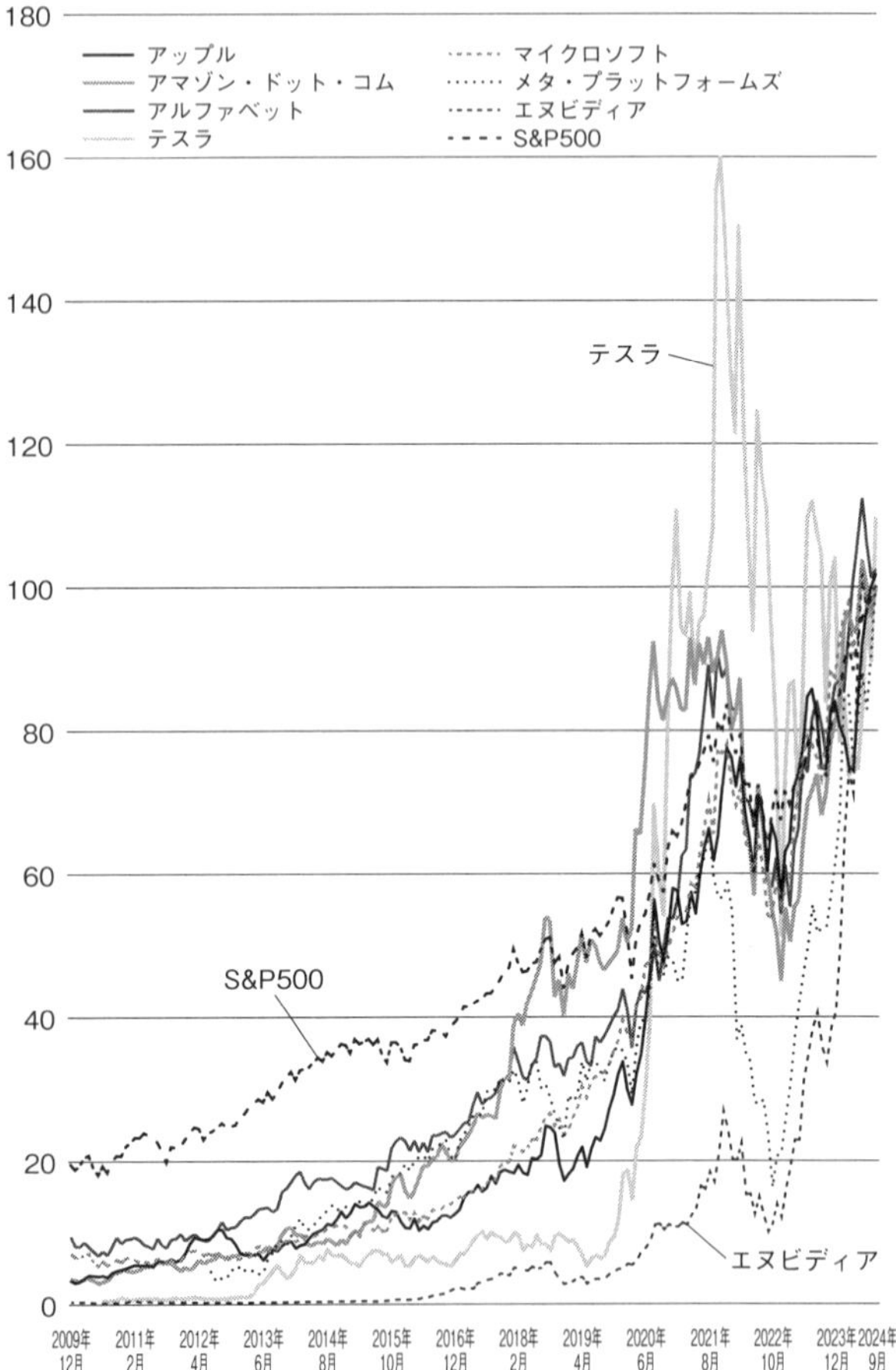

（注）2024年10月10日の株価を100として、過去の株価（月間終値）を指数化
（出所）QUICKほか

価は方向感なく揺れ動くようになった。

グラフのなかにはS&P500の推移も描いている。2024年10月10日を100とすると左端の2009年12月末の値は19・29である。マグニフィセント・セブンの株価水準よりも高いところからスタートしているのは、それだけ今日に至るまでの上昇率が相対的に低いことを意味している。というか、マグニフィセント・セブンが市場全体の傾向を示す株価指数に比べ、はるかに大きく上昇し、全体をリードしてきたことを示している。

7社除けば成長ペース低い

S&P500の構成銘柄の合計時価総額は2024年9月末現在で50兆5700億ドルだ。1ドル＝145円で換算すると、7333兆円になる。世界取引所連合の統計によると、ニューヨーク証券取引所とナスダックで取引されている米国企業の合計時価総額が9月末に58兆5000億ドル程度だった。米国を代表する500社は全体の約86％を占めている。

マグニフィセント・セブンのうちの3社は、時価総額が3兆ドル前後で、しばしば首位争いを繰り広げているアップル、マイクロソフト、エヌビディアだ。ほかにも日本のトヨタ自

図表2-4　マグニフィセント・セブンの時価総額

	S&P500	アップル	マイクロソフト	アマゾン・ドット・コム	メタ・プラットフォームズ	アルファベット	エヌビディア	テスラ	マグニフィセント7以外のS&P500
2014年12月	18.25	0.64	0.39	0.14	0.22	0.36	0.01	0.03	16.46
2015年12月	17.90	0.58	0.44	0.32	0.30	0.53	0.02	0.03	15.68
2016年12月	19.27	0.61	0.48	0.36	0.33	0.54	0.06	0.03	16.86
2017年12月	22.82	0.86	0.66	0.56	0.51	0.73	0.12	0.05	19.32
2018年12月	21.03	0.75	0.78	0.74	0.37	0.72	0.08	0.06	17.53
2019年12月	26.76	1.29	1.20	0.92	0.59	0.92	0.14	0.08	21.63
2020年12月	31.66	2.26	1.68	1.63	0.78	1.19	0.32	0.67	23.13
2021年12月	40.36	2.90	2.52	1.69	0.92	1.92	0.74	1.06	28.61
2022年12月	32.13	2.07	1.79	0.86	0.32	1.15	0.36	0.39	25.20
2023年12月	40.04	2.99	2.79	1.57	0.91	1.76	1.22	0.79	28.00
2024年3月	44.08	2.65	3.19	1.87	1.24	1.89	2.26	0.56	30.42
2024年6月	45.84	3.18	3.34	2.01	1.28	2.26	3.04	0.63	30.10
2024年9月	50.57	3.46	3.18	1.97	1.44	2.03	2.98	0.83	34.68
時価総額の倍率	2.77	5.38	8.11	13.65	6.64	5.65	273.65	29.77	2.11
株価の倍率	2.77	8.45	9.26	12.01	7.34	6.37	242.88	17.64	

（注）単位兆ドル、倍。各月末に近い日付の時価総額。時価総額と株価の倍率は2024年9月の値を2014年12月と比較

（出所）Yahoo Finance、FinanceChartsほかインターネット上のデータをもとに筆者作成

動車をはるかに上回る時価総額の企業ばかりなので、7社合計の時価総額は驚くほど大きいのではないかと思われるだろう。

その金額は図表2−4の通りだ。2024年9月末現在の時価総額は7社合計で15兆8900億ドルだった。1ドル＝145円で換算すると、2304兆円に

もなる。東証プライム市場の時価総額は900兆円台だから、この7社の存在感がいかに大きいかがわかる。

しかも、時価総額の伸び率が全体を大きく凌駕(りょうが)している。約10年前の2014年12月末からの増加倍率は、エヌビディアが274倍と極端に大きいほか、テスラが30倍、アマゾン・ドット・コムが13・7倍などとなっていて、最も小さいアップルでも6400億ドルから3兆4600億ドルへ5・4倍もの成長をしている。

マグニフィセント・セブンを除いても、S&P500の採用企業の時価総額の合計値が2024年9月末現在で34兆6800億ドルもあることは、米国経済の懐の深さを示している。ただ、7社を除く時価総額はこの10年弱で2・11倍になったにすぎない。東証プライム市場の時価総額が2014年12月末から2024年9月末までの10年弱で1・81倍(旧東証1部市場との比較、ドルベースでは1・52倍)に膨らんだことと比較すると、米国は7社を除いてしまえば、段違いというほどのパフォーマンスを示してきたわけではない。

業績も米国全体をリード

マグニフィセント・セブンは企業業績の面でも米国全体をリードしている。図表2－5は

図表2-5　米マグニフィセント・セブンの収益（売上高）の推移

	S&P500採用企業全体	アップル	マイクロソフト	アマゾン・ドット・コム	メタ・プラットフォームズ	アルファベット	エヌビディア	テスラ	マグニフィセント7以外のS&P500
決算月		9月	6月	12月	12月	12月	1月	12月	
2019	122658.99	2601.74	1258.43	2805.22	706.97	1618.57	117.16	245.78	113305.12
2020	120154.05	2745.15	1430.15	3860.64	859.65	1825.27	109.18	315.36	109008.65
2021	140519.45	3658.17	1680.88	4698.22	1179.29	2576.37	166.75	538.23	126021.54
2022	155209.52	3943.28	1982.70	5139.83	1166.09	2828.36	269.14	814.62	139065.50
2023	162069.68	3832.85	2119.15	5747.85	1349.02	3073.94	269.74	967.73	144709.40
2024			2451.22				609.22		
2019年から23年への増加倍率	1.32	1.47	1.68	2.05	1.91	1.90	2.30	3.94	1.28

（注）単位億ドル、倍。
（出所）各社アニュアルレポート

図表2-6　米マグニフィセント・セブンの純利益の推移

	S&P500採用企業全体	アップル	マイクロソフト	アマゾン・ドット・コム	メタ・プラットフォームズ	アルファベット	エヌビディア	テスラ	マグニフィセント7以外のS&P500
決算月		9月	6月	12月	12月	12月	1月	12月	
2019	12653.95	552.56	392.40	115.88	184.85	343.43	41.41	-8.62	11032.04
2020	8703.53	574.11	442.81	213.31	291.46	402.69	27.96	7.21	6743.98
2021	18318.14	946.80	612.71	333.64	393.70	760.33	43.32	55.19	15172.45
2022	15641.10	998.03	727.38	-27.22	232.00	599.72	97.52	125.56	12888.11
2023	17654.96	969.95	723.61	304.25	390.98	737.95	43.68	149.97	14334.57
2024			881.36				297.60		
2019年から23年への増加倍率	1.40	1.76	1.84	2.63	2.12	2.15	1.05		1.30

（注）単位億ドル、倍。
（出所）各社アニュアルレポート

2019年以降の収益（売上高）の推移を、図表2－6は純利益の推移を示している。収益はマグニフィセント・セブンのうち、伸び率が最も低いアップルでも2023年9月期までの4年間で1・47倍になった。最も大きく伸びたテスラは3・94倍になった。「除く7社」の合計収益は4年間で1・28倍になっただけである。

純利益は2019年から23年までの4年間に限ると、エヌビディアが1・05倍になっただけなので、「除く7社」の合計純利益の増加倍率の1・30倍に届かなかったようにみえる。しかし、エヌビディアは2024年1月期に前年度の6・8倍に当たる297億6000万ドルの利益を上げた。エヌビディアの急成長ぶりは日本だけでなく、世界のハイテク株相場に影響を及ぼしてきた。

日米株価が共振する理由

図表2－7はS&P500の構成銘柄のうち、指数への影響度が大きい上位10社を示している。10月3日現在、アップル、マイクロソフト、エヌビディアの3銘柄はそれぞれS&P500の6～7%を構成している。上位10銘柄を全部合わせると、S&P500に占めるウエートは34・3%にもなる。

図表2-7　米S&Pへの影響が大きい上位10社

順位	企業名	ティッカー	指数計算上のウエート	累計ウエート
1	アップル	AAPL	7.15	7.15
2	マイクロソフト	MSFT	6.43	13.58
3	エヌビディア	NVDA	6.06	19.64
4	アマゾン・ドット・コム	AMZN	3.58	23.22
5	メタ・プラットフォームズ	META	2.59	25.81
6	アルファベット（クラスA）	GOOGL	2.01	27.82
7	バークシャー・ハザウェイ	BRK.B	1.73	29.55
8	アルファベット（クラスC）	GOOG	1.67	31.22
9	ブロードコム	AVGO	1.65	32.87
10	イーライリリー	LLY	1.46	34.33

（注）2024年10月3日現在。単位％
（出所）slickcharts.com

図表2-8　米S&P500と構成銘柄の影響度

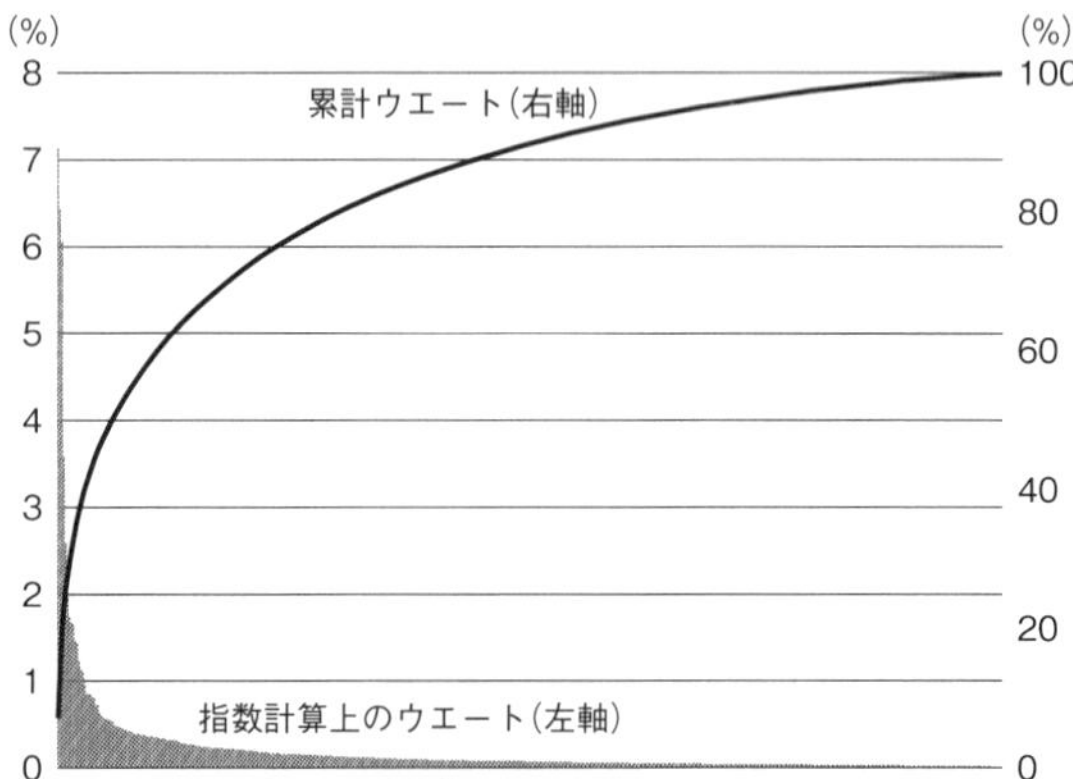

（注）2024年10月3日現在。対象は米S&P500に採用されている503社
（出所）slickcharts.comのデータをもとに筆者作成

図表2－8は指数計算上のウエートが大きい順に約500の構成銘柄を左から右に並べ、累計の寄与度がどう変化するかを示している。上位10銘柄で34・3％は前述の通りだが、上位50銘柄で58・6％、上位100銘柄で72・0％、上位200銘柄で85・5％になっている。

同じことを日経平均で分析してみると、図表2－9に示すように9月30日現在、上位10銘柄のウエートが41・0％になっている。日経平均を構成しているのは225銘柄と米S＆P500の半分弱だから、S＆P500よりも上位10銘柄への集中度が高まっているのは、不思議ではない。

図表2－10に示すように、累計の寄与度は上位20銘柄で53・6％、上位50銘柄で74・0％、上位100銘柄で89・6％になっている。株価指数が一部の銘柄にどの程度影響されるかの度合いは、日米の株価指数に大差はない。特に影響度が大きい上位グループにはハイテク株が集まっていて、日米の株式相場が共振しやすくなっている。

図表2-9　日経平均への影響が大きい上位10社

順位	企業名	証券コード	指数計算上のウエート	累計ウエート
1	ファーストリテイリング	9983	12.26	12.26
2	東京エレクトロン	8035	6.54	18.81
3	アドバンテスト	6857	4.65	23.45
4	ソフトバンクグループ	9984	4.36	27.81
5	信越化学工業	4063	2.58	30.39
6	ＫＤＤＩ	9433	2.38	32.77
7	ＴＤＫ	6762	2.36	35.12
8	リクルートホールディングス	6098	2.25	37.38
9	テルモ	4543	1.86	39.24
10	ファナック	6954	1.81	41.04

（注）2024年9月30日現在。単位％
（出所）日本経済新聞社

図表2-10　日経平均と構成銘柄の影響度

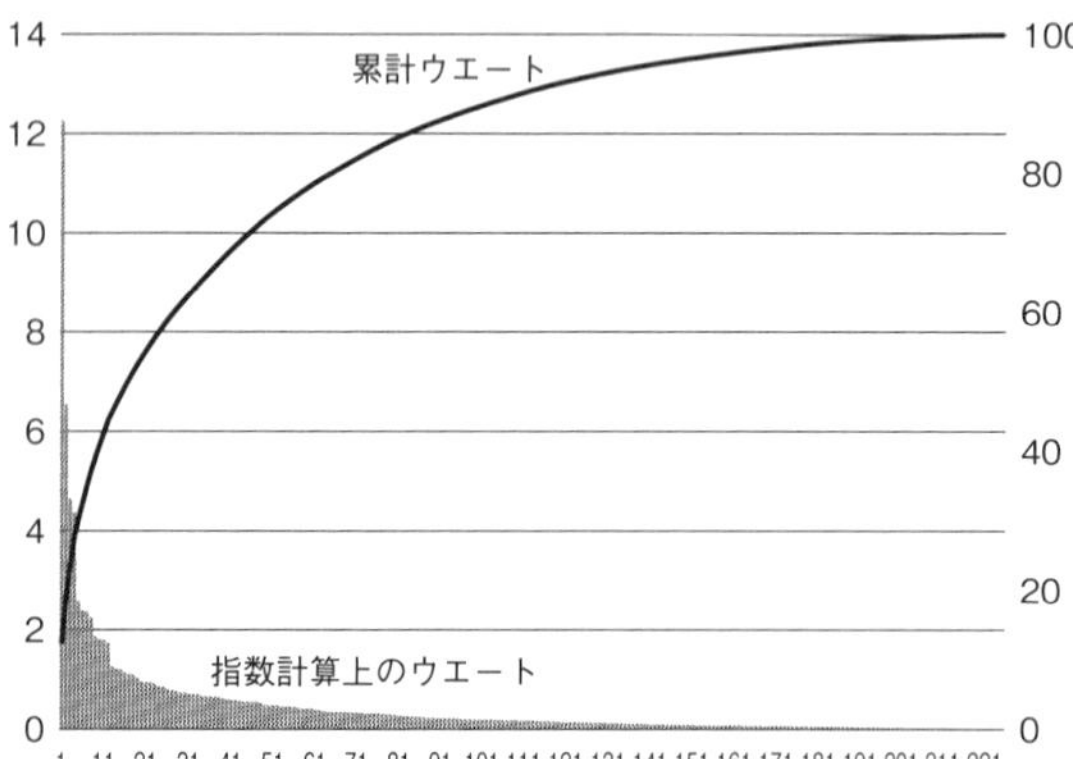

（注）2024年9月30日現在。対象は日経平均採用225銘柄
（出所）日本経済新聞社のデータをもとに筆者作成

2　日本企業、最高益の現実

2023年度は3年連続過去最高

東証によると、プライム、スタンダード、グロースの3市場に上場している3500社（金融業163社を除く）の2023年度の合計売上高（以下、特に断りがなければ連結ベース）は908兆2771億円、経常利益は72兆9982億円、純利益は49兆4856億円となっている。いずれも過去最高で、企業業績の好調が東京株式相場の押し上げ要因になっていることが裏付けられている。

日本企業は3月期決算が多いが、海外に合わせて12月期決算を採用している企業や、小売業のように閑散期の2月を決算期にしているところもある。企業業績の集計で2023年度決算といった場合、2023年4月から2024年3月までの間に本決算（四半期決算や中間決算ではなく、年1回の本当の決算）を迎えた企業の集計値である。

東証の集計による過去からの経常利益の推移は図表2－11に示した通りだ。大幅減益に

図表2-11　東証上場企業の連結経常利益

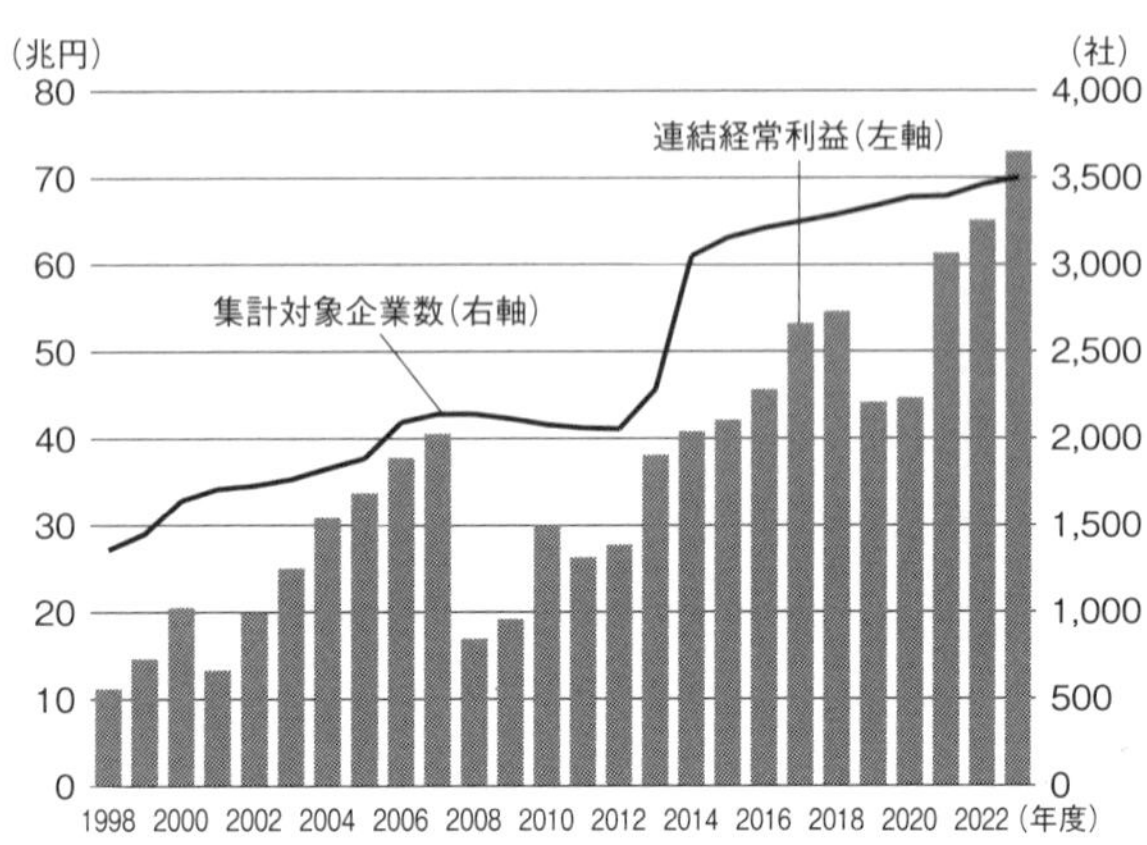

(出所) 東京証券取引所「決算短信集計」のデータをもとに筆者作成

なったのは２００１年度と２００８年度と２０１９年度の３回だ。２００１年度は１９９９年度から２０００年度にかけて膨らんだ情報技術（ＩＴ）バブルが崩壊して、収益が悪化した。

２００８年度は２００８年9月に起きた米大手証券会社リーマン・ブラザーズの経営破綻に伴う世界の金融資本市場の大混乱（いわゆるリーマン・ショック）が、世界的に企業の大幅な業績悪化を招いた。２０１９年度は新型コロナウイルスの世界的流行で、多くの企業の活動が停滞を余儀なくされた。

このように何年に１回かは、何らかのショックが発生して、上場企業全体の収益悪化局面を迎えている。ただ、1998年度以降でいえば2年連続で経常減益になったことは1度もなかった。連続増益記録は2002年度から2007年度にかけての6期連続、2012年度から2018年度にかけての7期連続という記録がある。

上場企業数の増加がかさ上げ

ただ、あまり細かいことを気にしてもきりがないが、企業業績の伸びは上場企業数の増加によってかさ上げされている面もある。特に東証と大阪証券取引所（当時）が2013年7月に経営統合したため、2014年度の集計企業数は2013年度よりも771社多い3052社になった。このほか、民営化企業など比較的規模の大きい企業が上場すると、業績の集計値もその分、実態よりも大きく出てしまう。

実態よりも小さく出ることもある。新しく加わった企業が赤字だった場合や比較的規模の大きい企業が経営統合などで上場廃止になった場合だ。

こうした影響を排除し、純粋に企業の経常利益水準の変化をみるためには、前年度から上場し続けている企業だけを対象に各年度の経常増減益率をはじき出し、これをつなぎ合わせたほうがいい。図表2－12は1998年度の経常利益を100とし、公表されている経常利

図表2-12　継続企業ベースの経常利益の水準

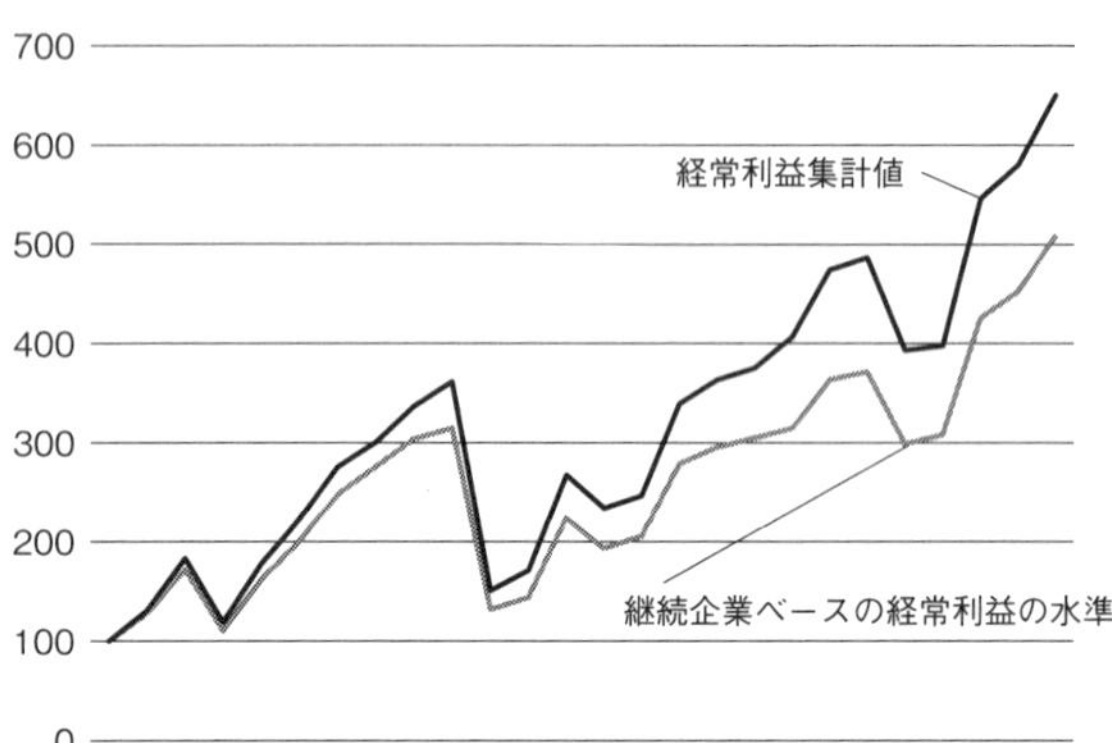

（注）継続企業ベースの経常利益とは、前年度から上場している企業だけの増益率を積み重ねたもの。1998年度の水準を100として指数化
（出所）東京証券取引所「決算短信集計」をもとに筆者作成

益の金額を指数化したものと、前年度から当年度にかけての継続上場企業の各年度の経常増減益率を連続的に掛け合わせたものとの違いを示している。

公表された経常利益だけで作成したグラフでは、１９９８年度の１００が２０２３年度には６５０になっていた。25年間で上場企業全体の経常利益が６・50倍になったことを示している。しかし、各年の継続企業ベースの経常増減益率を掛け合わせ続けた場合には、１９９８年度の１００が２０２３年度には５０８になっていた。

株価が企業の経常利益に完全に連動して上下するのならば、１９９８年度

図表2-13 証券大手3社の企業業績見通し（2024年9月）

	売上高			経常利益			純利益		
年度	23	24	25	23	24	25	23	24	25
野村証券（9月5日）									
全産業（263社）	3.9	4.1	3.3	10.9	6.1	7.5	10.8	3.6	7.5
製造業（146社）	6.9	5.2	3.4	12.3	7.9	10.8	15.8	3.7	12.0
非製造業（117社）	0.1	2.6	3.1	8.9	3.4	2.4	4.1	3.5	0.7
大和証券（9月5日）									
全産業（200社）	5.1	4.7	3.7	10.9	7.5	7.7	12.2	5.7	7.4
製造業（104社）	6.8	4.7	3.6	13.4	7.5	10.6	17.0	4.6	11.2
非製造業（96社）	2.3	4.6	3.7	7.7	7.5	3.6	6.1	7.4	2.1
SMBC日興証券（9月20日）									
全産業（224社）	5.8	3.9	3.0	9.6	7.5	7.2	8.9	6.9	7.4
製造業（128社）	7.2	3.7	3.1	14.8	7.5	11.3	17.5	5.2	11.4
非製造業（96社）	3.2	4.4	2.8	3.1	7.5	1.3	▲2.2	9.6	1.5

（注）単位％、▲は減、金融は除く。SMBC日興証券の増収率は卸売り9社も除く

から2023年度までの25年間に、株価は6・50倍ではなく、5・08倍になったと考えた方が妥当だろう。

これからも業績の拡大は続くのだろうか。図表2－13は証券大手3社が2024年9月にまとめた企業業績見通しである。所属するアナリストらが個別企業の業績を予想して積み上げたもので、3カ月に1回、更新している。

すべてのデータは増収率、増益率など前年度からの変化率を示していて、真ん中の経常利益

の欄をたどると、3社とも2024年度も2025年度も増益を予想している。この見通しが実現すれば、2019年度を底に、2025年度まで6期連続の増益を達成することになる。

企業業績、そんなにいいのか

最高益かどうかでいえば、2024年度が増益ならば4期連続、2025年度も増益ならば5期連続の最高益になる。しかし、個々の企業の状況をつぶさに調べると、減益企業も多く、手放しで評価できるほど業績がいいようにはみえない。全体の数字と、個々の企業の数字とのかい離が広がっているのではないかとの問題意識から、データで検証してみた。

QUICKの集計データを使い、全国4045社の上場企業のうち、2008年度から継続的に業績データがある2892社を対象に、連結経常利益の推移を振り返ると、2023年度は合計で79兆4788億円と、前年度に比べて15・0%増加し、過去最高を3年連続で更新した。2024年度は3・8%の増益予想だ。小幅増益にとどまるのは輸出関連各社が為替相場を円高方向にみている影響が大きく、円相場次第では増益率が高まる可能性がある。

ただ、この予想は利益の合計額の比較だから、数千億円、あるいは何兆円も利益を出す巨大企業の動向を大きく反映していることを忘れてはならない。２０２３年度の実績をみると、わずか43社で２８９２社の合計経常利益の50・０％を稼いでいて、全体の動向に大きな影響を与えている。極端なことをいえば、相当数の企業が減益予想でも、全体でみれば絶好調ということもありうるのだ。

合計値ではなく、もっと個別企業の収益動向をみるために、それぞれの企業の増減益率の単純平均に焦点を合わせてみよう。巨大企業が増益でも、減益企業が多ければ、増減益率の平均値は低くなる。ただ、２８９２社のなかには前年度の経常利益が極めて少なく、増益率が極端に大きくなるところもある。こうした異常値が代表値に反映されないようにするため、全体の単純平均ではなく、中央値とトリム平均に着目する。

トリム平均が低迷を象徴

中央値とは全ての対象企業を増益率が大きい順に1列に並べ、ちょうど中央に来る企業の増減益率を代表値とする計算方法だ。トリム平均とは数字の大きい方と小さい方の両方から一定割合の企業を除外し、残りの企業だけで平均値を計算してこれを代表値とする手法だ。今回は10％トリム平均、つまり、上位と下位のそれぞれから10％の企業を除外して平均値を

図表2-14　計算方法の違いによる企業業績推移の差

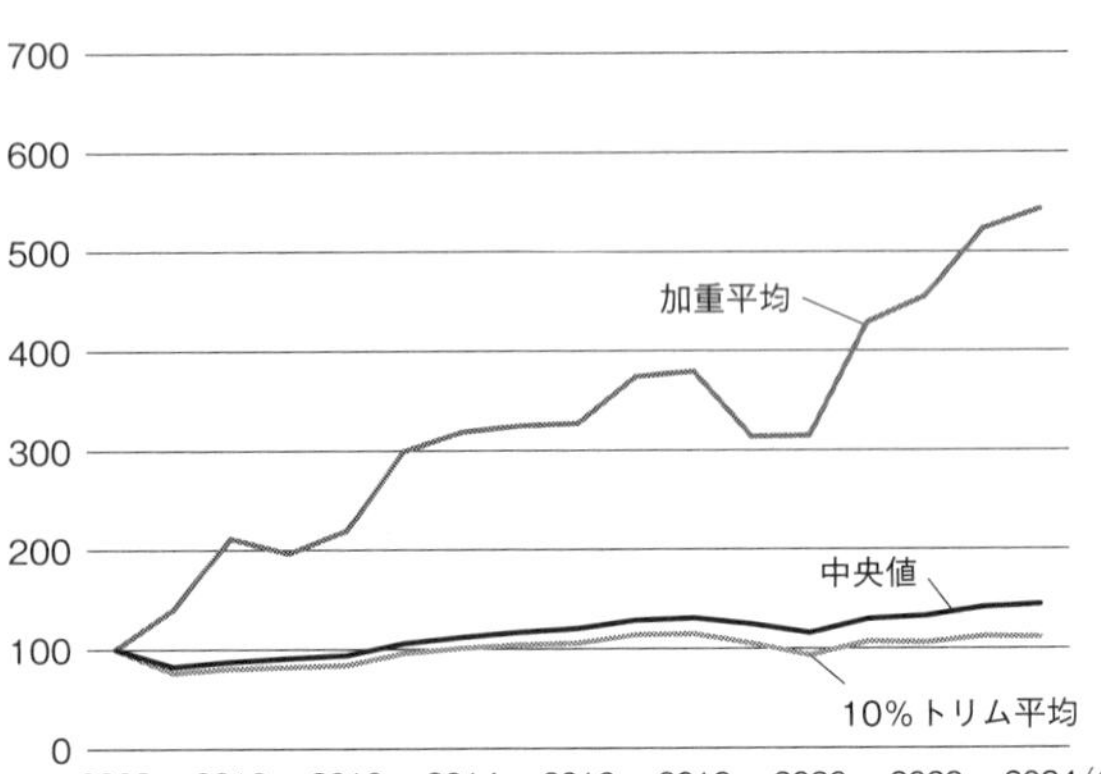

（注）2008年度を100としたときの上場企業の経常利益水準の推移。2024年度はすでに実績を発表済みの企業を除き、日本経済新聞社の予想値。対象は2008年度から継続して経常利益のデータがある全国上場2892社
（出所）QUICKのデータをもとに筆者作成

計算してみた。

図表２－14は２００８年のリーマン・ショック後に最も日本企業の業績が低迷した２００８年度を基準の１００として、その後の経常利益の推移を①従来型の加重平均②中央値③10％トリム平均のそれぞれの増減益率を使って描き出している。

すでに実績となっている２０２３年度の経常利益の水準は、加重平均を使えば５２２と大きく出るが、中央値を使うと１４１にとどまり、トリム平均を使うと１１２にすぎないことがわかる。

２０２４年度の予想値も加重平均だ

図表2-15 経常利益が5000億円以上の上場企業数

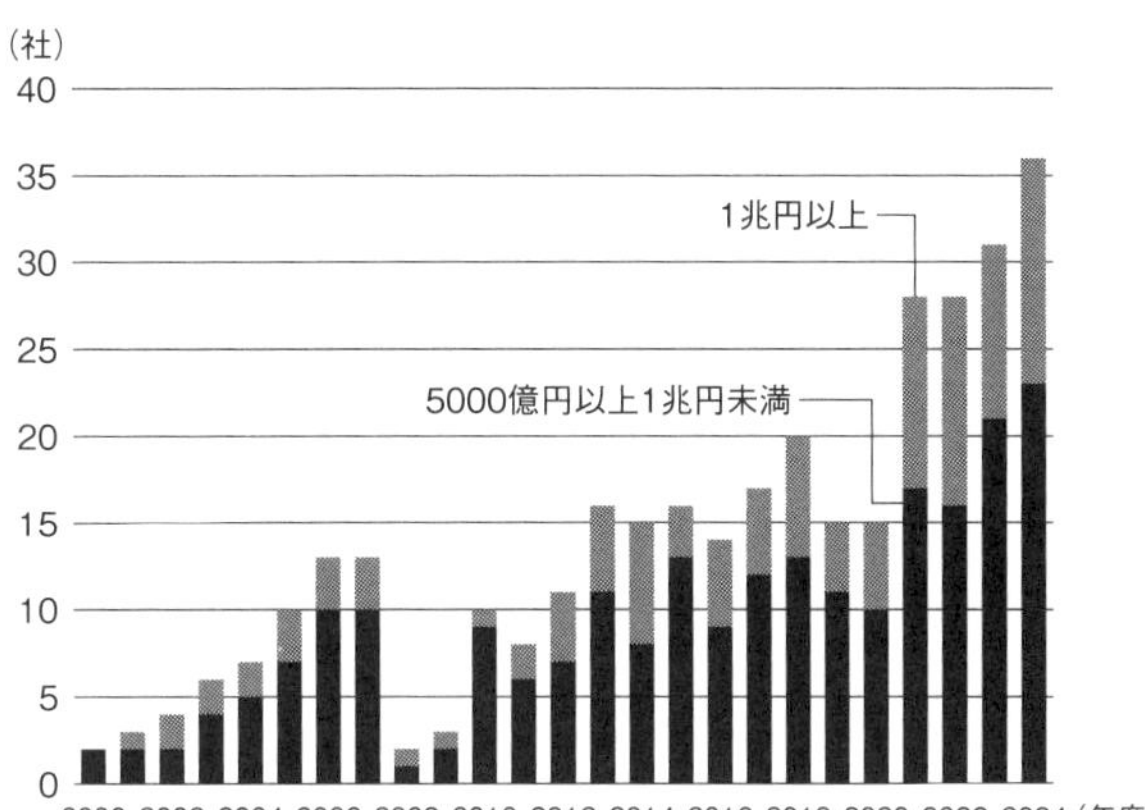

(注) 集計対象は全国上場4045社
(出所) QUICKのデータをもとに筆者作成

と542、中央値だと144、トリム平均だと111と大差ができる。企業業績は好調だといわれても、それはもっぱら大企業のことであり、中堅以下の上場企業には当てはまらない。実際、図表2－15に示すように、経常利益が5000億円以上の企業の数は年度ごとに増えていて、全体の収益動向に与える影響が大きくなっている。

半分近い企業が減益

この状況を別の角度からみてみよう。企業業績が好調だといわれれば、かなりの企業が増益を実現したり、予想したりしている状況を思い浮かべるが、図表2

図表2-16　増益企業と最高益更新企業の割合

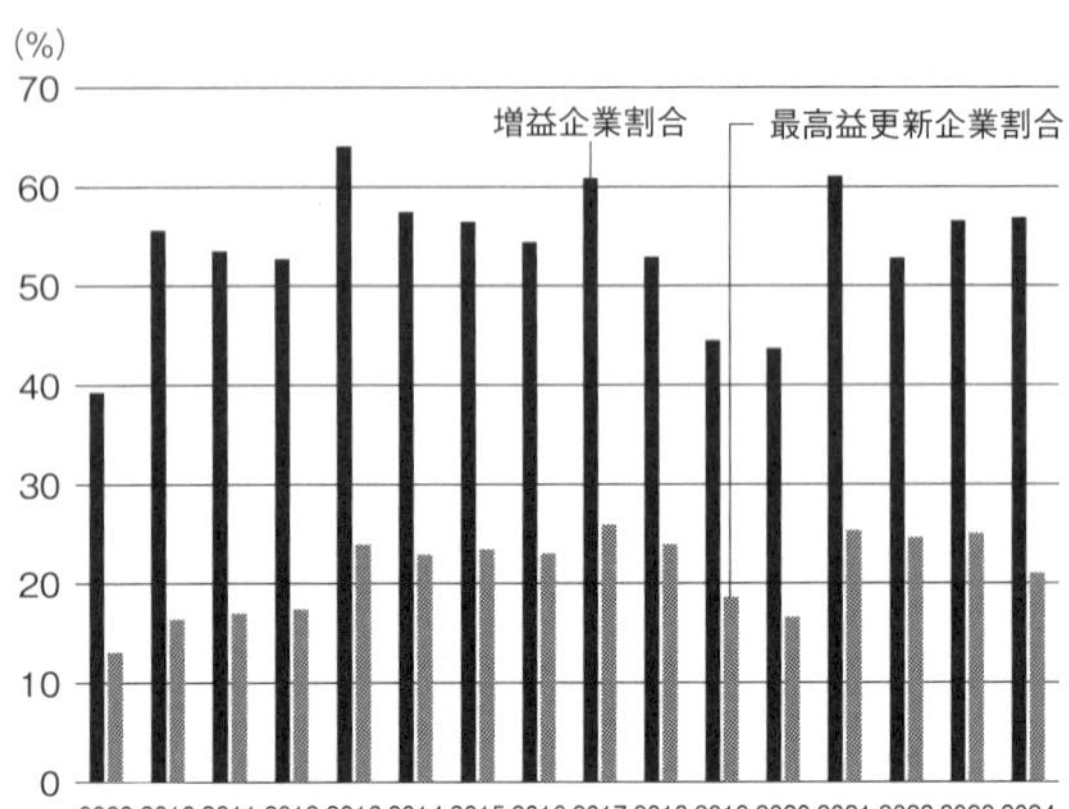

（注）1985年度以降の経常利益データをもとに、それぞれの年度の経常利益がその前年度までの経常利益の最高額を上回っていた場合を「最高益更新」と考えた。2024年度はすでに実績を発表済みの企業を除き、日本経済新聞社の予想をもとに算出。集計対象は2008年度から継続してデータがある全国上場2892社
（出所）QUICKのデータをもとに筆者作成

－16に示すように、実際に2023年度に増益を記録したのは集計対象企業の56・6％にすぎず、2024年度に増益を予想しているのも56・9％にとどまっている。2009年度まで遡っても、増益企業が60％を大きく上回ることなど、滅多にないのである。

過去最高益を更新した企業も2023年度は全体の25・0％だった。「4社に1社が最高益」といった報道を目にすると、日本には優れた経営で業績を伸ばしている企業がたくさんあるという印象を抱きがちだが、グラフに示すように4～5社に

1社がその時点の最高益を記録するのは、普通のことであり、特段多いわけではない。

リーマン・ショックの影響がくすぶっていたころや、新型コロナウイルスの流行が始まった当初には、確かに最高益更新企業の割合が20%を割っていて、2009年度のように13・1%まで低下したこともあった。2024年度も今のところ、最高益更新を予想している企業は21・0%にとどまっているが、上場企業が決算発表に合わせて公表する業績予想は慎重なことが多いため、最終的に25%程度に達する可能性もある。

合計値、あるいは加重平均でみると、好調にみえる企業業績も、個々の企業までブレークダウンすれば、まだら模様だというほかない。その状況は株価にも反映している。日経平均やTOPIXは大企業の株価の動きを強く反映しているから、たとえば2024年9月末までの過去1年間の騰落率をみると、日経平均は19・0%、TOPIXは13・9%上昇した。

しかし、全国上場企業のうち2023年9月末に上場していた3906社の株価騰落率の単純平均値は4・31%の上昇にとどまっていた。全体の72・6%に当たる2836社は株価騰落率がTOPIXの上昇率の13・9%を下回っていた。

「資本主義での自由競争はしょせん一部の勝者と多数の敗者を生むだけだ」といってしまえば身もふたもないが、どちらが日本経済の真の実力なのかはしっかり見極める必要がありそうだ。

3　日本製鉄、そしてセブン&アイ

日本製鉄のUSスチール買収計画

国境をまたぐ企業買収で、エポックメーキングなことが進行している。1つは日本製鉄が米USスチールの買収に動いたこと、もう1つはセブン&アイ・ホールディングスがカナダのコンビニエンスストア大手、アリマンタシォン・クシュタール（ACT）から買収提案を受けたことだ。

日本製鉄の件は2023年12月18日に発表されたもので、発表内容は「USスチール株を1ドル55ドル（筆者注、当時の為替レートで7810円）で全株取得し、完全子会社にする」とのことだった。鉄鋼業界の国際的な生き残り競争に勝つためであり、USスチールの経営陣も基本的に合意していた。

ところが、全米鉄鋼労働組合（USW）が同日に反対声明を出すなど、事態は難航。すでに2024年に入って欧州連合（EU）欧州委員会など米国以外の規制当局は買収を承認しているため、あとは米国政府がどう考えるかだが、最終判断は11月5日の米大統領選後に持ち越されている。

これまでの経緯は図表2－17に示す通りだ。買収額は約2兆円。本書の締め切りの10月下旬時点では米大統領選のゆくえは混とんとしているが、候補であるトランプ前大統領は1月31日に「私なら瞬時に阻止する」、カマラ・ハリス副大統領は9月3日に「米国内で所有され、運営される企業であるべきだ」と述べている。トランプ氏は9月29日にも再び「日本への売却を認めない」と述べた。

9月初旬には米英メディアが「バイデン大統領が買収計画の中止命令を出す方向で最終調整」とまで報じられ、これを受けて両社の首脳がバイデン大統領に再考を促す書簡を送るなど、まだどちらに転ぶかわからない状況になっている。9月26日には日本製鉄の今井正社長兼最高執行責任者（COO）が記者会見で「楽観はできない」と語った。

自社株を使って買収できれば

この買収が実現するかどうかは、もちろん当事者にとっては大きな問題であろうし、日本

日付	出来事（特に断りがなければ、主語は日本製鉄）
5月9日	劣後特約付きのシンジケートローンと公募ハイブリッド社債で約2000億円を調達すると発表
5月14日	米クリーブランド・クリフスのゴンカルベスCEOが日本製鉄による買収成立の可能性について「ゼロに近い」と語る
5月21日	USスチールが米クリーブランド・クリフスが流している情報に「誤情報を拡散している」と反論する書簡
5月30日	欧州など、米国以外のすべての規制当局からの承認を取得したと発表
6月27日	「米国の通商救済法を順守する」との声明を出す
7月20日	マイク・ポンペオ元米国務長官を買収交渉のアドバイザーに起用していたと報道
8月29日	USスチールの製鉄所2カ所へ13億ドル超の追加投資をする計画を表明
8月31日	米政府が日本製鉄に経済安全保障上の懸念を示す書簡
9月3日	カマラ・ハリス米副大統領がUSスチールは「米国内で所有され、運営される企業であるべきだ」と発言
9月4日	米英有力メディアが「バイデン大統領が買収計画の中止命令を出す方向で最終調整」と報道
9月4日	買収後のUSスチールのガバナンス（企業統治）の方針を示す
9月8日	両社が連名でバイデン米大統領に書簡を送付（内容未公表）
9月11日	森高弘副会長兼副社長が対米外国投資委員会（CFIUS）の関係者と面会
9月11日	USWとの交渉経緯を公表
9月17日	USスチールのデビッド・ブリットCEOが買収を「成立すると確信している」と述べる
9月23日	買収審査を対米外国投資委員会（CFIUS）に再申請
9月24日	韓国のポスコホールディングス株の売却を決定
9月25日	USスチールがUSWとの間の仲裁で、日本製鉄がUSスチールを買収する適格者としてふさわしいとの結論を得る
9月26日	今井正社長兼COOが記者会見で「楽観はできない」と語る
9月29日	トランプ前大統領が「USスチールの日本への売却を認めない」と改めて主張
10月4日	米民主党議員が買収完了後にUSスチール幹部らが受け取る高額報酬を批判する書簡

（注）日付の一部は報道日
（出所）日本経済新聞などの報道に基づき、筆者作成

図表2-17 日本製鉄によるUSスチール買収問題の経緯

日付	出来事（特に断りがなければ、主語は日本製鉄）
2023年 12月18日	USスチールを1株55ドル（7810円）で全株取得し、完全子会社にする計画を発表。株価には約4割のプレミアムを付ける。買収総額は141億ドル
12月18日	全米鉄鋼労働組合（USW）が「失望したといっても言い過ぎではない」と反対する声明を発表
12月20日	米格付け会社S&Pグローバル・レーティングが日本製鉄の長期発行体格付けを「 トリプルBプラス」から格下げ方向で見直す「クレジット・ウオッチ（CW）」に指定
2024年 1月24日	森高弘副社長が1月中旬に米国で米連邦議会の議員らと面会し、買収のプラス面を説明
1月31日	トランプ前大統領が「私なら瞬時に阻止する。絶対にだ」と発言
2月15日	対米外国投資委員会（CFIUS）が買収計画の審査に着手
2月28日	労働条件などの協議のため、USWと秘密保持契約（NDA）を結ぶ
3月8日	海外事業担当の森高弘副社長がUSWのデービッド・マッコール会長と同日までに米国内で会談
3月14日	バイデン米大統領が声明で、USスチールは「国内で所有・運営される米鉄鋼企業であり続けることが重要だ」と表明
3月19日	買収完了後、日本製鉄の米国本社を現在のテキサス州ヒューストンからペンシルベニア州ピッツバーグに移転する計画を示す
3月27日	USWに雇用や年金などに関する約束事項を提案
4月2日	USWが日本製鉄の提案の内容は「虚構の上で進められている」と批判する声明を公表
4月5日	USスチールのデビッド・ブリットCEOが従業員宛てのメッセージで「日本製鉄が示している条件は従業員の利益に寄与するものだ」と表明
4月12日	USスチールがオンラインで開いた臨時株主総会で日本製鉄による買収案を承認
4月17日	バイデン米大統領がピッツバーグでの演説でUSスチールについて「これからも米国の象徴であり続けるべきだ」と語る
4月23日	米鉄鋼大手クリーブランド・クリフスのローレンコ・ゴンカルベスCEOがUSスチールの臨時株主総会が買収を承認したことについて「歴史的な大失敗だ」と語る
5月3日	買収計画の完了時期を従来の2024年4～9月から7～12月に変更すると発表
5月6日	欧州連合（EU）欧州委員会が日本製鉄によるUSスチール買収を承認

を代表する企業が国際的に活躍できるようになることは、日本人の一人としても喜ばしく感じる。ただ、株式市場との関係でいえば、自社株を使った海外企業の買収ができるように会社法の改正が予定されているため、これを組み込むことができれば、もっと資金負担が少ない買収ができるのではないか。

日本製鉄のケースでは買収資金に充てるため、劣後ローンや劣後債などで約2000億円の資金調達をしたほか、9月24日には保有する韓国鉄鋼大手ポスコホールディングスの全株式を売却することも発表した。この日の終値で計算すると、約1200億円に相当する。現金での買収では資金を工面することが不可欠なのである。

買収対価を現金と自社株との組み合わせにできれば、資金的な余裕を温存することができ、効率的な買収ができる。ただ、買収対象の企業の株主に交付する株式の数をより少なくするためには、日本製鉄の株価が高くなっている必要がある。買収対象の企業の株主に日本製鉄の株式を喜んで受け入れてもらうためには、日本製鉄の事業計画に魅力があることも示さなければならない。

日本製鉄によるUSスチールの買収計画には制度上の手当てが間に合わないだろうが、将来、海外のライバル企業を買収しようと考える経営陣にとっては、自社株の価値を高めておくことは重要なポイントになると思われる。

上場企業のなかには、エクイティファイナンス（新株発行を伴う資金調達）をする予定がなければ、株価が上がろうが下がろうがどちらでもいいと考えている経営者もいる。自社株を使った買収が当たり前になれば、株式市場に評価されるような経営をすること自体が、企業の生き残りや競争力の向上に直結することになる。株主にとってもメリットがあるだろう。

狙われたセブン&アイ

セブン&アイはかつての日本の急成長企業の1つだ。２００5年9月1日にイトーヨーカ堂、セブン－イレブン・ジャパン、デニーズ・ジャパンの持ち株会社として株式移転によって設立されたが、その中核になったセブン－イレブン・ジャパンは１９７９年10月15日に東証2部に上場した。当時の公募価格は１３００円、上場初値は１８００円だった。

公募価格で買えた人は限られていただろうから、１８０万円を出して上場初値の１８００円で１０００株（当時の売買単位は１０００株の企業が多かった）を買った投資家を想定してみよう。45年が経過した２０２４年10月18日の株価は２２１２円だから、たいして儲かっていないのではないかと思われるかもしれない。

しかし、この間に同社は株式分割を17回も繰り返してきた。1対1・1が6回、1対1・2が7回、1対1・5が1回、1対2が2回、そして2024年3月1日付で1株を3株に分割した。これらをすべて計算すると、株式数は114・2609倍になっている。つまり、1979年10月の1000株は11万4261株ほどになっていて、時価は2億5274万円にものぼるのである。

とはいっても、本当に45年間も保有し続けた株主は「儲けそこなった」と感じているかもしれない。1999年のITバブルの当時、株価が1万8290円まで上昇したことがあったからだ。上場からこの時までの株式分割で株式数は38・0870倍に増えていた。最初に1000株を投資したから、保有株式数は3万8087株である。これに株価を掛け合わせると、6億9661万円。ここで売っておけば、あと4億4300万円ほどの儲けがあったと思っているわけだ。

過去の株価に株式分割の権利落ちに伴う修正を施すと、株価の推移は図表2－18のようになる。本当にセブン－イレブン・ジャパンの株式を保有していたとしても、ITバブルのピーク時に売却できたとは限らないが、こうしたチャートに表してしまうと、2000年以降のセブン－イレブン・ジャパンやセブン&アイの株価は低迷が続いているという印象が免れな

図表2-18　セブン＆アイ・ホールディングスの株価

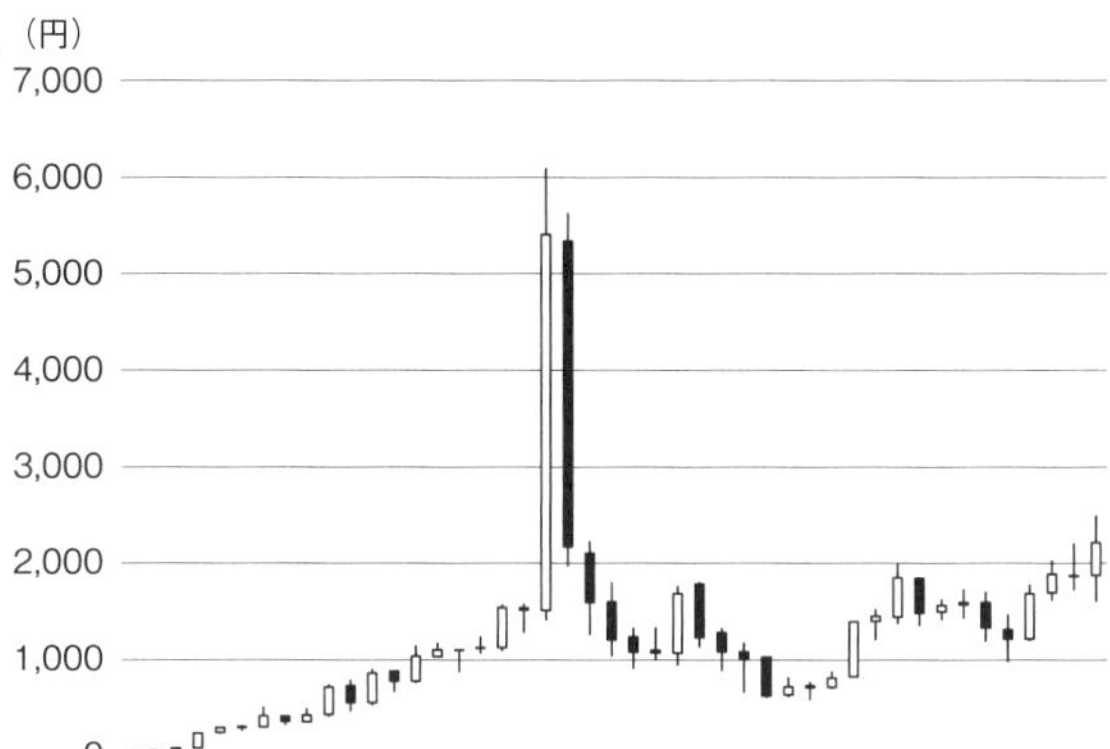

（注）年足（2024年は10月11日現在）。株式分割に伴う権利落ち修正済み。2005年8月まではセブン－イレブン・ジャパンの株価。QUICKのデータの制約で株式上場をした1979年の株価は描いていない
（出所）QUICKのデータをもとに筆者作成

い。

お手ごろ感が注目されたか

カナダのＡＣＴの最初の買収提案は２０２４年７月下旬ごろだったと報道されている。ただまだ提案された買収価格は1株当たり14・86米ドル（総額５兆７０００億円程度）で、当時の実際の株価をあまり上回っていなかったし、さまざまな規制上の問題をどうクリアするかなどにも触れていなかったから、とりあえず意向を打診したというイメージだ。

この提案が20年ぐらい前だった

日付	できごと
9月11日	米ブルームバーグ通信がACTが買収金額の引き上げを検討していると報道
9月13日	財務省がセブン&アイが海外投資家から出資を受ける際に事前届け出が原則必要となる外為法の「コア業種」になったと発表
9月17日	鈴木俊一財務相が閣議後の記者会見で「コア業種であるかどうかによって買収が難しくなるかどうかということは言えない」と述べる
9月24日	ACTの大株主カナダ・ケベック州貯蓄投資公庫（CDPQ）のシャール・エモンCEOが日本経済新聞の取材に対し、両社の統合を後押しする考えを示唆
10月3日	米ブルームバーグ通信がセブン＆アイが子会社セブン銀の株式を一部売却し、連結対象から外すことを検討していると報道
10月9日	米ブルームバーグ通信がACTがセブン&アイに対し、総額7兆円（1株18.19ドル＝約2700円）の新たな買収提案をしたと報道
10月9日	セブン＆アイが非公開の再提案を受領した事実を認め、「当社ステークホルダーの利益の最大化を引き続き図っていく」と声名
10月10日	2024年3～8月期の連結決算で純利益が前年同期比35％減の522億円だったと発表。2025年2月期通期の純利益を27％減の1630億円に下方修正
10月10日	セブン＆アイが①非コンビニ事業の分離②中間持ち株会社の設立③セブン―イレブン・コーポレーション（仮）への社名変更④セブン銀行の資本関係の見直し検討⑤ヨーカ堂のネットスーパー撤退で特損458億円計上、などの経営方針発表
10月15日	米資産運用会社アーティザン・パートナーズがセブン＆アイの取締役会に対し、早期交渉開始を要求する2度目の書簡を送付
10月17日	ACTのアレックス・ミラーCOOが日本経済新聞の取材に応じ、「全事業の統合に関心がある」などと買収意欲を表明
10月24日	セブン＆アイの井阪隆一社長が投資家向け説明会で2030年度にグループ売上高を30兆円以上にする目標を初公表

（注）日付はいずれも2024年で、一部は報道日
（出所）日本経済新聞などの報道に基づき、筆者作成

ら、日本国内ではもっと強い反発が出ていたかもしれない。堀江貴文氏が率いるライブドアによるニッポン放送買収の試み、米投資ファンドのスティール・パートナーズによるブルドックソース株の公開買い付け（TOB）、王子製紙による北越製紙の同意なき買収（敵対的買収）の試みなど、企業を丸ごと売買するような動きが

図表2-19 アリマンタションによるセブン&アイ・ホールディングス買収問題の経緯

日付	できごと
2024年7月下旬	セブン&アイ・ホールディングスに対し、カナダのコンビニエンスストア大手、アリマンタション・クシュタール（ACT）が買収提案したもよう。セブン&アイは取締役会議長のスティーブン・ヘイズ・デイカス氏を委員長とする特別委員会を設置
8月19日	セブン&アイがカナダのACTから買収提案を受けたとの報道について「内密に、法的拘束力のない初期的な買収提案を受けていることは事実」とするコメントを発表
8月20日	米格付け大手S&Pグローバル・レーティングが「ACTの買収提案が実現するかどうかにかかわらず、セブン&アイの信用力への下方圧力になる」との声明を発表
8月30日	米資産運用会社アーティザン・パートナーズがセブン&アイに対して「ACTとの交渉が最良だ」などと早期の交渉開始を求め、交渉状況の報告を要求する書簡を送付
9月5日	ACTのアレックス・ミラーCOOが決算説明会で買収に向けて「資金調達に自信がある」と述べる。フェリペ・ダ・シルバCFOは「より高いレバレッジを検討することもできる」とも話し、買収金額の引き上げも選択肢にあることを示唆
9月6日	セブン＆アイがACTによる買収提案に対し、企業価値を「『著しく』過小評価している」と指摘したほか、米国競争法上の問題を念頭に「複数の重要な課題について、適切に考慮されていない」と書簡で回答したと発表。提示額が6兆円規模（1株2200～2400円）程度だったことも明らかに
9月8日	米ブルームバーグ通信がACTが買収を再提案する方針だと報じる
9月9日	ACTがセブン&アイの回答に対し、声明で「友好的な協議すら拒否したことを遺憾に感じている」と述べ、秘密保持契約（NDA）を結ぶ用意があることや、規制当局の承認を得るため、事業の切り離しを検討することを示す
9月9日	セブン＆アイはACTの声明に「ACTの提案は実効性を伴う議論をするだけの根拠や材料を提示していない」と再反論
9月10日	ロイター通信が買収提案について、米連邦取引委員会（FTC）が独占禁止法に抵触するかどうかを調査する方針を決めたと報道

立て続けに出てきて、「日本になじまない」と当時の社会の反発を招いていたからだ。

ＡＣＴとセブン&アイのやり取りの経緯は図表２－19の通りだ。20年前だったら、買収対象になった企業の経営者が「買い取り価格がいくらだろうが売らない」と反応しても、日本社会は「そんなものだろうな」と受け止めていた。さすがに今日ではそんな発言をすると、「経営陣の保身に過ぎないのではないか」と疑いの目を向けられるだろう。

セブン&アイは提案内容を社外取締役を中心とする特別委員会で検討し、最初の提案は9月6日にとりあえず拒否した。これを受け、ACTは10月9日までに買収価格を1株当たり18・19米ドル（総額約7兆円）に引き上げて再提案した。

実現するかどうかは経済合理性がある取引に仕立てられるかどうかにかかっている。規制上の問題があるとすれば、米国の競争当局が認めるかどうかという点と、日本のコンビニエンスストアが日本の決済インフラの一翼を担っている点に十分な配慮が払われるかどうかという点をクリアする必要があるかもしれない。

図表2－20に示すように、ACTのほうが自己資本利益率（ROE）はずっと高いし、株価を上げてきた実績がある。両社の経営陣に対する外部的な評価はACTのほうが上だろう。株価の低迷が続くセブン&アイはお手ごろとみられたのではないか。

セブン&アイの株主は長引く株価の低迷に不満を募らせている。現経営陣に経営を委ねておいて本当に十分な投資リターンを得られるのか疑問を感じている株主に買収に反対してもらうためには、株価上昇につながる経営計画を打ち出すしかない。

図表2-20 セブン&アイとアリマンタション・クシュタールのROE、1株利益、株価

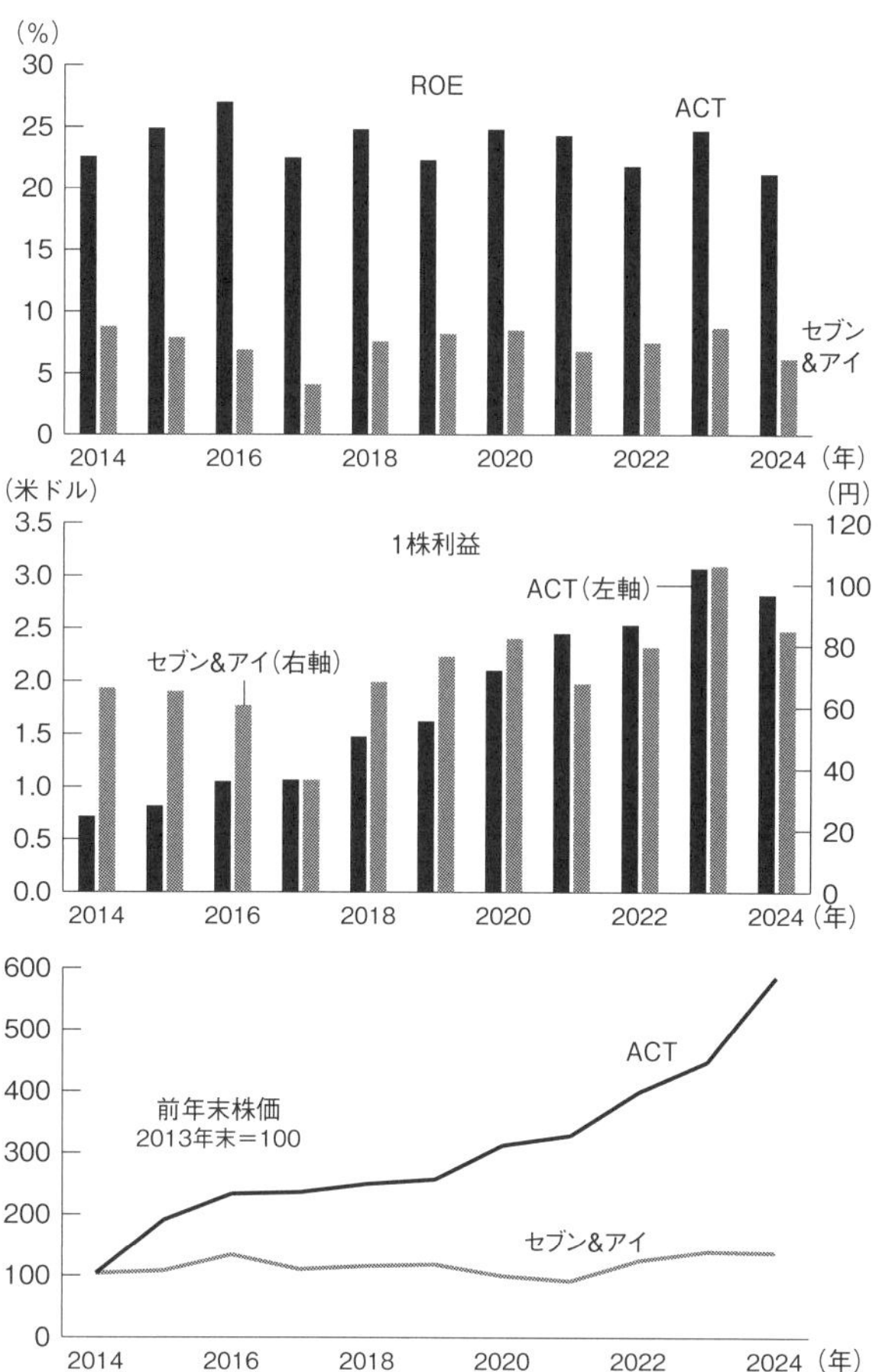

(注) ROEと1株利益はACT4月期、セブン&アイ2月期、株価は前年末(左端の2013年末=100)。株式分割などの権利落ち修正済み
(出所) 両社ホームページ

セブン&アイは10月10日の決算発表に合わせ、経営資源をコンビニエンスストア事業に集中させる打開策を打ち出した。社名をセブン-イレブン・コーポレーション（仮称）に変更するとともに、スーパー事業や外食事業、セブン銀行のビジネスへの関与度を減らすという。株主を納得させることができるだろうか。

4　M&A時代と自社株

40兆円に迫る自社株保有

日本製鉄のUSスチール買収計画の決着は2024年11月5日の米大統領選後に持ち越しそうだ。ACTによるセブン&アイの買収計画も簡単には決着がつかないかもしれない。今後、このようなM&Aがますます増えるだろうと思われる背景について、話を進めたい。

東証プライム上場企業の2023年度末の自社株の保有状況を点検すると、時価で40兆円に近づいている。企業が積極的に自社株買いに取り組んできた表れである。目下、株式を利用したM&Aは対象が海外企業でも可能なように会社法の改正が検討されている。ちょっと

図表2-21 東証プライム上場企業が保有する現預金

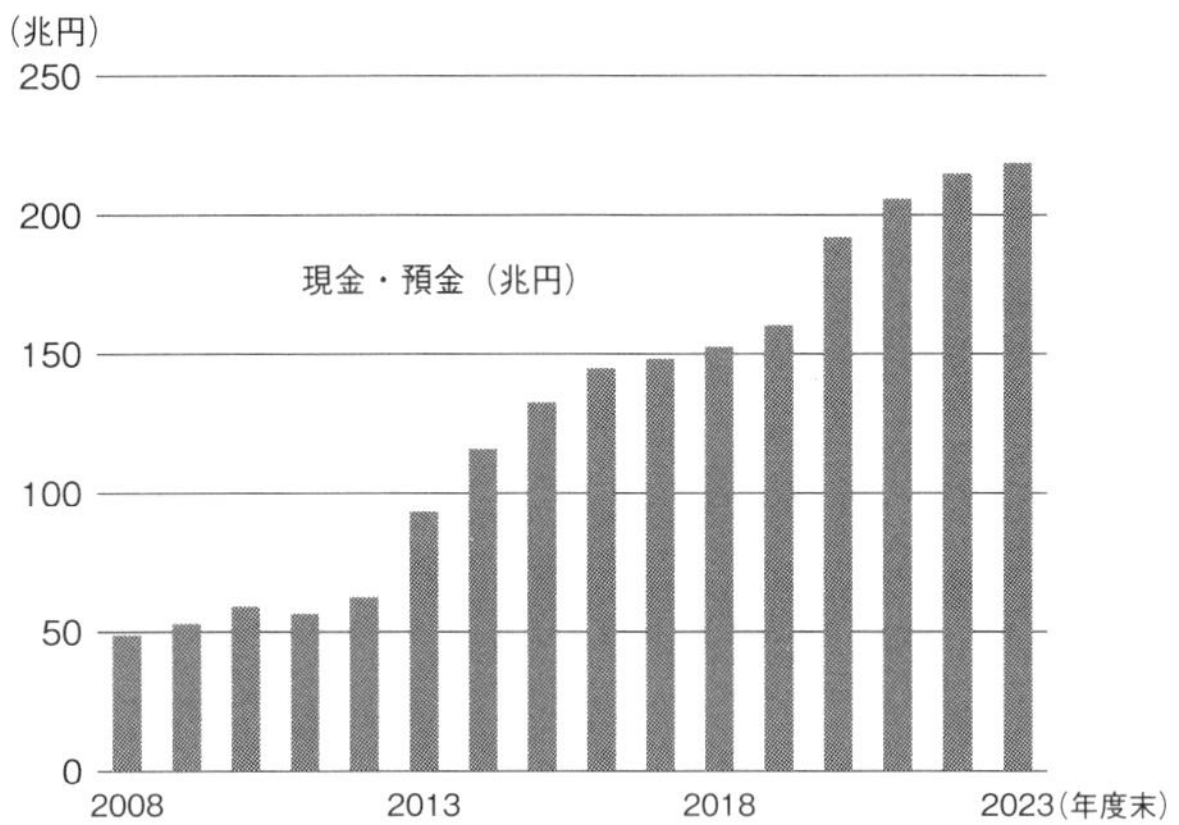

(注) 集計対象は2024年10月2日時点の金融を除く東証プライム上場企業1478社
(出所) QUICKのデータをもとに筆者作成

面白くなってきそうだ。

買収原資という意味では自社株の前にまず現預金があげられる。図表2－21は10月2日現在の金融を除くプライム上場企業1478社が決算期末に保有する現預金の合計額の推移を示している。収益が好調だったことを背景に、2023年度末に219兆円に達したが、これは10年前の2013年度末の93兆円に比べて2・3倍にもなる。

図表2－22の自社株の保有状況は金融を除くプライム上場企業を対象に集計したものだ。個々の上場企業の決算期末の株価に、保有する自社株の数量を掛け合わせると出てくるが、期末を基準日とし

図表2-22　東証プライム上場企業が保有する自社株

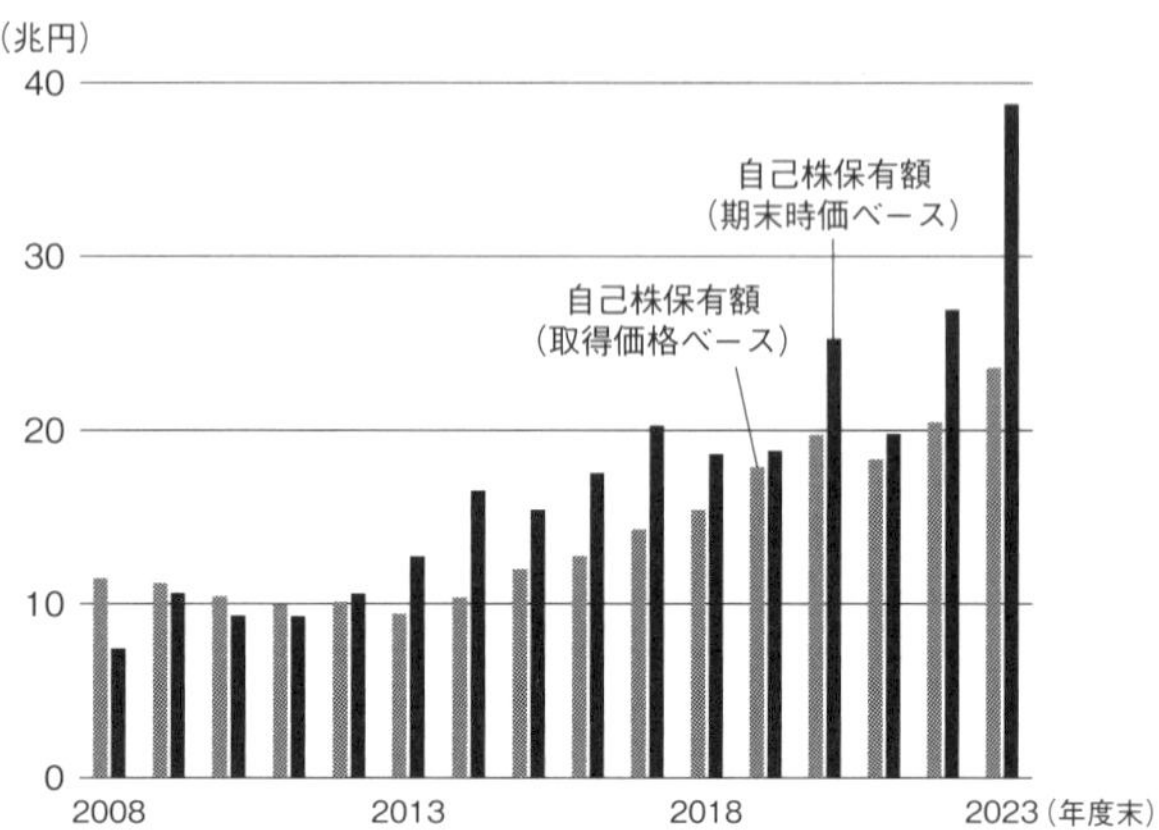

（注）集計対象は2024年10月2日時点の金融を除く東証プライム上場企業1478社
（出所）QUICKのデータをもとに筆者作成

て株式分割をした企業に異常値が出る恐れがあるため、期末の時価総額に、「発行済み株式に占める自社株の割合」を掛け合わせた。

自社株は国内企業の買収時には、２０２１年から現金と同じように使えるようになった。その時価ベースの残高推移はグラフの通りだ。リーマン・ショック後の２００８年度末には７兆４３２４億円に過ぎなかったが、２０１３年度末には12兆７２８３億円に、２０１８年度末には18兆６４０４億円に増え、今回の２０２３年度末の集計では38兆７９０９億円になった。

時価ベースの残高だから、増加ぶりは

株価の上昇も反映しているが、自社株の取得額も増えている。取得した自社株のうち、消却しないで保有しているいわゆる「金庫株」の取得額ベースの残高は、貸借対照表の純資産の部にマイナス符号を付けて掲載されているが、その合計額の推移もグラフに併記した。

東証のＰＢＲ向上要請も残高増につながる

金融を除くプライム上場企業が保有する自社株の取得額ベースの合計額は２０２３年度末に23兆５９６７億円となった。２０２２年度末の20兆４７６４億円に比べて３兆１２０３億円（15・２％）の増加で、10年前の２０１３年度末の９兆４３６２億円と比較すると、２・５倍だ。２０２３年３月末に東証が上場企業に対して資本コストを意識した経営の実現を要請し、多くの企業が自社株買いに動いたことも押し上げ要因になった。この要請は議論の経緯から一般にＰＢＲ（株価純資産倍率）向上要請といわれている。

前掲の図表２－22からもわかる通り、２０１１年度末までは時価ベースの残高が取得額ベースの残高を下回っていた。自社株買いによっても株価の下落基調を止められなかった企業が多かったのではないかと想像できる。２０２３年度末は時価ベースの残高が取得額ベースの残高の１・６倍強になった。株高基調も手伝って企業買収や株価連動報酬の原資を効率

図表2-23　発行済み株式数に占める自社株の割合

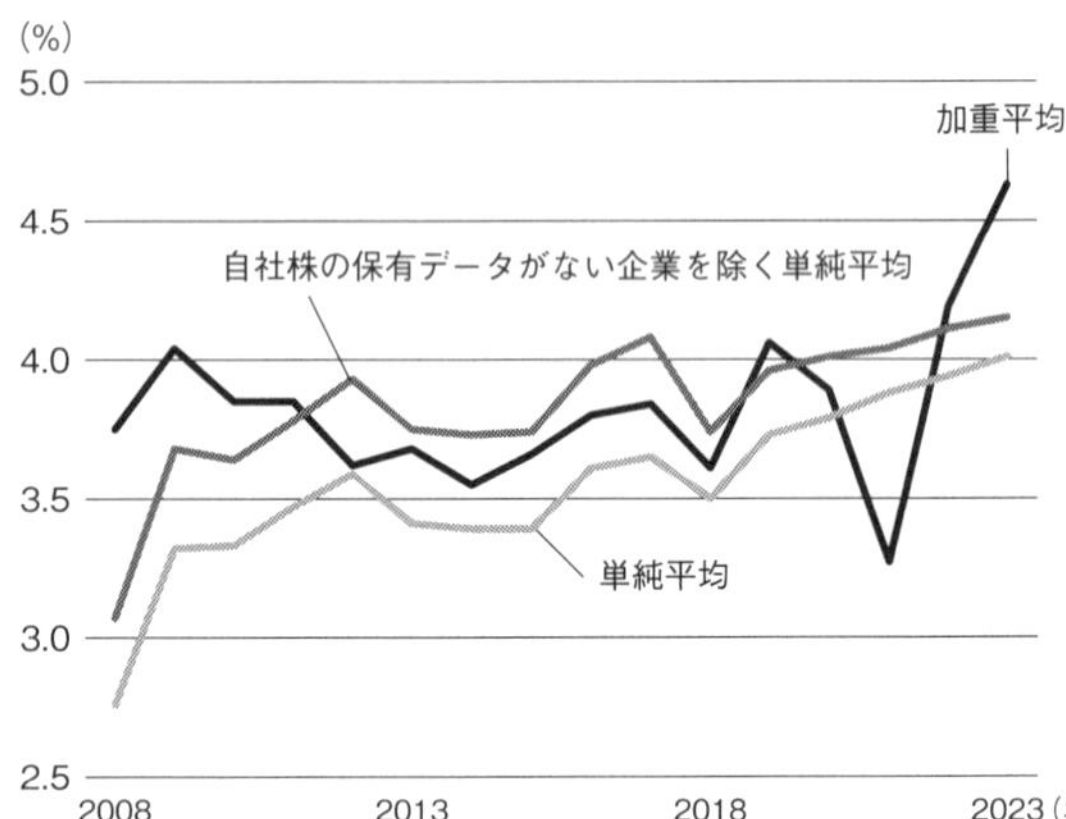

（注）単純平均は対象各社の自社株割合の平均値、加重平均は自社株の時価評価額の合計額を全体の時価総額で割った値。集計対象は2024年10月2日時点の金融を除く東証プライム上場企業1478社
（出所）QUICKのデータをもとに筆者作成

的に増やすことができたともいえる。

企業の発行済み株式のうちどの程度が自社株になっているかは図表2－23に示している。個々の集計対象企業が保有している自社株の割合を単純平均した場合と、すべての対象企業が保有する自社株の合計時価評価額を合計の時価総額で割った加重平均の2通りをグラフ化したが、ともに右肩上がりになっている。

直近の2023年度末は単純平均が4・01%、加重平均が4・63%だった。単純平均値の計算には自社株の保有が報告されていない企業（比率ゼロ）も含まれている。自社株の保有データがある企業だけの単純平均値は4・15％だった。

2021年度に加重平均の自社株保有割合が一時的に低下している大きな要因は、ソフトバンクグループ（SBG）が自社株3億4011万株を消却したためだ。消却前の発行済み株式数の16・31％に相当する。この結果、同社の時価ベースの自社株保有額は2020年度末から2021年度末にかけて1兆9120億円減少した。

上場企業は好調な業績を背景に内部留保が積み上がり、設備投資に慎重に臨んでいることも手伝い、貸借対照表上の現預金が増えている。加えて最近は政策保有株に各方面から売却圧力がかかっていて、売却で得た現金の活用方法も問われている。

政策保有株売却の報道などがあると、当該企業の株価は上昇しやすい。売却代金を自社株買いに振り向けるのではないかとの思惑を呼ぶからだ。次の問われるのは自社株を企業価値向上に向けてどう活用するかだ。

企業の立場で考えると、自社株を取得するときは株価が安いほうがいいが、活用するときは高いほうがいい。最近、株式相場が下落すると、株価の下支え役として企業が自社株買いに乗り出すケースが増えているのは、単に株価の下落を抑えたいと思っているからだけではないのではないか。株価が上昇したときに買収などに活用できる「ツール」を蓄えておきたいのであろう。

首位トヨタ、16位にファストリ

図表2－24は各社が保有する自社株を、それぞれの2023年度の決算期末の株価を使って時価評価し、その金額の多い順に並べたものだ。自社株を時価で2000億円以上保有していたのは全部で30社だった。貸借対照表の純資産の部に記載してある保有自社株の取得額ベースの残高も併記した。

首位のトヨタ自動車は3兆9670億円を投じて取得した自社株が時価10兆6219億円の「軍資金」になっていることがわかる。2位のキヤノンは1兆3583億円を投じて取得した自社株が時価1兆2114億円になった。時価と取得額との差は、株価の上昇の勢いの違いを反映している。

16位のファーストリテイリングは2023年8月期末に保有していた自社株の時価が3877億円に達していたが、貸借対照表に計上されている自社株の取得額は147億円にすぎない。同社が自社株買いで話題になることはほとんどない。2011年9月14日公開の日本経済新聞電子版には柳井正会長兼社長の事業戦略説明会での発言として、「自社株を買う余

図表2-24　自社株を2000億円以上持つ30社

順位	証券コード	銘柄略称	時価ベース	取得価格ベース
1	7203	トヨタ	106,219	39,670
2	7751	キヤノン	12,114	13,583
3	7974	任天堂	11,020	2,710
4	7267	ホンダ	9,912	5,508
5	9432	NTT	9,757	9,373
6	8306	三菱UFJ	9,599	6,138
7	9433	KDDI	9,389	8,451
8	4661	OLC	8,676	1,110
9	8001	伊藤忠	8,566	4,017
10	2914	JT	8,199	4,892
11	6723	ルネサス	4,926	2,177
12	6702	富士通	4,648	3,809
13	6902	デンソー	4,505	4,521
14	6098	リクルート	4,428	4,070
15	6981	村田製	3,903	1,334
16	9983	ファストリ	3,877	147
17	8058	三菱商	3,811	1,870
18	6758	ソニーG	3,694	4,039
19	9697	カプコン	2,985	500
20	8035	東エレク	2,937	1,352
21	4684	オービック	2,486	433
22	6273	SMC	2,431	1,948
23	6201	豊田織	2,404	594
24	8591	オリックス	2,397	1,300
25	9735	セコム	2,378	1,500
26	6178	日本郵政	2,244	3,012
27	2503	キリンHD	2,112	2,517
28	6954	ファナック	2,107	1,436
29	6971	京セラ	2,026	1,431
30	3038	神戸物産	2,019	91

（注）単位億円。時価ベースは各社の時価総額に自社株割合を掛け合わせた。取得価格ベースは貸借対照表の純資産の部から控除されている金額。各社の2023年度決算期末のデータ
（出所）各社決算短信、QUICK

裕はない。M&Aなどの将来に対する投資に全部を回したい」と語ったとの記録がある。

図表2－24は2023年度末（2023年8月期）のデータを利用しているが、その後公表された2024年8月期決算によると、8月末現在で保有する自社株は1151万97株（発行済み株式数の3・6％）と記載されている。2011年8月期の決算短信には自社株数は425万7643株（同4・0％）と書かれている。2023年3月1日付で1株を3株に分割したことを踏まえると、この間、自社株買いは実施してこなかったようだ。

公表資料からはいつ自社株を保有したのかなどはわからないが、2001年の商法（会社法）改正で自社株の取得と保有が解禁された当初の動きだったかもしれない。時価評価額が取得額ベースの保有額を大幅に上回っているのは、取得後の株価上昇率がそれだけ大きかった表れだ。

企業が株高を目指す理由

株価は企業経営の通信簿ともいわれ、その騰落には投資家だけでなく、企業側も一喜一憂している。しかし、株価が高くなったからといって、企業自身は投資家と異なり、それで直ちにメリットを受けるわけではない。

エクイティファイナンスが活発だった1980年代後半には、株価が高ければ、新株の発行数を抑えながら多額の資金調達ができる実利があった。当時は資本コストといった概念に乏しく、配当負担だけが株式発行のコストと考えられていたため、発行済み株式数の増加を抑えられれば、配当負担も抑制できると受け止められた。

今日ではエクイティファイナンスは下火になっている。本書の第4章で、MBO（経営陣が参加する買収）によって上場を廃止する企業が増えていることに触れるが、その理由としてほぼ全企業が公表資料で「エクイティファイナンスをしなければならないほどの資金需要が当面、ありそうにない」と述べている。

しかし、自社株が企業買収の「軍資金」として活用できるのならば、株価は高いほうが効率的だ。必ずしも株式による買収が被買収企業の株主に、現金買収と同等だと受け止められるとは限らないが、それでも自社株の株価が取得時点よりも高くなれば、現金だけで買収するのに比べて、より多くの「買い物」ができるようになるのは確かだ。

かつては上場後に新株を発行して成長資金を市場から調達していたのに、昨今は上場後に自社株買いをし、手元資金を市場に「返却」していくことが、多くの上場企業にとって普通のことになった。資金調達能力を高めて事業を拡大することが上場の目的だと教えられた人からは、「何のために上場するのか」と疑問を呈されることもある。

今は自社株活用の選択肢が増えたことで、上場して株価を引き上げることができれば、経営戦略上の選択肢が増すことになった。逆にセブン&アイのように、株価の低迷を放置し、株主に不満がたまっていれば、海外も含むライバル企業に買収されるリスクも高まった。つまり、株価を上げようとする努力をするつもりがないのならば、上場を廃止したほうがいいし、上場し続けるのならば、株価を押し上げる努力をしないとメリットが得られないのである。

5　森よりも木をみて買う投資

株式投資の土台は個別株投資

インデックス運用が人気を集めている昨今では、個別株投資への関心はあまり高まっていない。個別株に関心を持つ場合でも、株主優待が魅力的かどうか、配当利回りが高いかどうかという点に着目する程度で、成長ストーリーや将来の企業価値までしっかり分析しようという個人は少ないかもしれない。

ただ、個別株投資がリターンの点でインデックス運用に負ける理由は一つもない。「株価指数は10%上昇したけれども、個別株投資をしている人は全員の利益を足し合わせても5%しか儲からなかった」という状況が仮にあるとすれば、それはインデックスが市場全体の動向を正しく反映していないためであろう。

一口に市場全体の動向を示すインデックスといっても、日経平均のように、企業規模の大小などに関係なく、株価の平均値にいろいろな修正を施して算出するタイプや、TOPIXのように、上場企業の時価総額を基準に算出するタイプがある。ほかにもインデックスにはいろいろな作り方があるため、本来は個別株全体の値動きを反映しているだけのはずなのに、インデックス自体が何か別の生き物のように観察されることもある。

とはいえ、個別株投資をする人がほとんどいなくて、大半がインデックス運用というのでは市場が成り立たない。というか、資本主義が成り立たない。企業が優れた経営をしているかどうかに関係なく、投資家のお金が入ってきて株式を買ってくれるのならば、誰も経営努力などしなくなってしまうからだ。

競争が成長を生むのが資本主義の基本的なメカニズムである。このメカニズムを機能させる人がいなければ、全銘柄をまんべんなく買うインデックス運用をしても、リターンはゼロかマイナスになるだろう。個別株投資あってのインデックス運用なのである。

一人ひとりの零細な投資家が個別株投資をしようがインデックス運用をしようが、株価形成にはほとんど影響はないだろう。個別株投資自体のコストは証券会社に支払う売買委託手数料程度だが、プロが個別株を選んで投資するアクティブ運用の投信は、信託報酬と呼ばれる運用報酬がインデックス運用の投信より割高だ。

この違いを知ったうえで、個別株投資をして市場の資本配分機能の強化に貢献する、つまり、市場を育てる側に回るか、市場の機能向上は他の投資家に委ね、インデックス運用で効率的にリターンを確保しようとするかは、一人ひとりの考え方次第である。

投資が好きならば個別株投資は面白いが、好きでもないのに無理して取り組んで多額の損失でも抱えたら、苦痛でしかない。金融政策がどうなるかとか、米国経済が軟着陸するかどうかとか、マクロ経済の動向に関心を持ってインデックス運用をするのもいいかもしれない。ただ、個別株投資の世界からは、さまざまな経済の鼓動を感じることができる。歴史に名を残す著名投資家はほぼ全員、個別株投資に取り組んで実績を上げてきた。

「今、買うのならばどの銘柄?」。真のプロの間でもよく交わされる会話である。政治も経済も国際情勢も森羅万象、知り尽くしていなければ、相手をうならせるような洞察力のある回答はできない。

なお869銘柄が「元本」割れ

ある機関投資家の運用担当者に聞いたことがある。「全部で10銘柄買って、1銘柄が抜群のパフォーマンスを出せば、残りの9銘柄がどうなろうと資産運用ビジネスとして成立するか、それとも10銘柄買ったら最低でも6銘柄ぐらいはうまくいかないとビジネスは成り立たないのか」

この問いをもっと具体的にいうと、こんなイメージだ。10銘柄に100ずつ等金額投資し、1銘柄の株価が20倍になれば、残りの9銘柄は紙くずになっても、投資元本の1000は2000になる計算だ。10銘柄のうち6銘柄が3倍になり、残りの4銘柄が半値になっても、投資元本の1000は2000になるから、運用としてはどちらも同等のはずである。どちらが運用のプロとして受け入れられるのだろうか。

このときの答えは「最低でも6割ぐらいの銘柄はうまくいかないとダメ」とのことだった。

しかし、資本主義での競争は激烈だ。2024年2月22日には日経平均が34年ぶりに過去最高値を更新したため、個別株でも何割ぐらいの銘柄の株価が34年前の水準を上回っているのか調べてみた。

この結果わかったのは1989年当時から継続して上場している1259銘柄の株価をみると、69・0%に当たる869銘柄は、日経平均が最高値を更新した2月22日現在でも1989年末の水準を下回っていたことだ。この間の株価上昇率のランキングは図表2－25の通りだ。

首位はニトリホールディングスで1989年末に権利落ち調整済みで286・258円だった株価が2月22日に2万1910円まで上昇し、上昇倍率は76・54倍となった。第2位はキーエンスで1203・948円から6万9550円へ57・77倍に上昇。第3位以下はディスコ、東京エレクトロン、HOYAと続き、半導体関連銘柄の人気ぶりを示していた。

正規分布にみえるが……

もっと34年間の騰落状況の全体像を知るために、横軸にリターンをおき、縦軸に企業数をおいてグラフを作成してみた（図表2－26）。横軸には単純な株価の騰落だけではなく、配当込みリターンを置いたものも作成した。結果をみると、富士山のように、あるいは釣り鐘

図表2-25 1989年末からの株価上昇率ベスト50

順位	証券コード	銘柄名	株価上昇率倍率	配当込み倍率	配当込み順位
1	9843	ニトリHD	76.54	92.53	1
2	6861	キーエンス	57.77	62.38	4
3	6146	ディスコ	57.66	80.53	2
4	8035	東エレク	43.76	66.07	3
5	7741	HOYA	25.23	40.57	5
6	6594	ニデック	22.51	27.62	6
7	8113	ユニチャーム	19.04	23.73	10
8	4063	信越化	18.50	27.01	7
9	6857	アドテスト	17.43	23.83	9
10	7740	タムロン	14.20	26.24	8
11	8279	ヤオコー	13.92	20.49	11
12	6273	SMC	13.51	16.67	17
13	6981	村田製	13.18	19.45	12
14	4543	テルモ	12.07	15.49	18
15	6967	新光電工	11.00	17.23	15
16	7309	シマノ	10.89	14.42	20
17	6367	ダイキン	9.91	13.74	21
18	7734	理計器	9.05	17.06	16
19	4519	中外薬	8.69	17.88	13
20	7203	トヨタ	8.39	15.02	19
21	8111	ゴルドウイン	7.81	9.70	39
22	4536	参天薬	7.76	13.30	22
23	9831	ヤマダHD	7.64	11.56	28
24	7974	任天堂	7.63	12.64	25
25	1878	大東建	7.38	17.43	14
26	9749	富士ソフト	7.38	9.75	37
27	6988	日東電	6.79	11.47	29
28	8282	ケーズHD	6.74	11.97	26
29	6856	堀場製	6.71	10.26	33
30	7269	スズキ	6.71	9.03	45
31	4062	イビデン	6.69	9.79	36
32	7936	アシックス	6.50	8.73	49
33	8015	豊田通商	6.49	11.95	27
34	2801	キッコマン	6.43	8.82	48
35	6965	ホトニクス	6.38	8.57	51
36	8227	しまむら	6.34	9.39	44
37	6490	PILLAR	6.20	12.78	24
38	9757	船井総研HD	6.19	12.85	23
39	4530	久光薬	6.07	9.51	43
40	7956	ピジョン	5.97	10.40	32
41	9766	コナミG	5.93	9.56	42
42	7267	ホンダ	5.90	10.56	30
43	4021	日産化	5.77	9.57	41
44	7733	オリンパス	5.76	7.57	59
45	8591	オリックス	5.74	9.72	38
46	4527	ロート	5.71	8.60	50
47	7729	東京精	5.32	8.38	54
48	6383	ダイフク	5.23	8.84	47
49	8066	三谷商	5.20	8.92	46
50	8001	伊藤忠	5.14	10.45	31

(注) 単位倍。2024年2月22日現在。配当込みの倍率は税引き前の配当を再投資したとして計算。母集団は連続して株価データがある全国上場の1259銘柄
(出所) QUICKのデータをもとに筆者作成

図表2-26　バブル頂点からの株価騰落率と配当込みリターンの分布

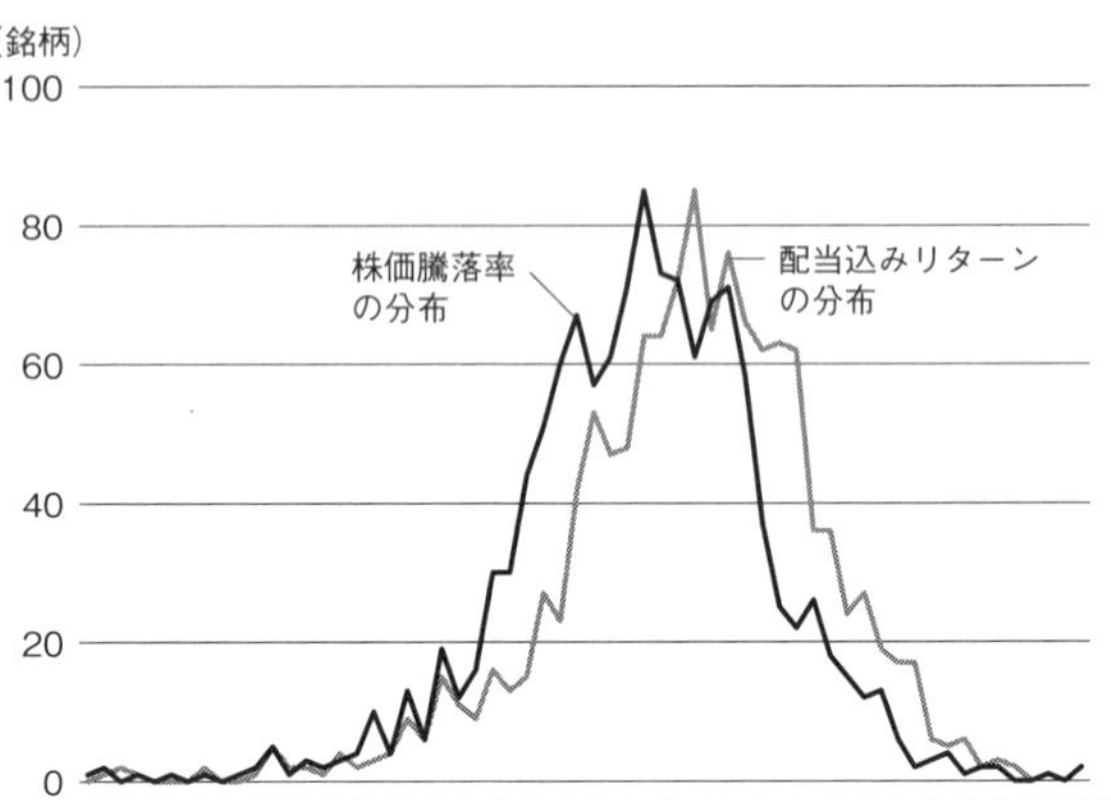

（注）2024年2月22日現在。対象は1989年末から連続して株価データがある全国上場の1259銘柄。横軸の目盛りは1.2のべき乗（左端は1.2のマイナス37乗、右端は1.2のプラス22乗）
（出所）QUICKのデータをもとに筆者作成

のように、中央が高くて、左右にすそ野が広がっているきれいな形をしている。統計学に詳しい人は、「正規分布」というかもしれない。

しかし、このグラフの横軸は対数軸だ。左端が1を「1・2の37乗」で割った値、つまり、「1・2のマイナス37乗」である。そこから右に1目盛り動くたびに「1・2のマイナス36乗」「1・2のマイナス35乗」と増えていき、「1・2のゼロ乗（つまり1倍）」「1・2」「1・2の2乗（つまり1・44倍）」などを経て一番右の「1・2の22乗」まで刻んでいるのである。

これは株式投資のリターンの分布が

図表2-27　1989年末に上場していた銘柄の株価騰落とリターン

	株価騰落率		配当込みリターン	
	銘柄数	ウエート	銘柄数	ウエート
10倍以上	16	1.3	35	2.8
５倍以上10倍未満	35	2.8	78	6.3
2倍以上5倍未満	111	8.8	225	18.0
元本確保2倍未満	228	18.1	261	20.9
0.5倍以上元本割れ	274	21.8	272	21.8
0.2倍以上0.5倍未満	330	26.2	223	17.9
0.2倍未満	265	21.0	154	12.3
合計	1259	100.0	1248	100.0

（注）2024年2月22日現在。ウエートの単位は%。配当込みリターンは税引き前の配当を再投資したとして計算
（出所）QUICKのデータをもとに筆者作成

普通の正規分布ではなく、「対数正規分布」になることを示唆している。ほぼグラフの中央にある「ゼロ」よりも左側は元本割れだ。1259銘柄の現実のリターンの分布は図表2－27のようになっている。

株価上昇率ランキングの上位に出てくるような優良銘柄はほんの一握りであり、配当別の場合は2月22日現在で869銘柄（69・0％）が「元本割れ」、配当込みの場合は649銘柄（52・0％）が「元本割れ」となっている。

しかも、1989年末の半値未満にとどまっている銘柄が多い。配当別の場合は595銘柄（47・3％）、配当込みの場合でも377銘柄（30・2％）が34年余り保有していても、元本の半分も回収できていない。

それでも日経平均が34年前の高値を更新したということは、ごく一部の勝ち組が十分なリターンを提供し、さえなかった過半の銘柄の損失がカバーできたことを意味している。

企業業績も対数正規分布

「これは株価騰落率の分布であり、企業業績の分布は違うのではないか」との指摘もあろう。現在は連結決算、34年前は単体決算という違いがあるものの、両時点の業績データがある1677社全体の経常利益は1989年度の14兆8489億円から2023年度の61兆8066億円へ4・2倍にもなっていて、大半の企業はさすがに増益ではないかと。

しかし、1989年度も2023年度も黒字だった1555社の増益率分布は図表2－28のようになっている。株価騰落率同様、横軸には1・2のべき乗をとっている。左端は1・2のマイナス40乗、右端はプラス53乗だ。横軸をべき乗にすると、左右対称の正規分布に見えるのは対数正規分布であり、株価同様、ごく一部の企業は大きく伸びている一方、過半の企業は平均（4・16倍、1・2の7・82乗）未満に沈んでいることを示している。

中央値は2・49倍。つまり、増益倍率が2・49倍以上の企業と2・49倍未満の企業の数が半々となっていて、1倍未満、つまり直近の経常利益が34年前を下回っている企業も368

図表2-28 1989年度から2023年度への経常増減益率の分布

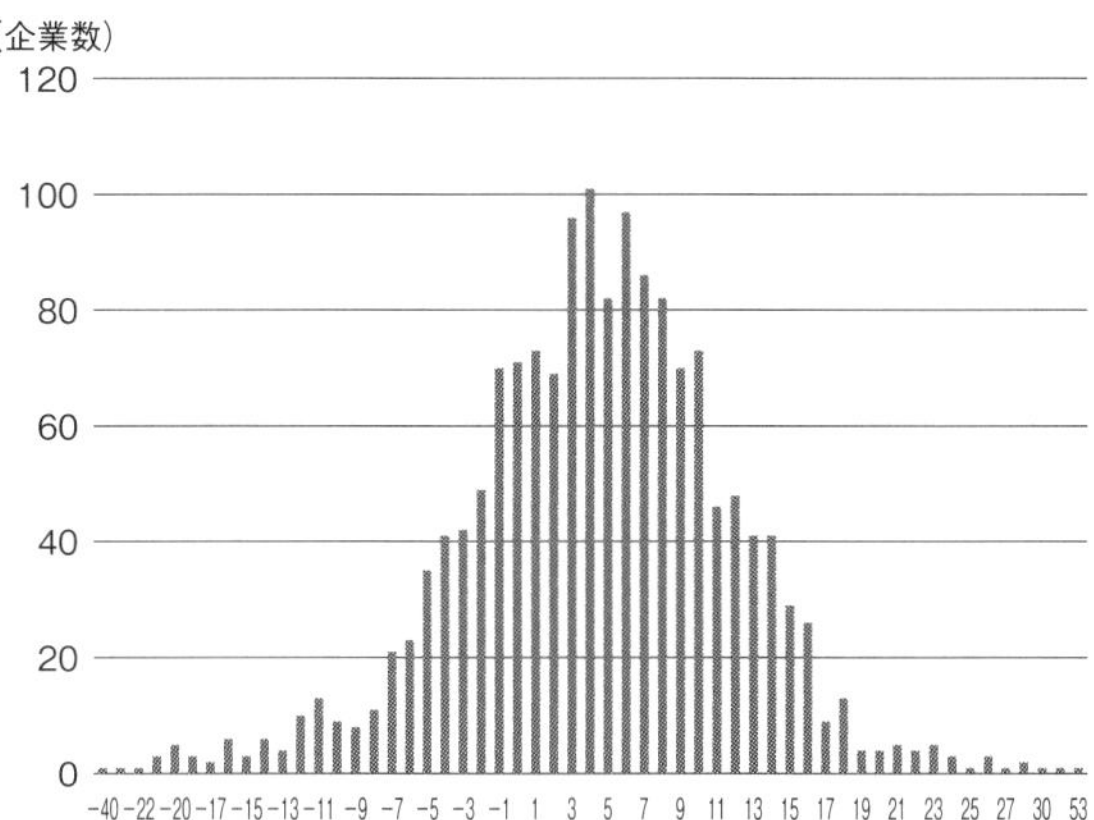

(注) 対象は1989年度から連続して業績データがあり、1989年度、2023年度ともに黒字の全国上場の1555銘柄。横軸の目盛りは1.2のべき乗(左端は1.2のマイナス40乗、右端は1.2のプラス53乗)
(出所) QUICKのデータをもとに筆者作成

社を数えていた。1989年度は黒字だったが、2023年度は赤字になった89社を加えると、集計対象の1677社のうち27・2%に当たる457社の業績が悪化していた。

こうした分析を通じて改めて感じるのは、資本主義下での自由競争の結果は、決して山なりの左右均等の正規分布ではなく、一部は抜群の成績を収めるが、過半は平均未満にとどまる対数正規分布になるのではないかという点だ。

1年や2年の競争では正規分布も対数正規分布の大差ない。しかし、10年、20年と競争を続けていくと、格差はどんどん大きくなっていく。リード役になりそうな企業をどう見出すか。著名投資家でオマハの賢人とも呼ばれるウォーレン・バフェット氏も数々の失敗を乗り越えて今日の名声を得ている。いくつかの幸運にも恵まれる必要があるだろう。勝つのは容易ではないが、参戦しない限り、勝ちはない。

第 3 章

金利上昇がもたらすもの

1　首相交代、市場への影響は

「石破ショック」は一過性

２０２４年10月1日に石破茂自民党総裁が首相に選出され、その日のうちに石破内閣が発足した。９月27日の自民党総裁選・決戦投票で石破氏の勝利が決まり、経済政策への不安から週明け９月30日の日経平均は急落したが、その後はやや落ち着きを取り戻している。

ただ、戦後の東京株式相場を首相就任との関係で振り返ると、「始めよければ終わりよし」「始めがダメならば終わりもダメ」といった経験則はうかがえない。図表３－１は石破氏を除く25人の自民党首相について、横軸に前述の事実上の首相就任確定時の騰落率、縦軸に首相在任期間中の騰落率をとり、両者にどんな関係があるかをプロットした散布図だ。

たとえば、時計の針でいえば10時の方向にプロットされている岸田文雄前首相は、自民党総裁への就任が決まった２０２１年９月29日当時の初期反応が２・42％のマイナスだった。しかし、首相就任日の２０２１年10月４日の終値が２万８４４４円89銭、石破氏に交代した

図表3-1 株式市場の最初の反応と首相在任期間中の、日経平均の騰落率

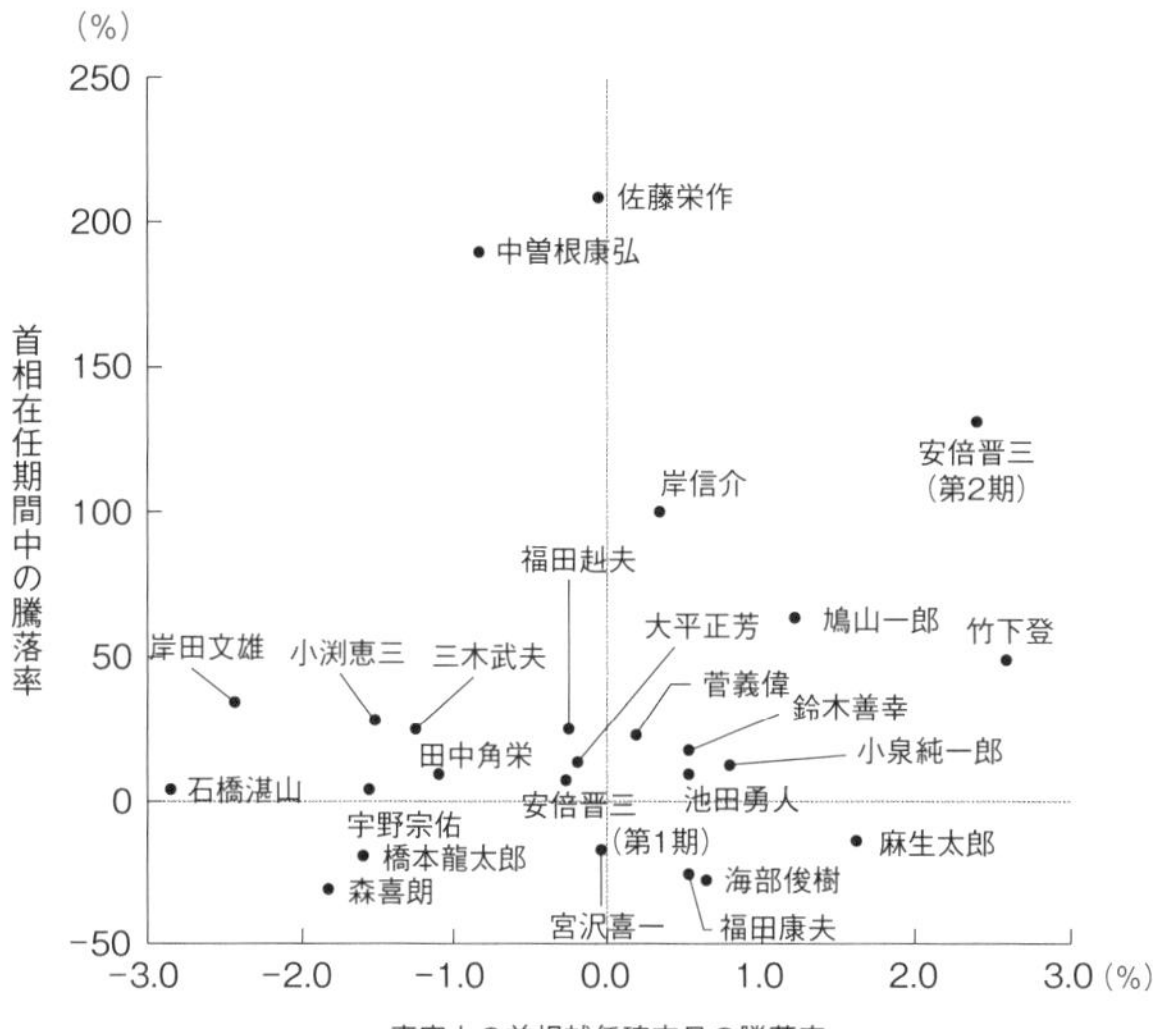

(注) 横軸は自民党総裁に選出されるなど首相就任が確定した日とその翌営業日の2日間の日経平均騰落率（確定日休業日の場合は翌営業日のみの騰落率）
(出所) 日本経済新聞社ほか各種データをもとに筆者作成

2024年10月1日の終値は3万8651円97銭だったから、首相在任中の騰落率は35・88%の上昇となった。

多くの国民が現実にどう評価しているかは別として、株式市場の観点だけからいえば、岸田前首相は「終わりよければすべてよし」のグループに入っている。

この散布図では右上にいる8人の首相が「始めよければ終わりよし」の

グループに、左上にいる11人の首相が「終わりよければすべてよし」のグループに属している。左下の「嫌な予感がした」グループには3人の首相が、右下の「始めの期待を裏切った」グループにも3人の首相が入っている。

つまり、一人ひとりの首相を表す点がグラフ全体に散らばっていて、一本の直線ですべての傾向を示せるとはとても思えない。市場の初期反応が在任期間中の株価の方向を占うわけではないともいえる。

軍配は安倍氏か佐藤氏か

ただ、結果からはいろいろな分析ができる。始めの期待通りに株価を上げることができたという意味では、安倍晋三氏（第2期）が筆頭だろう。就任が決まったときに日経平均は2・41％上昇し、在任期間中にも129・47％押し上げることができた。「格差を広げた」などの批判はあろうが、株式市場の観点からはアベノミクスは効いた。

上昇率では佐藤栄作氏のほうが優位だった。日経平均を1202円69銭から3695円31銭へ3・07倍に押し上げたからだ。就任が確実になったときに日経平均が0・04％下落したから、「終わりよければすべてよし」グループに属するが、最初の下落率は誤差のようなもの。

安倍氏よりもこちらに軍配を上げたほうがいいかもしれない。

最初の反応もマイナスで、在任期間中にも株価が下がった点では、森喜朗氏がワーストに甘んじている。首相就任日は2000年4月5日だった。その3日前に脳梗塞で倒れて緊急入院した小渕恵三首相の後を継ぐかたちで急きょ、登板した。総裁選などを経ないで就いたため、後々まで「自民党有力議員らの密室談合で決めたのではないか」とささやかれた。失言が多く、政権浮揚に失敗した。

橋本龍太郎氏もマイナスで始まり、マイナスで終わった。金融ビッグバンなどの構造改革に取り組んだが、金融不安が高まるなかで景気が悪化し、1998年7月の参院選で惨敗した責任をとって総辞職した。宮沢喜一氏も一応、このグループに属するが、最初の反応は0・02％安にすぎない。

バブル崩壊後は短命政権続く

初期反応の話から離れ、自民党以外も含む戦後の32人の首相について在任期間中の株式相場のパフォーマンスを調べてみよう。図表3－2の通り、戦後の高度成長期から1989年末の株価バブルのピークに至るまでは、なんだかんだいっても、どの首相もプラスのリター

図表3-2　戦後の歴代首相と日経平均

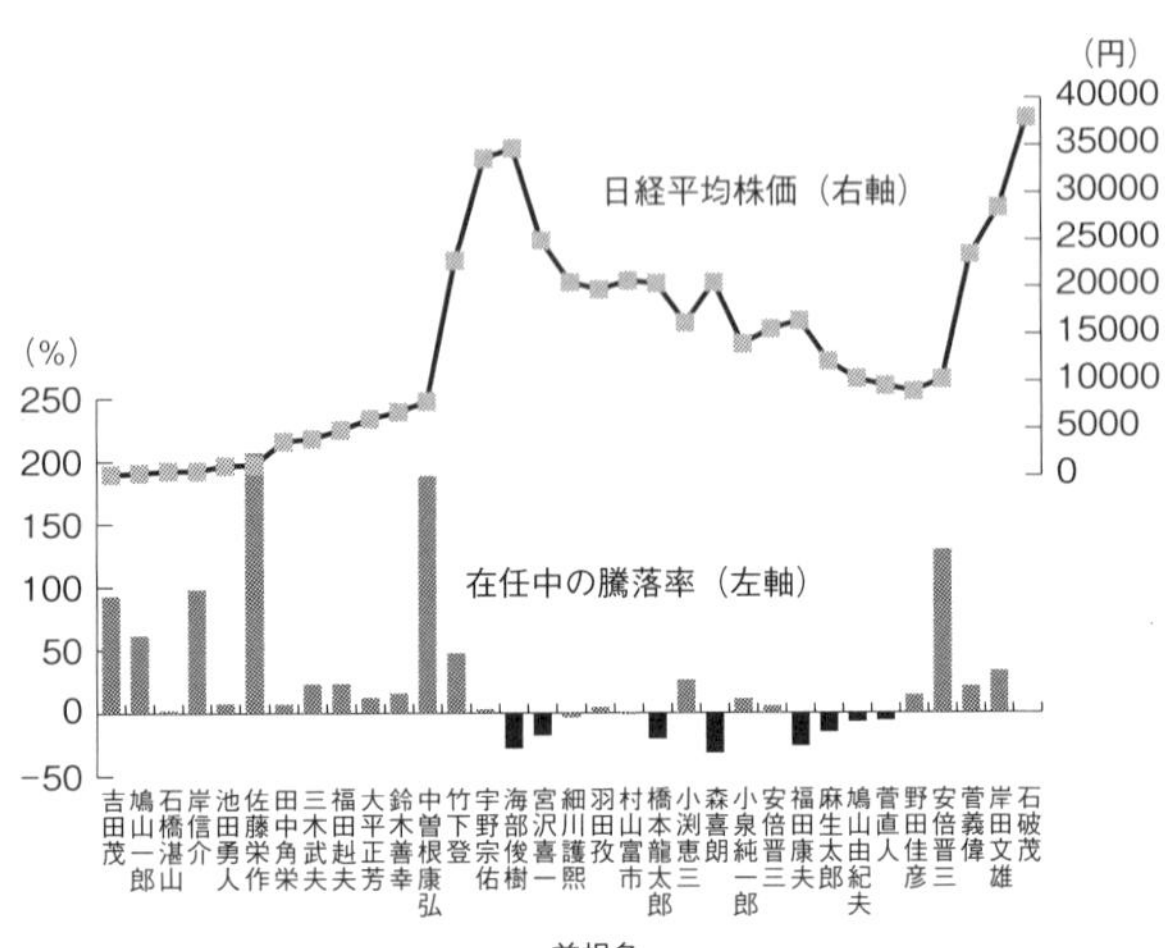

（注）対象は吉田茂氏（第2期）以降。日経平均株価の折れ線は首相退任日の日経平均終値を結んだもの
（出所）首相官邸ホームページと日本経済新聞社のデータをもとに筆者作成

ンをひねり出していた。

　バブル崩壊後は調子が狂い、1989年8月10日から91年11月5日まで首相を務めた海部俊樹氏から、2011年9月2日から12年12月26日まで在任した野田佳彦氏まで15人の首相の平均在任期間は570日と、それまでの14人の首相の1063日の半分ほどになった。

　1998年7月30日に橋本氏に代わって首相に就いた小渕氏は、ITバブルの追い風もあって景気の立て直しに尽力し、日経平均を26・30%押し上げた。しかし、2

000年4月2日に病に倒れ、意識も回復しないままに、1カ月半後の5月14日に帰らぬ人となった。

政権浮揚に失敗した森氏の後任の小泉純一郎氏は、郵政民営化など大胆な構造改革を進めた。その手腕は市場関係者にも評価され、在任期間もバブル崩壊後では珍しく1980日に及んだが、その間の日経平均の上昇率は11・34％にとどまった。

在任期間は長いほどプラス

吉田氏（第2期）以降の、戦後の32人の首相について、横軸に在任日数、縦軸に在任中の日経平均の騰落率をとって散布図を作ると、在任期間が長いほど、株価を押し上げる傾向が強いことがわかる（図表3－3）。株価はだんだんと上昇するのが普通だから、首相の座に長く居座っていれば、株価の上昇率が高まるのは当然だと思われるかもしれないが、そんな単純な話ではない。

バブル崩壊後の「失われた30年」といわれた局面では前述のように、一部の例外を除いて首相は頻繁に交代した。個別に事情はあろうが、基本的には国民生活を改善できず、国民の声が交代を求めたのである。株価との因果関係をいえば、在任期間が長いから上がったので

図表3-3　首相在任日数と日経平均騰落率との関係

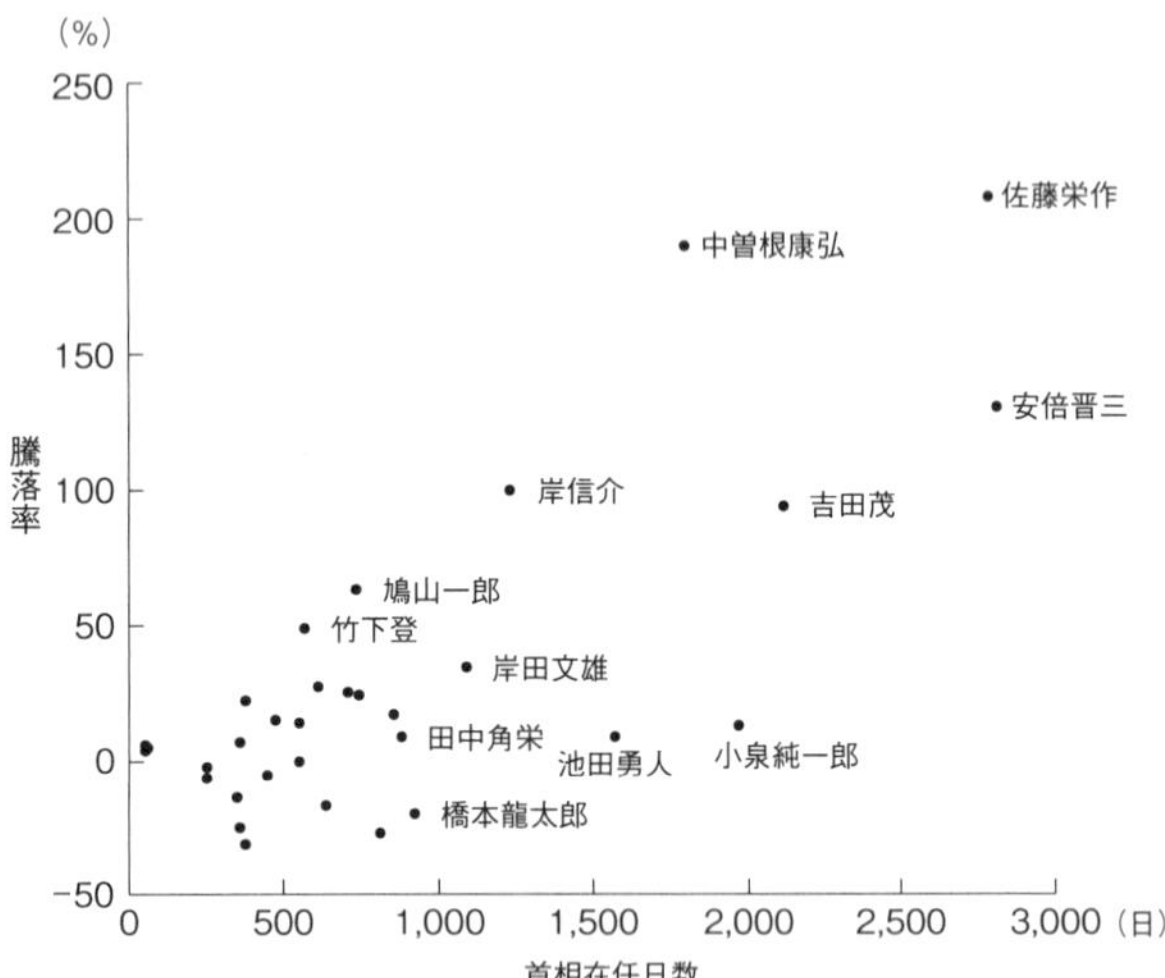

（出所）首相官邸ホームページと日本経済新聞社のデータをもとに筆者作成

はなく、株価が上がるような政策運営ができたから、長期に政権を担うことができたのだ。

石破新首相が株価を押し上げられるかどうかは、在任期間が長くなるかどうかにかかっていて、長期政権を実現するには国民生活を向上させるしかない。10月27日の衆院選の結果は自民党に厳しく、政局のゆくえは不透明だが、「終わりよければすべてよし」の代表格になってほしいところだ。

2　進むか金融政策の正常化

石破首相は追加利上げをけん制

２０２４年は日銀が金融政策を転換した1年でもあった。最初はマイナス金利政策の解除を決めた３月18～19日の金融政策決定会合、次は追加利上げを決めた７月30～31日の会合だ。

３月の会合では長短金利操作（ＹＣＣ＝イールド・カーブ・コントロール）の撤廃と、ＥＴＦの買い入れ終了も決めた。市場の決定に委ねるべき分野にまで立ち入り、市場を歪めてきた政策にようやく終止符を打った。７月の会合では政策金利（無担保コール翌日物）の誘導目標を０～０・１％程度から０・25％に引き上げることを決めた。

しかし、９月19～20日に開いた金融政策決定会合では、さらなる利上げを見送った。７月の利上げの後、東京株式相場が動揺し、日銀の政策変更がもたらすリスクが浮き彫りになったからだ。

10月1日に首相に就いた石破茂氏は、10月2日に植田和男日銀総裁と面会し、会談後に報道陣に「個人的には現在、追加の利上げをするような環境にあるとは考えていない」と語った。植田総裁も利上げには慎重に取り組まざるを得ないだろう。

7月の会合では長期国債の買い入れ額をそれまでの月6兆円程度から2026年1〜3月期に3兆円程度に減らす方針も決めているが、計画通りに進むかどうかも危ぶまれている。金融政策の正常化は茨の道かもしれない。

異常な政策には終止符

2010年12月にETFの買い入れに踏み切ったことを皮切りに、日銀はこれまで株式市場の価格決定に積極的に関与してきた。本来、投資家はリスクをとる代償としてリターンを得るチャンスが与えられるが、それを日銀が横取りするような政策が続き、日本経済は躍動感を失ってきた。といってもやめることへの政治的な反発もある。3月に大幅な政策変更ができたのは、年初来の株価上昇が味方をしたためだろう（図表3－4）。

植田日銀総裁の手腕に関してはこれまで「学者だから、決断力に不安がある」といった声を漏らす関係者もいた。マイナス金利も長短金利操作もETFもすでに役割を終えつつあっ

図表3-4　日銀が2024年3月19日に終了を決めた3つの金融政策の経緯

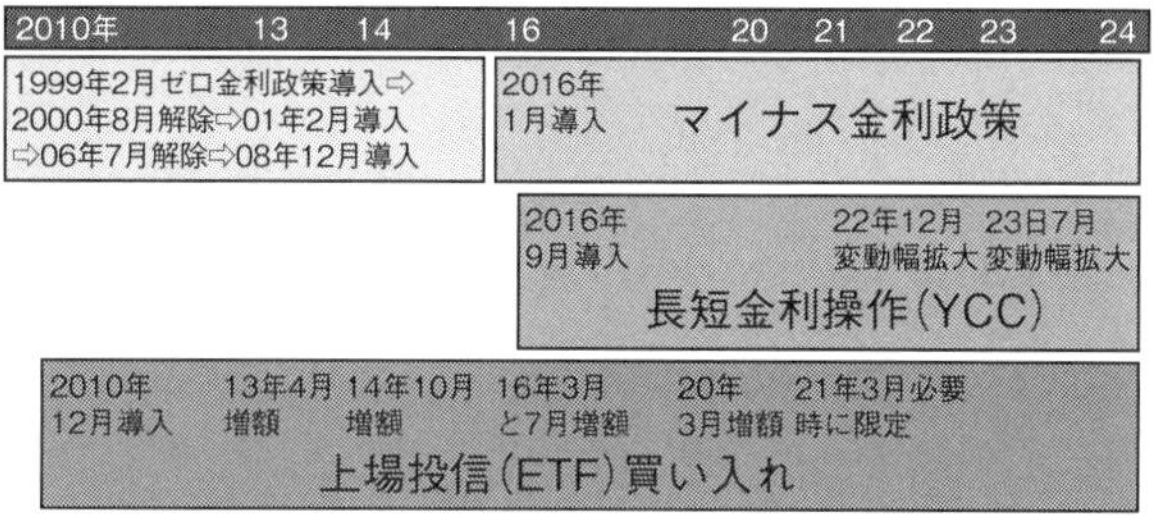

2010年　13　14　16　20　21　22　23　24

1999年2月ゼロ金利政策導入⇨2000年8月解除⇨01年2月導入⇨06年7月解除⇨08年12月導入

2016年1月導入　マイナス金利政策

2016年9月導入　22年12月変動幅拡大　23日7月変動幅拡大
長短金利操作（YCC）

2010年12月導入　13年4月増額　14年10月増額　16年3月と7月増額　20年3月増額　21年3月必要時に限定
上場投信（ETF）買い入れ

たとはいえ、看板を下ろすことによる市場への影響は測りがたいため、終了するにしても一つ一つ慎重に区切りをつけるとみる向きも大きかった。

日経平均は植田総裁が就任した前営業日の２０２３年４月７日から２０２４年３月19日までの1年弱の間に45・４％上昇していた。植田総裁の政策運営に対する信頼の表れといえるかどうかはわからないが、もし下落していたら、政策変更が難しかったことを思うと、決断への条件が整っていたといえるのではないか。

年金生活者には利上げの恩恵？

７月にも追加利上げに踏み切り、政策変更を見送った９月の会合でも、植田総裁は記者会見で、米国経済がソフトランディング（軟着陸）していく確度が高まれば、利上げを続けていくという方針を堅持した。経済・物価の見通しが実現していけば「政策金利を引き上げ、金融緩和の度合いを調整していくことになる」と語った。

金融政策を引き締め方向に動かすことには、プラス面とマイナス面とがある。プラス面では「金利のある世界」が本当に到来すれば、金融ビジネスが息を吹き返す。貸出金からの利子収入が増えるだけでなく、超低金利下ではやりにくかったさまざまな金融サービスが展開できるようになる。

実際、第一に日本の銀行の株価はメガバンクも地域銀行も２０２０年ごろを底にじわじわと上昇してきたが、２０２３年春ごろからは一段と上昇傾向を強めている。金利の上昇は景気回復を映した面もあり、企業の設備投資の活発化など、金融機関の経営環境にとってもプラスの要素が多いからだ。

第二に年金生活者らが利息収入を得られるようになる。大手銀行が普通預金の金利を０・００１％から０・02％に引き上げる程度では雀の涙にもならないが、個人向け国債などさまざまな金融商品を見渡せば、多少の収益機会は出てくるだろう。

国内の消費支出の約４割は年金生活者を中心とする65歳以上世帯が支えている。総務省の消費調査をひも解くと、高齢世帯は旅行、外食、住宅リフォーム、車の購入などに積極的におカネを使っている。

公的年金の支給額はほとんど増えないから、年金生活者は賃上げの恩恵を受ける現役の勤労者世帯と異なり、「賃金と物価の好循環」とは無縁ではないかとの声もあるかもしれない。しかし、平均値でみる限り、高齢世帯は株式の保有も多く、株高の恩恵を受けている。株高と両立するような利上げならば、歓迎したいところだ。

景況感や企業業績に不安も

マイナス面では、第一に景況感がさほどいいわけではない。地方の県庁所在地はともかく、その次ぐらいの都市に行くと、愕然とするようなシャッター通り商店街が広がっている。1980年代後半のバブル期にはみられなかった現実である。賃上げの恩恵を受ける勤労者世帯も将来不安から、財布のひもは緩めないのではないだろうか。

第二に、変動金利の住宅ローンを借りている人の返済額が増えることは間違いない。この指摘に対し、「125%ルールがあるから何とかなる」との声も聞かれる。125%ルールとは5年ごとの返済額の見直しのときに、仮に金利が大きく上昇していても、変更後の返済額がそれまでの1・25倍までしか増えないというルールだ。

月々の返済額が一気に1・5倍や2倍になったら、家計運営が成り立たないことに配慮して、このルールが盛り込まれている。しかし、本来の支払い額との差額を銀行がおまけしてくれるわけではない。差額には利息が付き、場合によっては返済期間を延ばすことによって調整されることになるのだ。

適用金利が高くなると、住宅ローンの返済額は相当な勢いで膨らんでいく。よく資産運用で利息が利息を生む複利効果の大きさが強調されることがあるが、住宅ローンの借り手は複利効果を享受するのではなく、複利効果で雪だるまのような打撃を受ける側になるからだ。変動金利での計算は複雑になるため、固定金利のローンで考えてみよう。

図表3－5は35年間の固定金利で5000万円を新規に借りた場合の月々の返済額と総返済額を示している。金利は0・5%から5%まで8段階で設定してみた。年利0・5%の固定金利ローンなどは存在していないと思われるが、0・5%の変動金利ローンを借りて35年間、金利が上昇しなかった場合の参考額と考えてほしい。

元利均等でボーナス時の増額なしという前提での試算だが、金利が0・5%ならば月々の返済額は12万9792円になる。35年間の総返済額は5451万円だ。ところが、金利が1・0%になると、月々の返済額は1万1350円増えて14万1142円になる。同様に

図表3-5 5000万円借入時の金利別の返済額

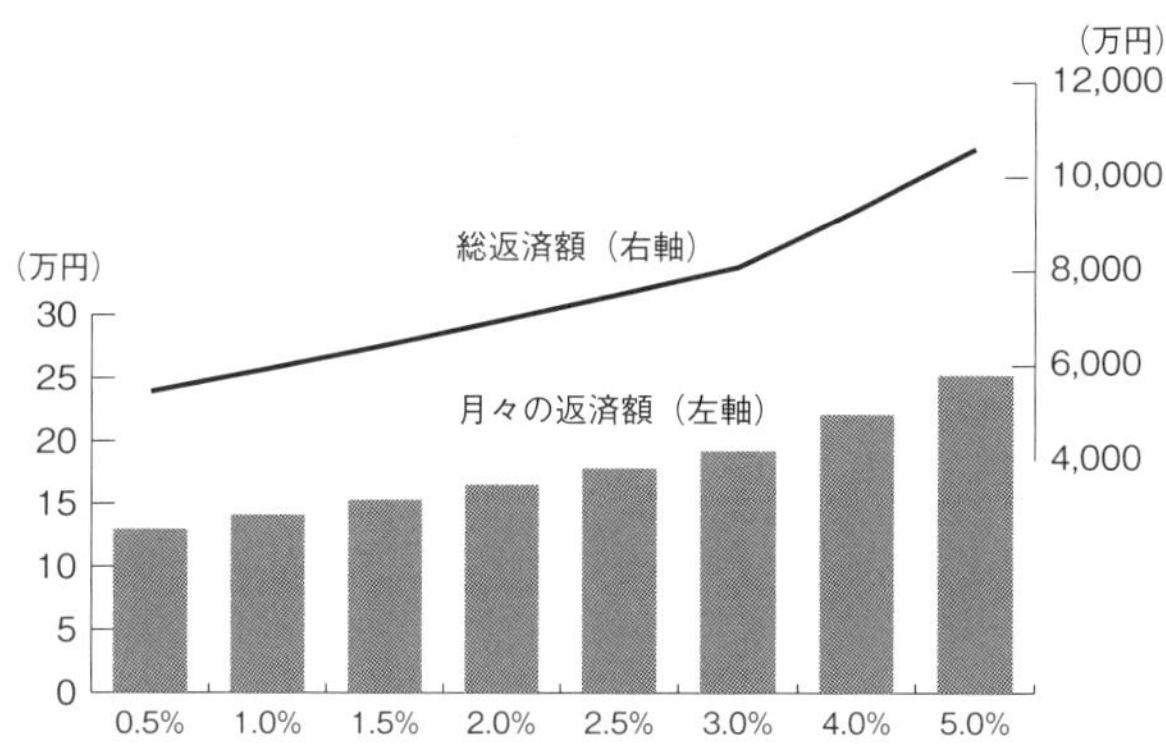

(注) 35年間の固定金利ローンを元利均等で返済した場合、ボーナス時増額なし。諸経費は含まない
(出所) 筆者試算

2・0%になると16万5631円、3・0%になると19万2425円、4・0%になると22万1387円、5・0%になると25万2343円になる。

年利が5・0%だと、35年間の返済総額は1億5998万円に膨らむ。利息の合計額が5598万円と、借入額の5000万円を上回るのである。経済が好調で企業業績も上向き、給与も大幅に増えるのならば、住宅ローンの返済負担が増えても家計の運営には支障がないだろうが、そんな好循環が起きるとは限らないから、住宅ローンの借り手にとって、金利上昇は脅威なのだ。

借り入れ過多企業の利払い負担が増える

第三に企業の利払い負担が増える。上場企業のなかには保有する現預金や、現金に簡単に変えられる短期有価証券の合計が、長短借入金、社債、リース債務などの有利子負債を上回る「ネットキャッシュ」の状態になっているところも多い。こうした企業は金利が上昇して利払い負担が膨らめば、借入金を返済してしまう可能性も大きい。

しかし、電力会社など多額の有利子負債を抱え、金利上昇が利払い負担の増加に直結する企業もある。図表3－6は銀行・証券・保険を除く東証プライム上場企業のうち、有利子負債の絶対額が多い20社と、有利子負債の総資産に対する割合が大きい20社を示している。

2024年3月期末の有利子負債額が36兆5618億円と首位のトヨタ自動車は、現金及び現金同等物を9兆4121億円保有している。ほかにも金融資産の保有が多いため、見掛けほどには借り入れ過多ではない。販売網や顧客に対する金融サービスの提供のための戦略的な借り入れという面も大きいから、金利上昇への耐性もありそうだ。

しかし、例えば上から7番目に顔を出している東京電力ホールディングスは現預金の保有額が1兆2425億円にとどまり、受取利息・配当金から支払利息を引いた金融収支は56

図表3-6 有利子負債の多い企業と有利子負債比率の高い企業

企業名（略称）	有利子負債（兆円）	総資産に対する割合（%）
7203 トヨタ	36.6	40.6
9984 SBG	16.2	34.6
9432 NTT	10.7	36.2
7267 ホンダ	10.2	34.1
8593 三菱HCキャ	7.9	71.1
7201 日産自	7.8	39.3
9501 東電HD	6.5	44.9
9434 SB	6.3	40.7
8591 オリックス	6.2	38.0
8058 三菱商	5.7	24.2
4502 武田	4.8	32.1
4755 楽天グループ	4.8	21.2
8031 三井物	4.8	28.3
8439 東京センチュ	4.8	73.7
9503 関西電	4.6	50.8
9020 JR東日本	4.6	46.8
8801 三井不	4.6	48.1
8473 SBI	4.5	16.7
8001 伊藤忠	4.4	30.3
9022 JR東海	4.4	43.9

企業名（略称）	総資産に対する割合（%）	有利子負債（兆円）
8425 みずほリース	82.1	2.8
8793 NECキャピ	82.0	0.9
8424 芙蓉リース	78.7	2.7
8584 ジャックス	76.6	2.9
8585 オリコ	75.3	2.4
8439 東京センチュ	73.7	4.8
8892 日本エスコン	73.5	0.3
9504 中国電	72.0	3.0
8566 リコーリース	71.4	0.9
8593 三菱HCキャ	71.1	7.9
3681 ブイキューブ	70.8	0.0
8253 クレセゾン	70.3	3.0
5707 東邦鉛	69.9	0.1
5535 ミガロHD	66.9	0.0
3319 GDO	66.4	0.0
9508 九州電	66.1	3.8
9519 レノバ	65.9	0.3
7172 JIA	65.9	0.1
9509 北海電	65.8	1.4
9536 西部ガスHD	65.6	0.3

（注）企業名の左の数字は証券コード。原則として2023年度末。有利子負債にはリース債務も含む。対象は東証プライム上場企業
（出所）QUICK

4億円の支払い超過になっている。金利上昇に伴って支払利息が増え、経営の悪化要因になる可能性が大きい。他の電力会社も似たような状況ではないかと思われる。

このほか、金利の上昇はこれまで発行してきた債券の価格下落を意味するから、国債を大量に保有している日銀や生命保険会社、国債だけでなく地方債を大量に保有している地域銀行が多額の損失を抱えるのではないかとの懸念もある。大量に国債を発行してつじつまを合わせてきた財政が破綻するのではないかとの指摘もある。この点については次節で詳細に議論する。

3　計り知れない財政への影響

政府の予算編成が苦しくなる

まず、財政への影響を考えてみよう。金利が上昇すれば、もちろん政府の予算編成は苦しくなる。政府は国債を発行すると、利子を支払うほか、元本を償還する必要がある。このほか国債の発行にはさまざまな事務経費が掛かるが、こうした支出は一般会計の歳出の部に

図表3-7 長期国債の発行残高と国債費

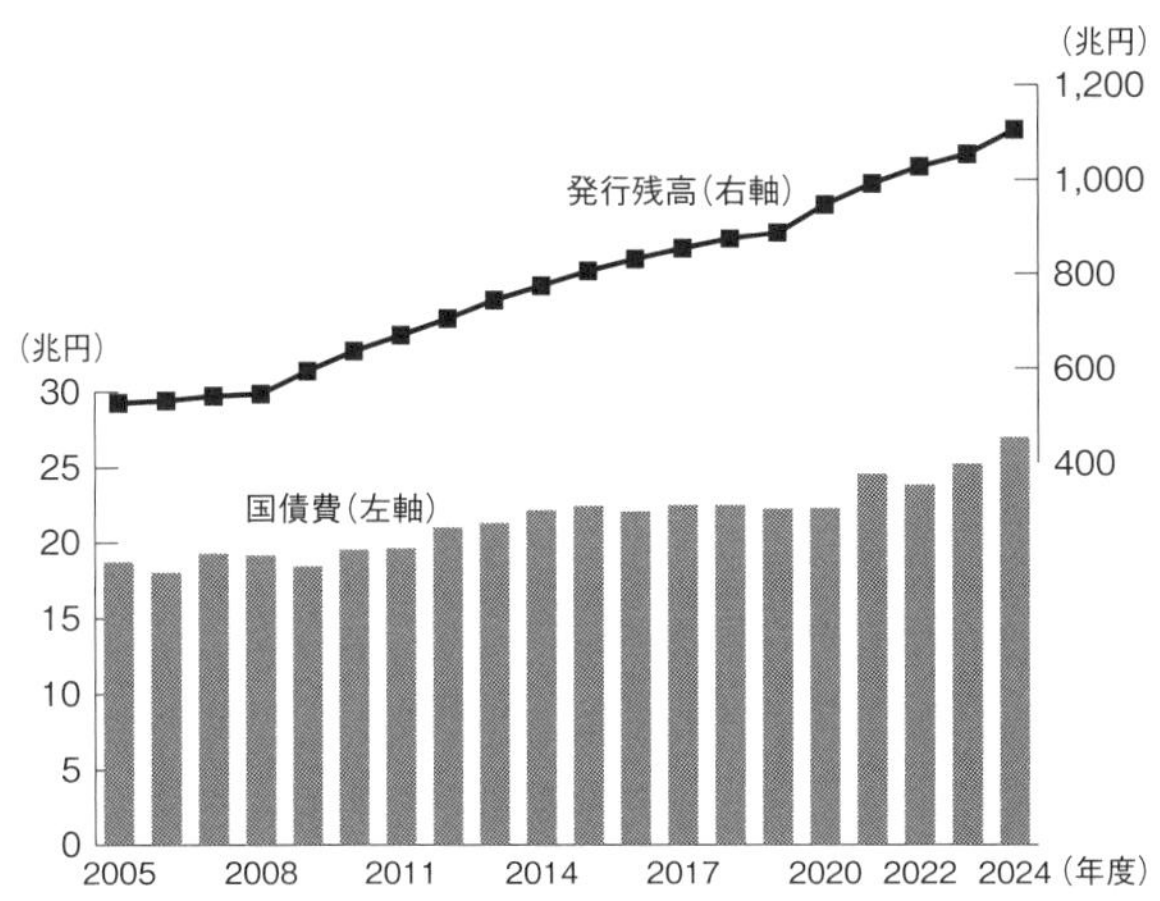

(注) 財投債を含む。2023年度と2024年度の国債費は当初予算ベース、2024年度末の国債発行残高は見込み
(出所) 財務省ホームページ

「国債費」として計上されている。2005年度以降の国債費の推移は図表3－7の通りとなっている。

国債費はじわじわと増加し、2024年度の当初予算では27兆90億円が計上されているが、これは2005年度の決算額の18兆7360億円に比べて44・2%多いだけである。国債の発行残高は2005年度末の526兆9279億円から、2024年度末の見込み額の1105兆3645億円まで109・8%増(2・098倍)になったのに、国債費の増加は抑制されている。

国債の発行金利が年々低下し、発行

額が増える割に、利払い負担が膨らまなかったためだ。利払い負担が大きく増加しなかったから、国債の大量発行が続けられたということでもある。

しかし、金利が上昇していけば、こんな都合のいい話は通用しなくなる。国債の大半は固定金利で発行されているため、金利が上昇したからといって直ちに利払い負担が急増するわけではない。満期を迎えて新しい国債の発行によって借り換えられるたびに、新しい金利が適用され、利払い負担がじわじわと増えていく。

日銀の買い入れ減額の穴

今後も国債の発行残高が約1000兆円で横ばいならば、金利が0・5%上昇するたびに、利払い負担は最終的に5兆円ずつ増える計算になる。政府は利払い負担の増加を抑えるため、表面利率が高い超長期国債の発行を減らして短中期債のウエートを高めるなどの工夫はするだろうが、それでもこれまでのような「魔法」は通用しなくなる。

2024年度の一般会計予算でみると、歳出総額112兆717億円のうち、国債費は24・1%を占めている。この割合が高まれば、どこか別の支出を減らすか、増税によって歳入を増やすしかない。一般会計歳出の33・7%に当たる37兆7193億円は社会保障費に充てられているが、社会保障費の増加も抑制する必要があるから、おのずと社会保険料の引き上げも実施されるであろう。

政府の予算編成上の前提としている国債の想定金利（予算編成時の積算金利）は、2025年度の予算編成に当たっては2・1％と設定した。2024年度に17年ぶりに引き上げ、1・9％としたのに続く引き上げである。この想定金利は2007年度に0・3ポイント引き上げて2・3％にしてからは据え置き、または引き下げが続いていて、2017年度から23年度までは過去最低の1・1％に抑えていた。

想定金利の上昇が続けば、予算編成はだんだんと窮屈になっていく。財政制度等審議会（財務相の諮問機関）は金利上昇を背景とした国債の利払い費の急増リスクに備えるよう警鐘を鳴らしている。日銀も国債の買い入れ額を2026年1〜3月期に向けて現行の月6兆円から半減する方針を固めているため、日銀に代わる買い手の発掘が課題になっている。

海外の投資家に国債を購入してもらうために、さまざまな手を打とうとしているが、財政の持続可能性などの信用力を示さなければ相手にされないため、奏功するかどうかは何ともいえない。

国債の格付けが引き下げられる

金利上昇が引き金を引くかどうかはともかくとして、日本経済の先行きが危ぶまれれば、国債の格付けが一段と引き下げられる可能性がある。図表3－8は米大手格付け会社S&Pグローバル・レーティングによる主要7カ国の国債の格付けの推移を示したものだ。日本はずっと最上位のトリプルAだったが、2001年2月22日に1ノッチ下のダブルAプラスに変更され、その後、1回の格上げを含む5回の格付け変更を経て、2015年9月16日からシングルAプラスになっている。

主要7カ国ではトリプルBまで引き下げられたイタリアに次いで低い。ドイツやカナダがずっとトリプルAを維持していることと比較すると、日本経済がいろいろな角度から考えて、うまくいっていないため、国債の元利償還の確実性に関して、若干の疑問が起きていることを象徴している。

日本国債に対する他の大手格付け会社の評価も、ムーディーズ・インベスターズ・サービスは2014年12月1日にAa3（ダブルAマイナスに相当）からA1（シングルAプラスに相当）に引き下げ、今日に至っている。フィッチ・レーティングスの評価はもっと厳しく、

図表3-8 主要7カ国の国債格付けの推移

	米国	英国	フランス	イタリア	ドイツ	カナダ	日本
現在	AA+	AA	AA−	BBB	AAA	AAA	A+
2024/05/31			AA−				
2017/10/27				BBB			
2016/06/27		AA					
2015/09/16							A+
2014/12/05				BBB−			
2013/11/08			AA				
2013/07/09				BBB			
2012/01/13			AA+	BBB+			
2011/09/19				A			
2011/08/05	AA+						
2011/01/27							AA−
2007/04/23							AA
2006/10/19				A+			
2004/07/07				AA−			
2002/04/15							AA−
2001/11/27							AA
2001/02/22							AA+
2000年時点	AAA	AAA	AAA	AA	AAA	AAA	AAA

（注）S&Pグローバル・レーティングの格付けに基づく

2015年4月27日にシングルAプラスからシングルAに引き下げた。

債券の格付けは一般にトリプルB級、つまり、トリプルBマイナスまでが投資適格とされ、ダブルB級になると、投機的グレードに分類される。世界には安全重視の投資家もいれば、利回り重視の投資家もいるため、投機的グレードに落ちれば誰も買わなくなるというわけではないが、年金基金など元本償還の安全性を重視する投資家は一般に投資適格債券以外は組み入れない。

トリプルB級の債券だと、もう一段、格付けが引き下げられれば、投機的グレードに落ちかねないため、シングルA級の債券までしか買わないという投資家も多い。つまり、日本の国債は世界の年金基金などの投資対象としては、もう信用度がぎりぎりに近いのである。

かつては国債の格付けはその国に本社を置く企業が発行する社債の格付けの上限とされていた。カントリー・シーリングと呼ばれている。現在は当該企業の信用度によっては、社債の格付けが国債格付けを上回るケースもあるが、それでも国債格付けの引き下げは社債全体の格付けに大きな影響を与えている。

狭い道ではあるが、日銀の金融政策が日本経済の混乱を招かないことは、日本の国債や社債に対する信用度を維持するために極めて重要なことである。

財政破綻のリスクはあるか

財政破綻の可能性については、さまざまな議論がある。政府が発行した国債が債務不履行（デフォルト）に陥ることを財政破綻と定義するのならば、自国通貨建ての国債を発行しているだけの日本が国債の利払いや元本の償還ができなくなるとは考えにくい。

戦前や戦中に発行された国債も一応、償還されている。もし今まで当時の券面を持っていて、国に元利金の支払いを求めた場合に、どうなるのかといえば、応じてもらえない。これは債務不履行になったためではなく、償還期日から10年が経過し、消滅時効が成立しているためだ。

ただ、保有している国債が紙くずにならないのかといえば、それは物価との関係だから、ありえないとはいえないだろう。元本と同じ金額を償還時に受け取ったとしても、その間に物価が例えば1万倍になっていれば、購買力は1万分の1になってしまう。「1万分の1の価値が残る」というか、「紙くずになった」というかは表現方法の違いにすぎない。

その場面で紙くずになるのは、国債だけではない。タンス預金はもちろん、銀行預金、保険契約なども、購買力という観点からみた価値は1万分の1になってしまう。では不動産や株式に換えて保有していれば大丈夫なのかというと、戦後には最高税率90％の財産税が課され、財政赤字の補てんに充当された。

何がハイパーインフレの引き金を引くのかといえば、やはり巨額の財政赤字に端を発した円に対する信認の低下ではないだろうか。放漫財政だけでなく、少子高齢化に伴う成長力不足もその要因になりそうだ。すでに日本経済は財政破綻へのプロセスに入っているのかもしれない。

4　生命保険会社や地銀を直撃

日銀が53％、生損保が18％を保有

巨額の国債発行残高は国債の保有者に大きな価格変動リスクを抱えさせている。

まず国債の保有構造をみておこう。財務省はホームページで２０２４年６月末現在の国債の保有構造を公表している。国債（政府短期証券を除く）の発行残高は１０６１兆５１５９億円だが、この53・２％に当たる５６４兆８０３３億円は日銀が保有している（図表３－９）。

次いで生命保険会社と損害保険会社が発行残高の17・８％に当たる１８８兆６６３１億円を保有している。生命保険会社は残存20年を超える超長期国債の主要な買い手である。「責任準備金対応債券」として会計処理しているため、含み損は損益計算書にも貸借対照表にも記載されないが、巨額であることは間違いない。

次が銀行等で11・７％に当たる１２４兆６３２億円、その次が海外勢で６・１％に当たる

図表3-9　国債の保有者別内訳

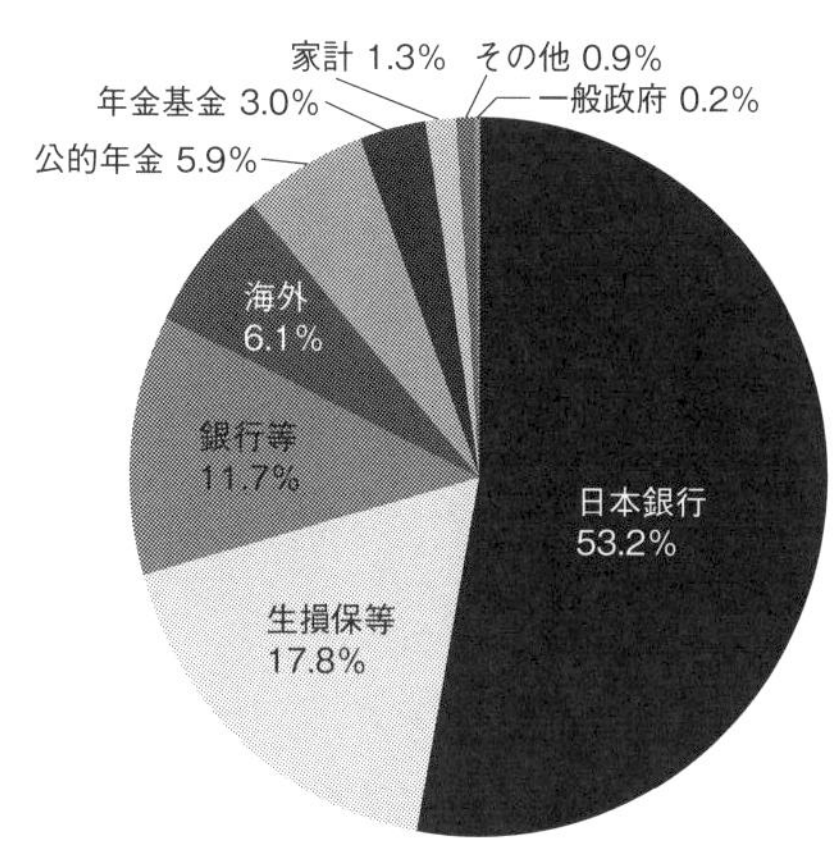

（注）2024年6月末現在
（出所）財務省ホームページ

64兆8736億円、その次が公的年金で5・9%に当たる62兆2743億円となっている。

国債の保有構造の過去からの推移も図表3－10に示してみた。グラフ中で「中小企業金融機関等」とあるのは、ゆうちょ銀行の保有額を含んでいる。誰が国債を持っていたかを時系列的に振り返ると、昔は郵便貯金に裏打ちされた財政融資資金が大量に保有していたのが、郵政民営化とともにゆうちょ銀行に振り替わり、ゆうちょ銀行が保有を減らした分、日銀が肩代わりしたイメージだ。

図表3-10　主要な投資部門の国債保有比率

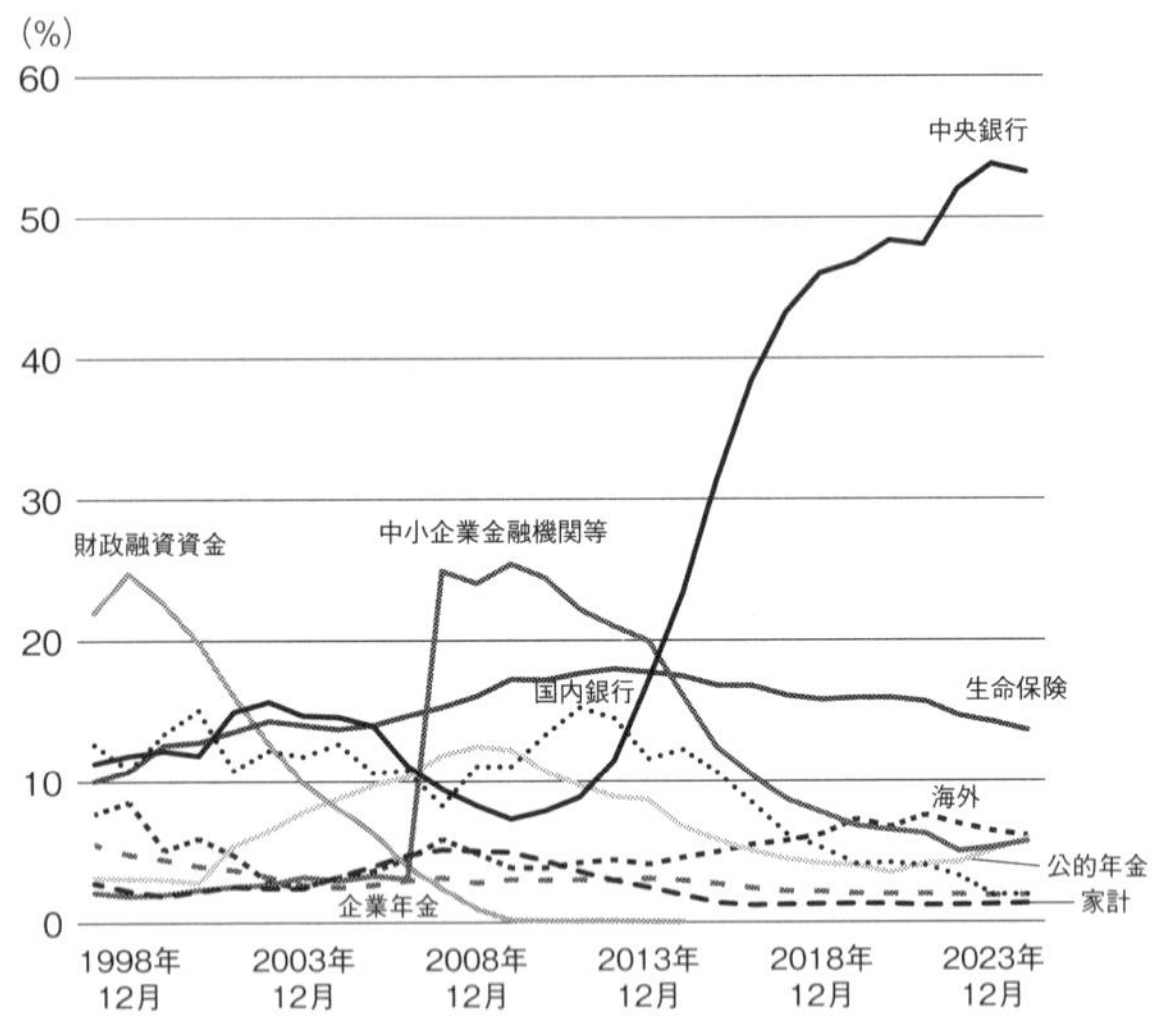

（注）中小企業金融機関等には郵便貯金を、生命保険には簡易保険を含む
（出所）日銀「資金循環統計」をもとに筆者作成

国債含み損の総額は
39兆7000億円

国債全体で発生している含み損は、1本1本の国債について、直近の時価と発行時の落札価格との差額に発行額を掛け合わせた金額を計算し、それを市場に流通しているすべての国債について合計すればいい。2024年10月10日現在では39兆6695億円と試算できる。

日銀は10日ごとに「保有する国債の銘柄別残高」を公表して

図表3-11 今後の金利上昇幅と含み損

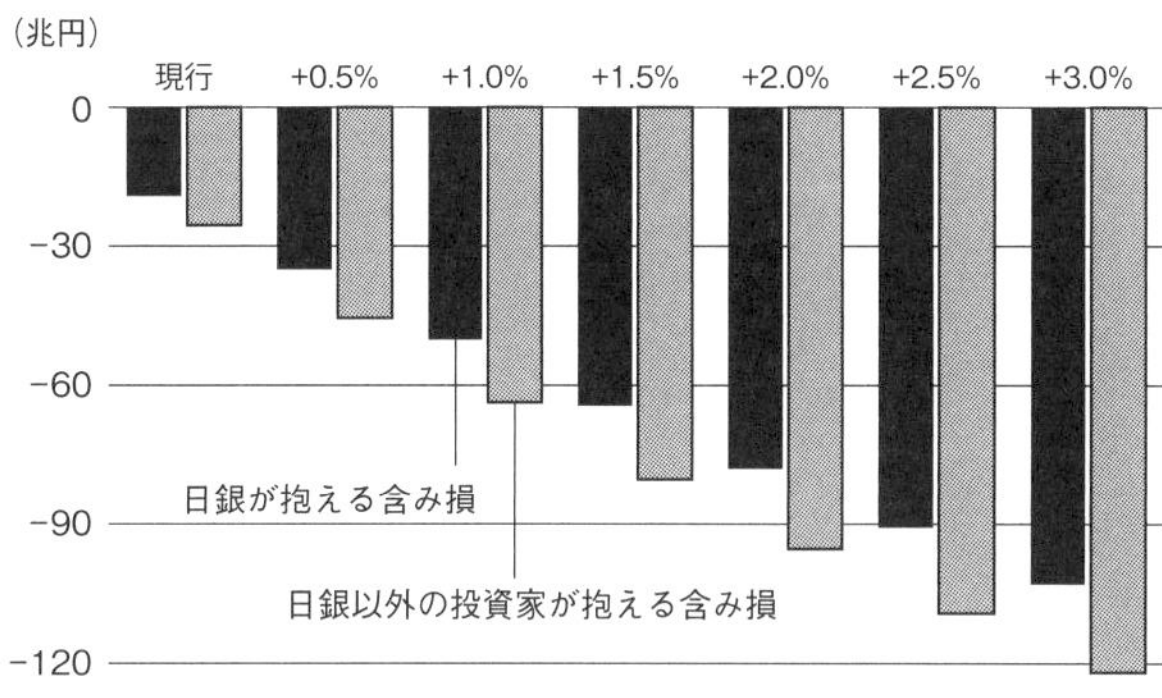

(注) 現行は2024年10月10日現在の流通価格をもとにした試算。横幅は利回り曲線の上方シフト幅。すべての年限にわたって利回り曲線が同幅だけ上方シフトしたと仮定して含み損を試算
(出所) 財務省「国債の入札結果」、日銀「保有する国債の銘柄別残高」、日本証券業協会「公社債店頭売買参考統計値」をもとに筆者作成

いるが、10月10日時点で保有している国債327本の10月10日現在の時価は567兆887億円となっている。

日銀がこれらの国債を入札時の発行価格で購入していれば、購入総額は578兆6904億円になるから、日銀が抱える含み損は11兆6018億円という計算になる。ただ、日銀は国債を一応、市場で購入しているため、10月10日付の営業毎旬に掲載されている簿価(購入価格を償却原価法で調整した金額)は584兆967億円である。

つまり、日銀が実際に抱えている

含み損は17兆80億円という計算である。含み損の残りに当たる22兆6615億円は日銀以外の投資家が抱えていることになる。図表3－11は日銀も日銀以外の投資家も国債の保有内容が10月10日時点から変わらないと仮定した場合に、金利上昇に伴って、含み損がどう膨らんでいくかを示している。物価連動国債以外の国債の利回りがすべて0・5％刻みで上昇していくとの前提を置いている。

国債の銘柄別保有状況が変わらないとの前提で考えると、日銀が抱える含み損の金額は上方シフト幅が0・5％で32兆5000億円、1・0％幅で47兆1000億円、1・5％幅で61兆円、2・0％幅で74兆2000億円、2・5％幅で86兆7000億円、3・0％幅で98兆7000億円という計算になる。

日銀の2023年度決算によると、2024年3月末の自己資本は13兆5658億円だった。また2010年12月から買い入れてきたETFが温存している含み益は10月10日現在で35兆円前後と推定される。つまり、利回り曲線の上方シフト幅が1・0％程度までならば自己資本とETF含み益の合計額が国債の含み損を上回り、実質的な債務超過には転落しないが、1・5％以上になると、債務超過に陥る可能性が大きい。

図表3-12 長期国債・超長期国債の利回り

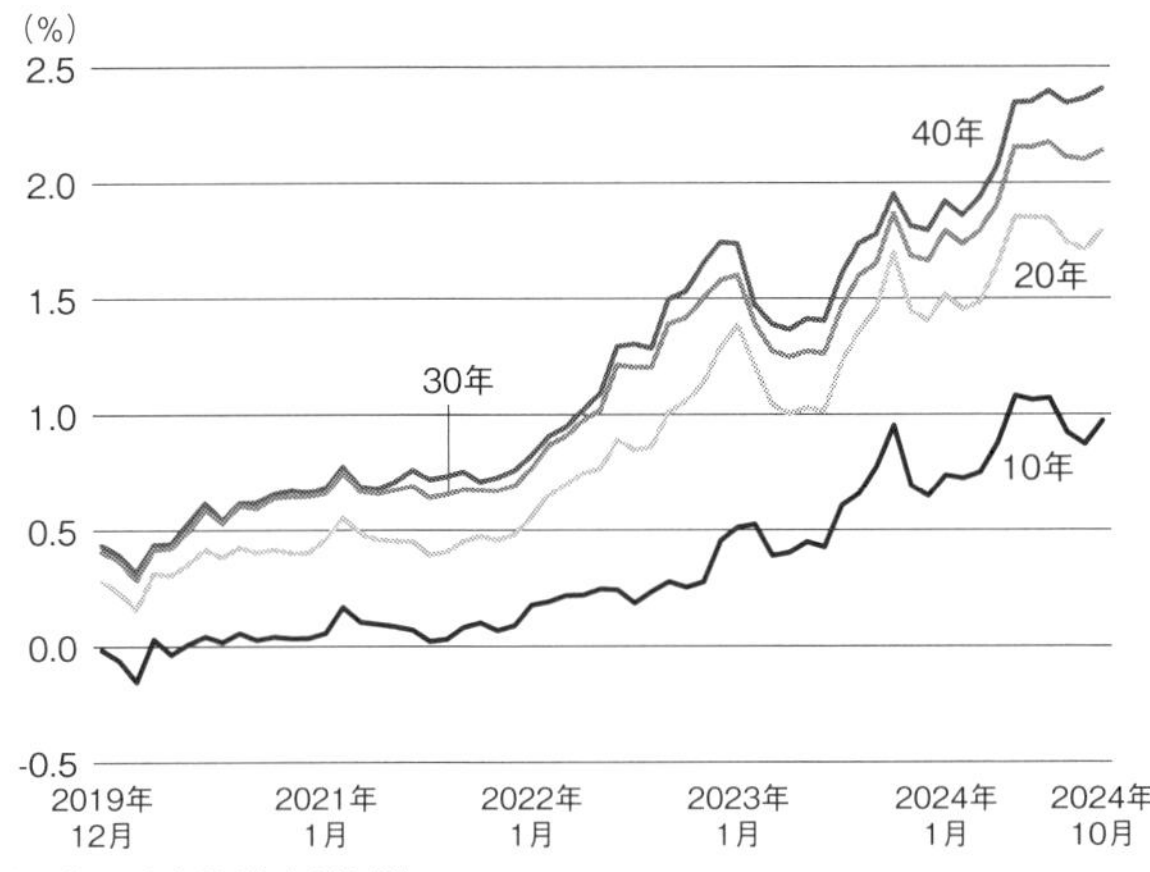

(出所)財務省「国債金利情報」

生命保険会社にも巨額の含み損

生命保険会社は日銀に次ぐ2番手の国債保有者であるというだけでなく、金利上昇に伴う価格低下幅が大きい超長期債を大量に保有しているため、ただでさえ巨額の含み損が金利上昇に伴ってさらに大きく膨らむ可能性がある。図表3－12からは長期国債・超長期国債の利回りの上昇ぶりがうかがえる。

国債全体で保有者が抱える含み損が39兆6695億円に達することは前述の通りだが、このうち残存15年以上の国債が抱える含み損は36兆9908億円に達している。

図表3-13　大手生保の責任準備金対応債券などの含み損益

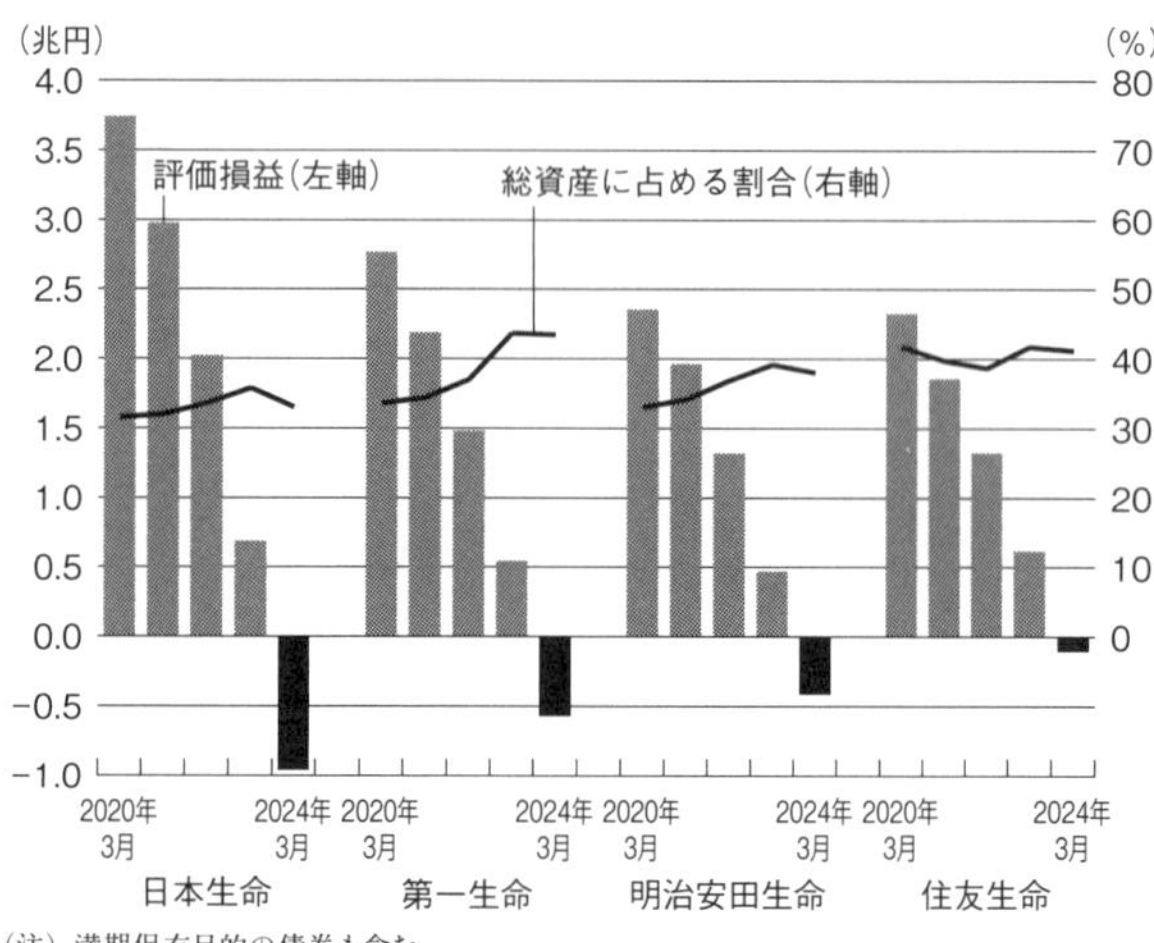

（注）満期保有目的の債券も含む
（出所）各社決算資料をもとに筆者試算

発行された国債のうち、残存15年以上の国債の残高は239兆2910億円だが、このうち日銀が保有しているのは22・6％に当たる54兆879億円にすぎない。77・4％は生命保険会社を中心に、日銀以外の投資家が保有しているのである。

日銀以外の投資家が抱える国債全体の含み損は図表3－11でみるように、利回り曲線の上方シフト幅が0・5％で43兆1000億円、1・0％幅で61兆7000億円、1・5％幅で78兆8000億円、2・0％幅で94兆5000億円、2・5％幅で108兆9000億円、

3・0％幅で122兆2000億円になりそうだ。

このかなりの割合を生命保険会社が抱えることになる。会計区分が責任準備金対応債券だから、含み損は損益計算書にも貸借対照表にも反映されない。しかし、決算資料に手掛かりがまったく書かれていないわけではない。5月23日までに出そろった大手生命保険会社4社の2024年3月期の決算案や過去の決算資料によると、一般勘定の責任準備金対応債券と満期保有目的の債券の時価と帳簿価格との差額は、図表3－13のように推移している。

過去5年分を振り返ったが、日本の長期金利は傾向的に低下してきたので、生命保険会社が以前に買った超長期国債の多くは、購入後に単価が上昇してきた。つまり、多額の含み益を抱える状態だった。ところがグラフに示すように、含み益は年々目減りし、2024年3月期末には大手4社ともついに含み損に転落した。

減損処理のリスクもある

今後も金利の上昇が続けば、超長期国債の単価はかなりのスピードで下落するため、含み損はさらに膨らんでいく。しかも損益計算書や貸借対照表に反映しないルールだといっても、もし単価が50円を割れば（正確には購入価格の50％を割れば）、責任準備金対応債券にしても満期保有目的の債券にしても、減損処理をしなければならない。つまり、その時点で含み損が会計上の損失として一気に表面化する恐れがあるのだ。

単価が購入価格の50%を割るなどということが実際にあるのかとの指摘もあるかもしれない。しかし、物価連動国債を除く312本の国債の流通価格を試算すると、利回り曲線の上方シフト幅が0・5%で1本、1・0%幅で5本、1・5%幅で13本、2・0%幅で23本、2・5%幅で37本、3・0%幅で44本が50円未満になる。

生命保険会社は保有している超長期国債を減損処理しなければならない事態を回避するため、下落率が50%以上になる前に損失覚悟で売却するかもしれない。その売りが改めて国債価格の押し下げ要因にならないとも限らない。

もっとも大手生命保険会社は大量の株式を保有し、株価上昇に伴って保有株の含み益も膨らんでいる。超長期国債の下落に伴う含み損益の悪化分よりも、株式の含み益の増加分のほうが多い生命保険会社もある。大手4社の決算資料を点検した限りでは、財政状況が大幅に悪化しているわけではない。

生命保険会社は行政監督上の指標として、すべての保有有価証券や不動産の時価評価額から、実質的な負債額を差し引いた実質純資産額（広義の自己資本）を公表している。直近の

図表3-14 大手生保の帳簿上の純資産額と実質純資産額

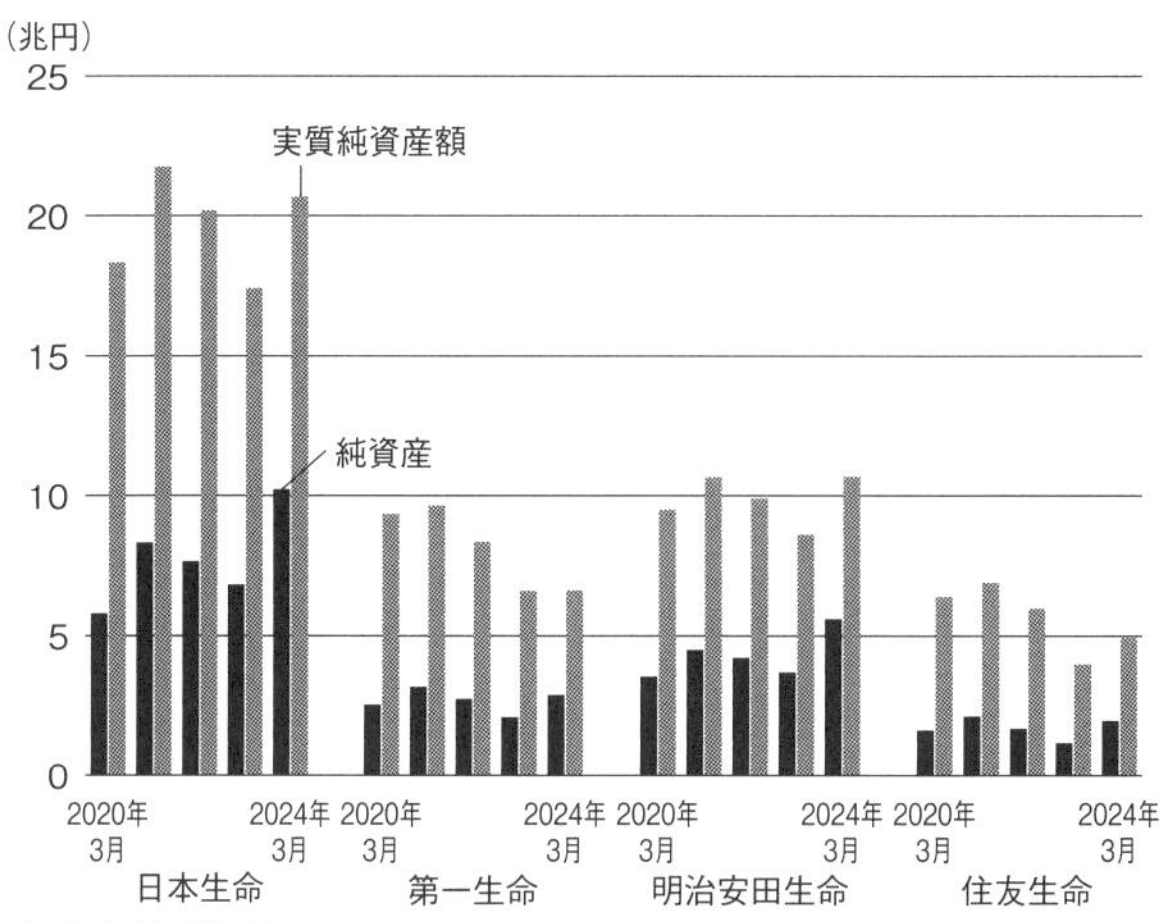

(出所) 各社決算資料

2024年3月期分も含むその推移は図表3－14の通りだ。

もし実質純資産額の減少が止まらなくなるような局面を迎えれば、保険を解約する契約者が相次ぐ恐れもある。一種の金融システム不安といってもいいかもしれない。そこまでの金利上昇は日銀も生命保険会社も想定していないだろうが、超低金利状態があまりに長く続いた反動がどんなかたちで火を噴くかは予想しがたい。いろいろな頭の体操をしておいたほうがよさそうだ。

地方債を持つ地銀の厳しさ

銀行が保有している国債の多くは満

期までの年数が比較的短く、金利が上昇しても価格の下落幅が相対的に小さいものが多いから、金利の上昇が銀行部門全体に与える打撃は、あまり大きくない可能性がある。むしろ、銀行経営には貸出金利の上昇による利ザヤ拡大効果のほうが大きい。特にメガバンクにはこの傾向が当てはまる。

問題は地銀や第二地銀といった地域銀行だ。図表3－15は総資産のうち、有価証券の占める割合が大きい20行（地銀持ち株会社を含む）である。銀行によって違いはあるが、地元に有力上場企業が多い京都銀行（京都フィナンシャルグループ＝FG＝傘下）を除くと、保有有価証券に占める株式のウエートが高そうな銀行は見当たらない。

その一方で、主に地元自治体が発行する地方債を国債と同じ程度に保有している。20行の合計では地方債の保有額は6兆３０５４億円と、国債の保有額5兆１８９０億円を1兆円余り上回っている。東証に上場している地銀・地銀持ち株会社59行の合計では地方債の保有額が18兆９９１７億円と、国債の保有額17兆１１０２億円を2兆円近く上回っている。

合計すると約36兆円である。大ざっぱな計算ではあるが、日銀が５８４兆円の国債を保有して約17兆円の含み損をかかえていることから類推すると、地域銀行が抱える含み損は1兆１０００億円程度にのぼるのではないだろうか。

図表3-15 総資産に占める有価証券の割合が高い銀行

順位	銀行・銀行持ち株会社名	有価証券の割合	有価証券合計	国債	地方債	社債	株式	その他の証券
1	7184 富山第一銀	32.2	0.5088	0.0357	0.0131	0.0707	0.1476	0.2417
2	8392 大分銀	30.7	1.3966	0.2317	0.3025	0.2411	0.1166	0.5047
3	8341 七十七	29.3	3.0771	0.3858	0.7921	0.7183	0.2086	0.9723
4	8345 岩手銀	29.0	1.1395	0.1873	0.2791	0.3460	0.0508	0.2762
5	5844 京都FG	28.8	3.3366	0.4647	0.7059	0.6503	1.1347	0.3809
6	8344 山形銀	28.4	0.8938	0.1047	0.1669	0.1204	0.0327	0.4692
7	7327 第四北越FG	27.6	3.0720	0.5627	0.8065	0.1860	0.2225	1.2944
8	8387 四国銀	27.6	0.9122	0.1163	0.2457	0.1563	0.0519	0.3420
9	8388 阿波銀	26.8	1.0505	0.1571	0.1585	0.2708	0.1716	0.2925
10	8416 高知銀	26.2	0.2989	0.0089	0.0043	0.1999	0.0182	0.0676
11	7381 北国FHD	25.8	1.4885	0.2338	0.3715	0.1610	0.1375	0.5847
12	8359 八十二	24.6	3.6431	0.6602	0.4907	0.8380	0.7694	0.8848
13	5832 ちゅうぎんF	24.1	2.5964	0.6735	0.7160	0.3547	0.1667	0.6854
14	8713 フィデアHD	23.9	0.7329	0.1665	0.1685	0.1194	0.0244	0.2541
15	8360 山梨銀	23.3	1.0186	0.1412	0.2786	0.1378	0.0653	0.3957
16	8366 滋賀銀	23.3	1.8574	0.5382	0.2318	0.3009	0.3456	0.4409
17	8365 富山銀	23.2	0.1280	0.0198	0.0182	0.0406	0.0136	0.0359
18	8558 東和銀	23.2	0.5573	0.0496	0.1009	0.2444	0.0144	0.1479
19	8399 琉球銀	22.6	0.6922	0.4003	0.1715	0.0123	0.0047	0.1035
20	8343 秋田銀	22.6	0.8084	0.0509	0.2829	0.1139	0.0576	0.3031

(注) 単位%、兆円。2024年3月期末。ゆうちょ銀行 (62.6%) を除く銀行・銀行持ち株会社のランキング。その他の証券は外国債券、投資信託など。銀行・持ち株会社名の左の数字は証券コード

(出所) QUICKのデータをもとに筆者作成

金利が０・５％幅で上昇するたびに、地域銀行が国債・地方債で抱える含み損も９０００億円ほど増えるだろう。含み損の増加は純資産を減らす要因になるため、銀行によっては財務の健全性に対する懸念が広がる恐れもある。

地域銀行ではないが、２０２４年にはあおぞら銀行が３月期決算で連結最終損益が４９９億円の赤字に転落するという一幕もあった。米商業用不動産向け融資で損失に備えるための引当金を計上したほか、米国金利の上昇で、保有する米国の債券の価格が下落し、保有する有価証券の含み損の処理を迫られたためだ。

農林中央金庫が米国債運用の失敗などで6月末に約2兆３０００億円の含み損を抱えたことも問題になった。

金融機関の多額損失はその要因に共通するところも多いため、金融システム不安に発展しやすい。米国が9月に利下げに踏み切ったため、米国債の価格下落に伴う損失の拡大は一巡する可能性もあるが、引き続き、注意を怠れないだろう。

5　金融所得、課税強化は時間の問題？

金融所得を医療保険料に反映？

金利上昇に伴う財政悪化を補うために着目されているのが金融所得課税の強化だ。9月27日に実施された自民党総裁選でも、増税案を提示する候補が相次いだ。石破首相は就任後に個人の投資意欲に水を差しかねない増税には慎重姿勢を示したが、すでに具体的に動いている話もある。金融所得の多い人から多めの医療保険料や介護保険料を徴収する方向だという。

この考え方は自民党内の「医療・介護保険における金融所得の勘案に関するプロジェクトチーム」が2024年4月25日に開いた会合で、厚生労働省が提示した。現在、国民健康保険や75歳以上の後期高齢者医療保険、介護保険に加入している人は、金融所得を確定申告した場合に限って、医療・介護保険料の上乗せ要因になる（図表3－16）。これを源泉徴収口座（源泉徴収ありの特定口座）で取引をし、確定申告をしない場合にも広げようというのだ。

図表3-16　金融商品の取引と医療・介護保険料との関係

取引の内容		会社員など	個人事業主や年金生活者など
源泉徴収口座での株取引	申告しない場合	無関係	無関係
	申告する場合	無関係	反映
簡易申告口座での株取引		無関係	反映
一般口座での株取引		無関係	反映
FXや先物の取引（申告分離課税）		無関係	反映
仮想通貨などの取引（総合課税）		無関係	反映
預金や債券の利息（源泉分離課税）		無関係	無関係

（注）源泉徴収口座「源泉徴収ありの特定口座」、簡易申告口座は「源泉徴収なしの特定口座」とも呼ばれる。源泉徴収口座でも複数口座の損益通算や譲渡損の繰り越し控除のために申告することがある。債券の売買損益や償還損益は申告分離課税
（出所）各種資料をもとに筆者作成

2028年度までに結論を出すという。

源泉徴収口座で株式、投信、債券などを取引する人は極めて多いから、全員が確定申告をすると、税務署がパンクする可能性も大きいが、この点を度外視すれば、何はともあれ金融所得がある人すべてに確定申告を義務付ければ、問題は解決するのではないかと思える。

しかし、ことはそう単純ではない。何しろ国民健康保険や後期高齢者医療保険に加入しているのは、個人事業主などを別にすれば、もっぱら高齢者だ。面倒な確定申告が避けられるから源泉徴収口座で取引をしているのに、それを申告させようとしたら、大混乱を招くのは必至だろう。

図表3-17 医療・介護保険料に金融所得を反映させる場合の課題

項目	課題
源泉徴収口座でも申告を求めると	申告に慣れない国民も多く、結果的に申告漏れが大量に発生
預金利子が申告不要のままだと	多額の預金を保有していても保険料は上乗せされず、不公平感が出る
実現益だけを金融所得だと考えると	株式を保有し続ければ多額の保険料負担を免れる
含み損益を反映させると	認知症の人なども含め、株式などの保有者全員が申告をする必要が出てくる
被用者保険の加入者は金融所得と保険料が無関係のままだと	年金生活者や個人事業主の株式投資を罰するイメージになる
前年の金融所得を基準に保険料を決めると	足元で損失が広がっている投資家に追い打ちをかける恐れがある
金融所得ではなく、金融資産額を保険料に反映させると	個人が持つすべての口座をマイナンバーに紐づける必要があるが、国民の理解が不可欠

（出所）筆者作成

預金利子を除外していいのか

それだけではない。金融所得がある人から公平に保険料を徴収しようとすること自体、複雑に入り組みながらも、何とかバランスをとっている現行の金融所得税制や医療・介護保険制度の矛盾を一気に表面化させる恐れがあるのだ。どんな問題があるのかを図表3－17にまとめてみた。

第一に、金融所得の範囲を株式などの配当や売却益だけに限っていいのかという問題が発生する。現行の制度だと、申告する金融所得から漏れそうなもので最大なのは、銀行預金の利子だ。今は雀の涙だからどうでもいいかもしれないが、今後、金融政策の正常化に伴って利息収入は増えていく可能性がある。

高齢者も含め、個人のうち株式を保有しているのはせいぜい十数パーセントである。何億円もの金融資産を持っていても、それが全部、銀行預金ならば、利子を申告する必要がないので、医療・介護保険料は安いまま。ところが株式投資でちょっと小遣い稼ぎをしたら、途端に保険料が上がるというのは、いくら何でも不公平との声が出るのではないか。

第二に、保険料の算定基準に加えるのは、実現所得だけ、しかも、会社員など勤務先の保険（被用者保険）の加入者の保険料は金融所得がいくらあっても無関係という枠組みの制度だと、金融資産をいくらたくさん保有していても、多額の保険料の支払いを免れる人が出てくる可能性がある。

配当利回りが低い株式や無分配型の投信などを購入後に死ぬまで保有していれば、実現益は出てこないから、存命中には保険料の上乗せが回避できる。そしてそれを会社員の息子や娘が相続し、市場で売却すれば、親が購入した価格との差が実現益にはなるが、相続人は会社員だから、結局、余分な保険料は支払わずに済んでしまうのだ。

第三に、第二で示したような不都合を回避するため、実現益だけではなく、含み益も保険料の算定基準に加えればいいという声が出てくるかもしれない。しかし、これはますます混乱に拍車をかけることになる。毎年末に時価で洗い替えをして含み損益を把握する必要がありそうだが、誰がそんな複雑なことを管理するのか、見当がつかない。

売買しようがしなかろうが含み損益は発生することになるから、価格変動商品を保有している人は全員、確定申告をする必要が出てくるが、何百万人もいる認知症の人々が対応できるとは思えない。しかも含み損益は毎年激しく変動するから、含み損が出たら保険料を減額する仕組みにしないと、株式の投資家などは納得しないだろう。

前年の所得に「課税」は不合理

第四に前段でもちょっと触れたが、会社員など被用者保険（組合健保や協会けんぽなど）の加入者が支払う保険料は金融所得とは無関係のままにしておき、国民健康保険と後期高齢者医療保険の加入者だけがもうけ過ぎに気を付けなければいけないというのは、不公平ではないかと指摘されそうだ。

不公平を是正するため、会社員も株式投資などで利益が出たら、多くの保険料を支払う仕組みにすればいいという考え方はよくわかる。しかし、誰がどんな名目でどうやって徴収するというのだろうか。

第五に勤労所得に比べて変動の激しい金融所得を保険料の算出基準に加えた場合、例えば足元では株式相場が下落して売却損や含み損が広がっているのに、多かった前年の金融所得をベースに多額の保険料を払わなければならないといった事態も考えられる。

NISAなどは別だが、株式の税制で損益通算ができるようになっているのは、損失が出たときに納め過ぎていた税金の一部を戻してもらい、投資力を温存するのが目的だ。損失が出ているのに過去の利益をもとに金銭的負担が求められたら、次の投資どころではなくなってしまう。

金融資産を基準にする手も

自民党のプロジェクトチームが金融所得を保険料算定の基準に加える検討をし始めたのは、医療・介護保険料を中低所得層から現状以上に徴収するのは無理との判断があるためだろう。

最終的に結論を出すのを2028年度に置いているのは、そのころになれば、すべての金融機関の口座にマイナンバーが紐づけられるようになり、保険料の徴収に伴う技術的な問題

図表3-18 金融商品に対する課税方式

	インカムゲイン	キャピタルゲイン／ロス
上場株式・公募株式投信	申告分離	申告分離
特定公社債・公募公社債投信	申告分離 2015年まで源泉分離	申告分離 2015年まで非課税
デリバティブ取引	申告分離	
預貯金等	源泉分離	―

現行税制での損益通算の範囲：上場株式・公募株式投信、特定公社債・公募公社債投信

金融庁が要望する損益通算の範囲：上場株式・公募株式投信、特定公社債・公募公社債投信、デリバティブ取引、預貯金等

（出所）金融庁「令和7（2025）年度税制改正要望について」をもとに筆者作成

の多くがクリアされるのではないかと想像しているからかもしれない。

ただ、マイナンバーに結び付けて半ば自動的に保険料を徴収しようというのならば、毎年の金融所得というフローよりも、金融資産額というストックを基準に保険料を算定したほうが合理的ではないだろうか。

老後２０００万円問題の記憶も新しいから、金融資産が２０００万円に達するまでは、保険料には反映させないことにすれば、現役時代に一生懸命節約して、金融資産を蓄えた人を不当に罰することにはならないだろう。２０００万円を超える分は、広く薄く負担を求めても構わないのではないだろうか。

厚生労働省の動きとは別に、金融庁が２０２

5年度の税制改正要望で金融所得の一体化の対象拡大を要望している。図表3－18が示している通り、現在、株式、債券、投信が一体化の対象になっている。これとは別に先物・オプションや外国為替証拠金取引（FX）の収益も一体化されているが、預貯金利子はこれらとは別建ての源泉分離課税だ。

金融庁はこの要望を毎年出していて、今回が別段、目新しいわけではないのだが、厚生労働省が源泉徴収ありの特定口座（源泉徴収口座）での所得も保険料に反映させる方針であることと併せて考えると、ゆくゆくは銀行預金の利子が源泉徴収口座で管理され、保険料に反映されることになる。

金利水準によって預金の利息は増えたり減ったりするだろうが、証券投資などはしなくても、多額の預金を保有する富裕層は数多く、これはかたちを変えた金融資産課税といえるだろう。

財政も社会保障制度も危機に瀕しているとすれば、誰かが穴埋めをしなければならず、多額の金融資産の保有者に関心が向かうのは仕方がない。赤字の拡大をいつまでも放置していると、最高税率が90％だった戦後の財産税の復活論が出てこないとも限らない。どこかで折り合いを付けなければならない話だ。

第 4 章

東証改革の光と影

1　市場区分見直しとPBR向上要請のその後

消える東証発の「低PBR株人気」

東証が２０２３年3月末に上場企業に対し、ＰＢＲの向上を要請した。しかし、1年半が経過した２０２４年秋の段階で振り返ると、例えばプライム市場では一時40％まで減少したＰＢＲ１倍未満の企業の割合が、10月25日には47・８％と、２０２１年ごろとほぼ変わらない水準まで高まっている。株式市場での低ＰＢＲ銘柄人気は続くだろうか。

ＰＢＲは株式の投資指標の1つで、株価を1株当たり純資産で割る、あるいは時価総額を企業全体の純資産で割ることによってはじき出される。貸借対照表に計上されている企業の資産がもし企業の清算時に、記載額とまったく同額で売却できれば、借入金を返したあとに、純資産の部に書いてあるお金が手元に残り、それだけは残余財産として株主に分配できるはずだろうという架空の前提のもとで、編み出された投資指標である。

だから1株当たり純資産は「解散価値」と呼ばれている。投資家はＰＢＲが1倍未満ならば、株式を買い占めて企業を清算し、残余財産を受け取ったほうがお得だと考えるわけだ。現実に企業が簡単に清算できるわけではないから、企業の将来性などに懸念があって株価が低迷し、ＰＢＲ1倍未満の状態が放置されていても、直ちにおかしいというわけではない。ただ、市場関係者の多くは「日本は海外に比べ、ＰＢＲが1倍に満たない企業が多すぎる」との不満を持っていた。

とはいえ、巨額の赤字を出して1株当たり純資産が細るといった特別のケースを別とすると、ＰＢＲを押し上げるには株価上昇が不可欠だ。株価は投資家間の売買で決まるもので、本来、行司役の東証が注文を付けるのはおかしい。しかし、２０２２年4月に実施した市場区分の変更が、さしたる株価の浮揚効果を上げていなかったこともあって、東証はやや踏み込んだ要請を発したのである。

東証の要請は表向き、ＰＢＲが1倍を優に上回っている企業も含め、プライム市場とスタンダード市場に上場している約３３００の企業に対し、もっと資本コストを意識した経営に取り組み、ＰＢＲの向上に努めてほしいと求めているだけだ。しかし、この要請に至る議論の経緯を踏まえれば、ＰＢＲ1倍未満の企業に対策を求めたことは明らかである。

図表4-1　PBR1倍未満の企業の割合

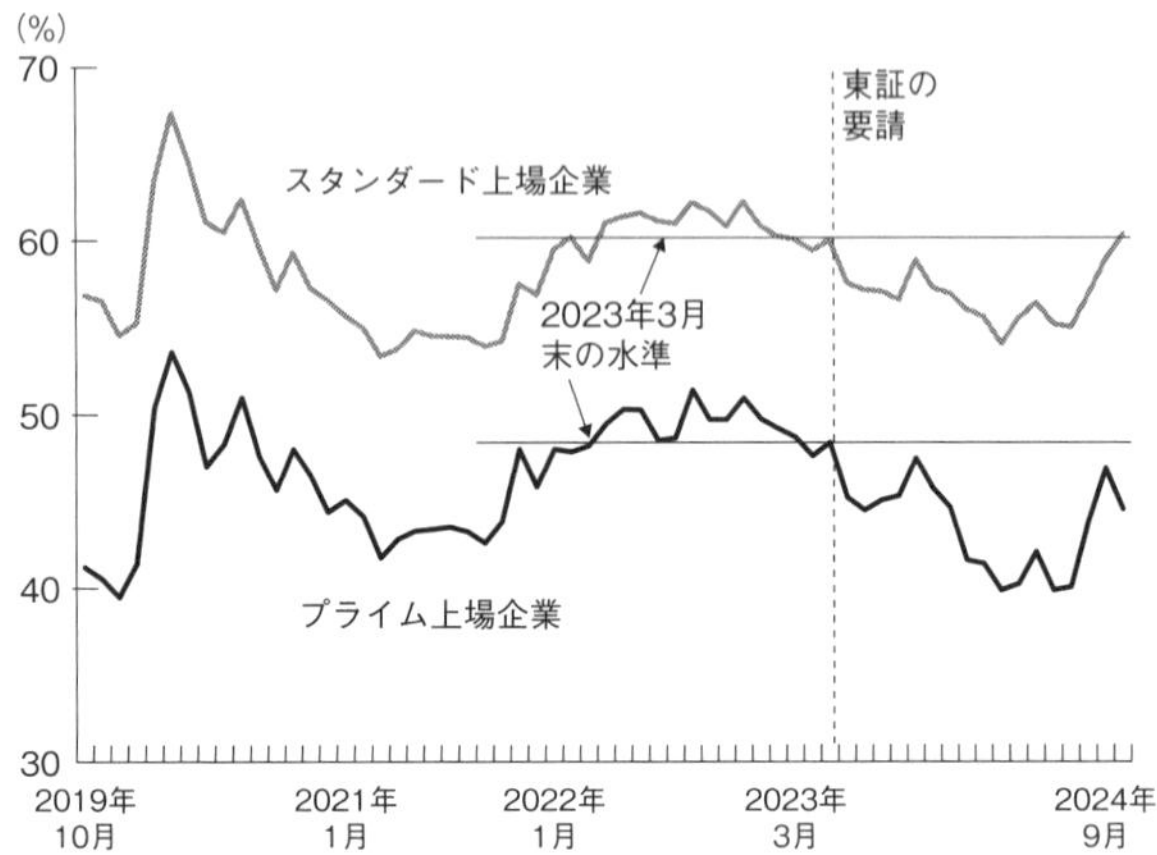

（注）過去のデータを2024年9月11日時点でプライム市場およびスタンダード市場に上場している銘柄を対象に集計
（出所）QUICKのデータをもとに筆者試算

企業がＲＯＥの向上を「公約」

図表４－１はプライム市場とスタンダード市場のそれぞれについて、ＰＢＲ１倍未満の企業の割合がどう推移してきたかを示している。グラフの左端は新型コロナウイルスの世界的流行が始まる前の２０１９年10月末の状況だ。ウイルス流行への懸念が募り、世界的に株式相場が急落した２０２０年３月末にはＰＢＲ１倍未満企業の割合が急速に高まった。その後も相場変動に応じて増減を繰り返したが、東証が資本コストを意識した経営の実現を要請をした２０２３年３月末時点では、

プライム市場では48・7％の企業が、スタンダード市場では60・1％の企業が1倍を下回っていた。

東証の要請を受けてＰＢＲ1倍未満の銘柄の割合は明らかに低下傾向に転じ、1年後の2024年3月末にプライム市場では39・9％の企業が1倍を下回るだけとなった。スタンダード市場でもこの比率が54・1％まで低下した。しかし、8月5日に株式相場が急落し、その影響が残る9月11日現在ではプライム上場企業の46・9％、スタンダード上場企業の58・9％が1倍未満となった。10月には一時、再び低下したが、いつまたスタート地点まで戻るかわからない。

一巡した低ＰＢＲ株人気

東証の要請のその後の株式市場での価格形成を振り返ると、図表4－2に示すように、2024年6月までは低ＰＢＲ銘柄に投資したほうが明らかに効率はよかった。2023年3月末にＰＢＲが0・5倍未満のプライム上場銘柄のすべてに同じ金額ずつ投資をした場合、100だった元本は、2024年6月末には161・8まで膨らんでいた。

ＰＢＲが3倍以上の企業に投資した場合には2024年3月末に108・6までしか膨ら

図表4-2　PBR水準別の累積株価収益率

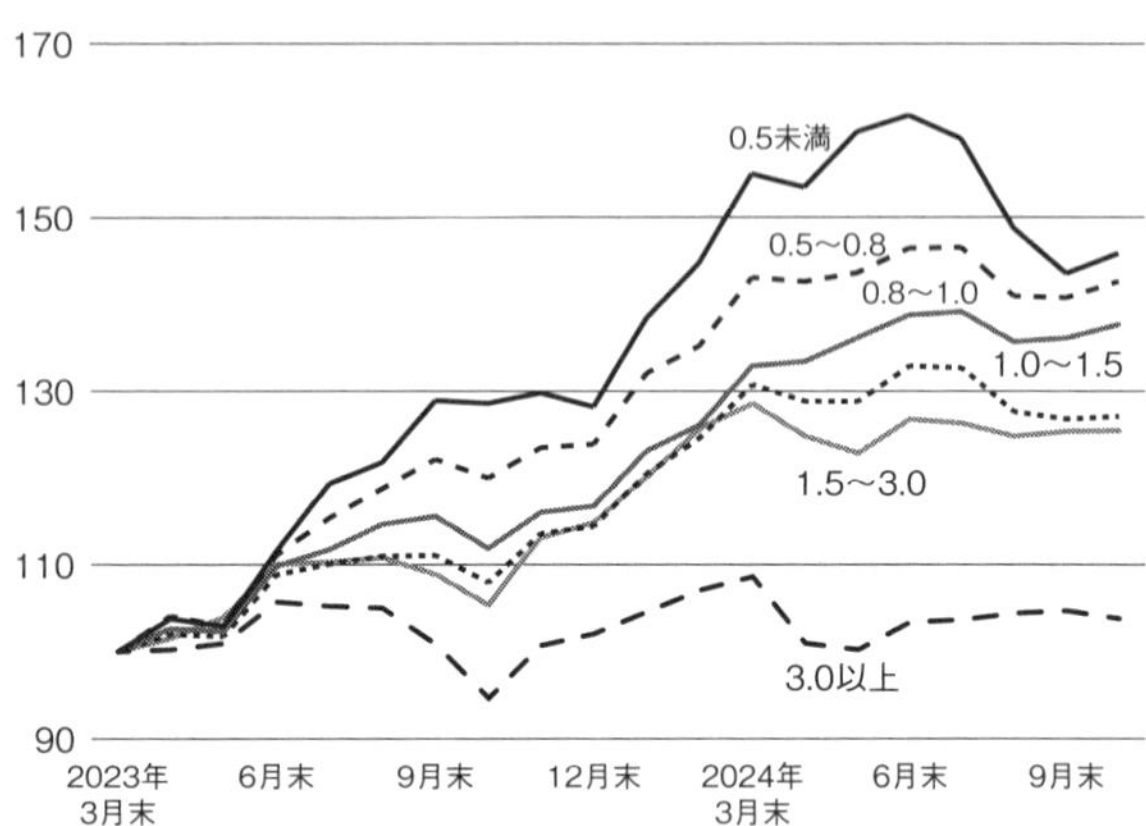

（注）2023年3月末に、それぞれのPBRの範囲に属する銘柄に等金額投資をし、保有し続けた場合の配当込み収益を、投資元本を100としてグラフ化。直近は2024年10月18日。投資対象はプライム上場1627銘柄
（出所）QUICKのデータをもとに筆者試算

まなかったから、投資家は「低ＰＢＲ企業の経営者が東証の要請を受け、何か対策を講じるだろう」と受け止めていたことがわかる。実際、企業のなかには資本効率を高めるために自社株買いに乗り出したり、新たな経営目標としてＲＯＥの向上を「公約」したりと、東証の要請に答えようとしたところも多かった。

７月以降の人気の離散ぶりをみると、それまでの低ＰＢＲ銘柄人気が、自然体の株価形成だったのかどうかは議論が分かれるところだ。何しろ当局が株価形成に口をはさんだ影響は大きく、アクティビスト（物いう株主）ら

が輪をかけて投資先企業に自社株買いや増配などの対策を講じるように求めたり、ＰＢＲ１倍未満の企業に対し、メディアが「上場失格」「ボロ株」などといい募ったりする状況を招いていたからだ。

ＰＢＲ向上要請の問題点

これまであまり資本効率やＰＢＲを意識して経営をしてこなかった上場企業が株主の視点を持って経営することは、もちろん前向きな話だ。しかし、１年半が経過した段階で改めて東証の要請を振り返ると、個々の企業の株価形成に当局が絡むのは、やはり問題があったように感じる。

第一にＰＢＲの水準はさまざまな要素が絡み合って決まるのに、当局が企業に要請したことでＰＢＲを引き上げるのは企業経営者の責任だという色彩が濃くなってしまった。三菱ＵＦＪアセットマネジメントやニッセイアセットマネジメントは、ＰＢＲが１倍未満などの企業に対し、株主総会で代表取締役の再任に反対する方針を打ち出した。

企業の経営者が優れているかどうかは、もっとさまざまな観点から判断すべきことであろう。プロの眼鏡にかなわない企業ならば、株式を売却すればいいだけだ。ＰＢＲだけで経営

図表4-3　S&P日本500指数（配当込み）の動き

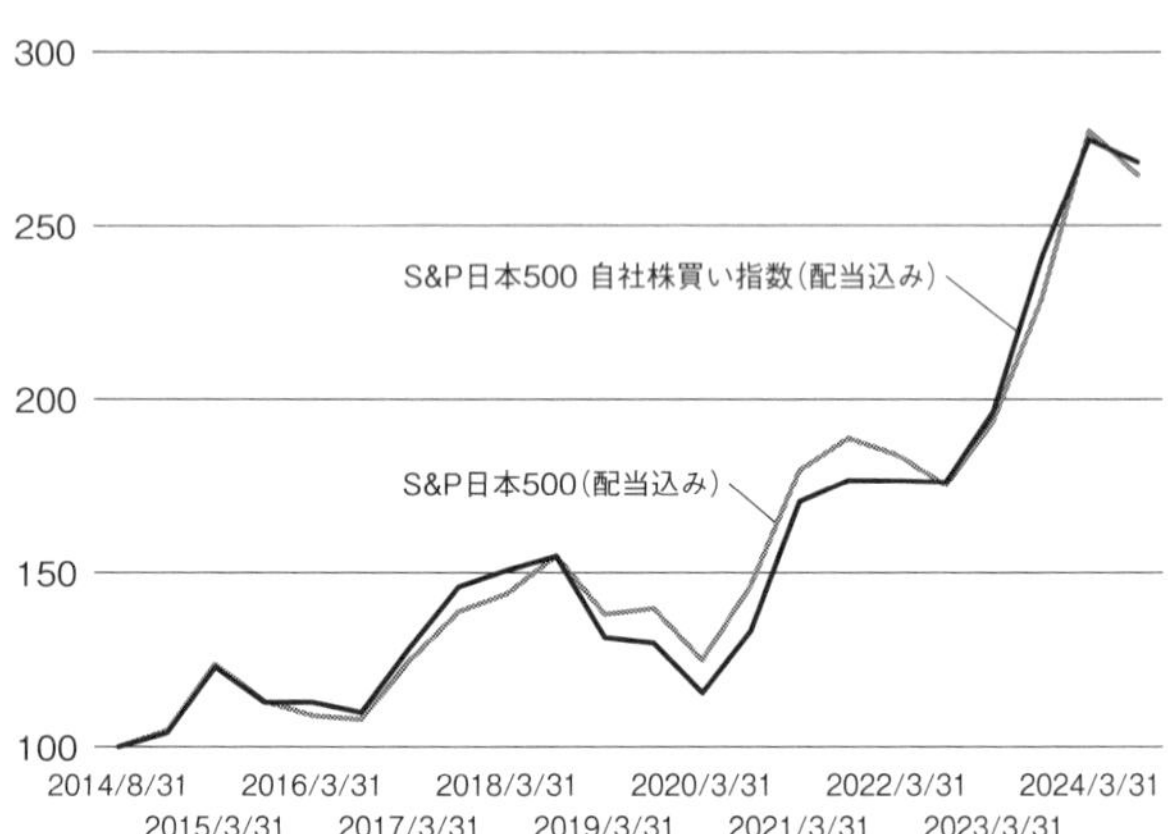

（注）2014年8月末を100として指数化
（出所）S&Pダウ・ジョーンズインディシーズ

能力の有無などが判定できるはずもないのに、東証は機関投資家の安直な判断にお墨付きを与えてしまった。

第二に企業が将来に向けての投資よりも、増配や自社株買いなどの目先の株主還元を重視する経営に走る恐れが大きくなった。東証の要請に応えて自社株買いに取り組む企業は増えたが、本来、自社株買いは株価に中立だから、自社株買いの発表時に一時的に株価を押し上げる効果があっても、持続するわけではない。

配当込みＳ＆Ｐ日本５００指数について、母集団全体の指数と、自社株買いに積極的な１００社を選んで作成した指数の過去10年間の推移を比べると、全体の指数は2014年8月末から2024年9月20日までの約10年間に2・65倍に、自社株買い指数は2・68倍になった（図表4－3）。自社株買い指数のほうが上昇率は大きかったといっても、ごくわずかだ。

東証がPBR向上要請を出した2023年3月31日以降の上昇率はともに36・6％で一致している。自社株買いをしようがしなかろうが同じ、つまり、自社株買いに株価押し上げ効果はないことが浮き彫りになっている。企業は自社株買いによって株価の位置を変えられるのだといった誤解が広がったのは、いいことではないだろう。

笛や太鼓ではやされて一時的に特定のテーマの銘柄群の株価が上昇することがあっても、しっかりした成長戦略の裏付けが伴っていなければ、相場が続かないということは、株式市場の歴史のなかで何度も繰り返されている。何かウルトラCのような株価対策があるわけでもないだろう。東証の要請の賞味期限は過ぎたとみていいかもしれない。

2 「上場やめます」MBOが急増

上場廃止が新規上場上回る

東証への上場を廃止する企業が相次いでいる。東証の集計では2024年に入って10月18日までにプライム、スタンダード、グロースの3市場で上場を廃止した（今後の廃止予定を含む）企業は85社と、新規に上場した（今後の上場予定を含む）73社を上回った。大半の企業の上場廃止理由はMBO（経営陣が参加する買収）や完全子会社化などの組織再編。東証も上場企業は「数よりも質だ」といい始めており、上場廃止はますます増えそうである。

10月下旬以降も上場廃止のペースが変わらないと仮定すると、年間の上場廃止企業数は初めて100社を超えそうだ。市場参加者をプロだけに絞っている東京プロマーケット（TPM）への新規上場が増えているため、プロマーケットを含む上場企業の数は図表4－4の通り、なお増加傾向をたどっている。プライム、スタンダード、グロースの3市場だけをみると、上場企業数は早晩、減少に転じる公算もある。

図表4-4　東証上場企業数の推移

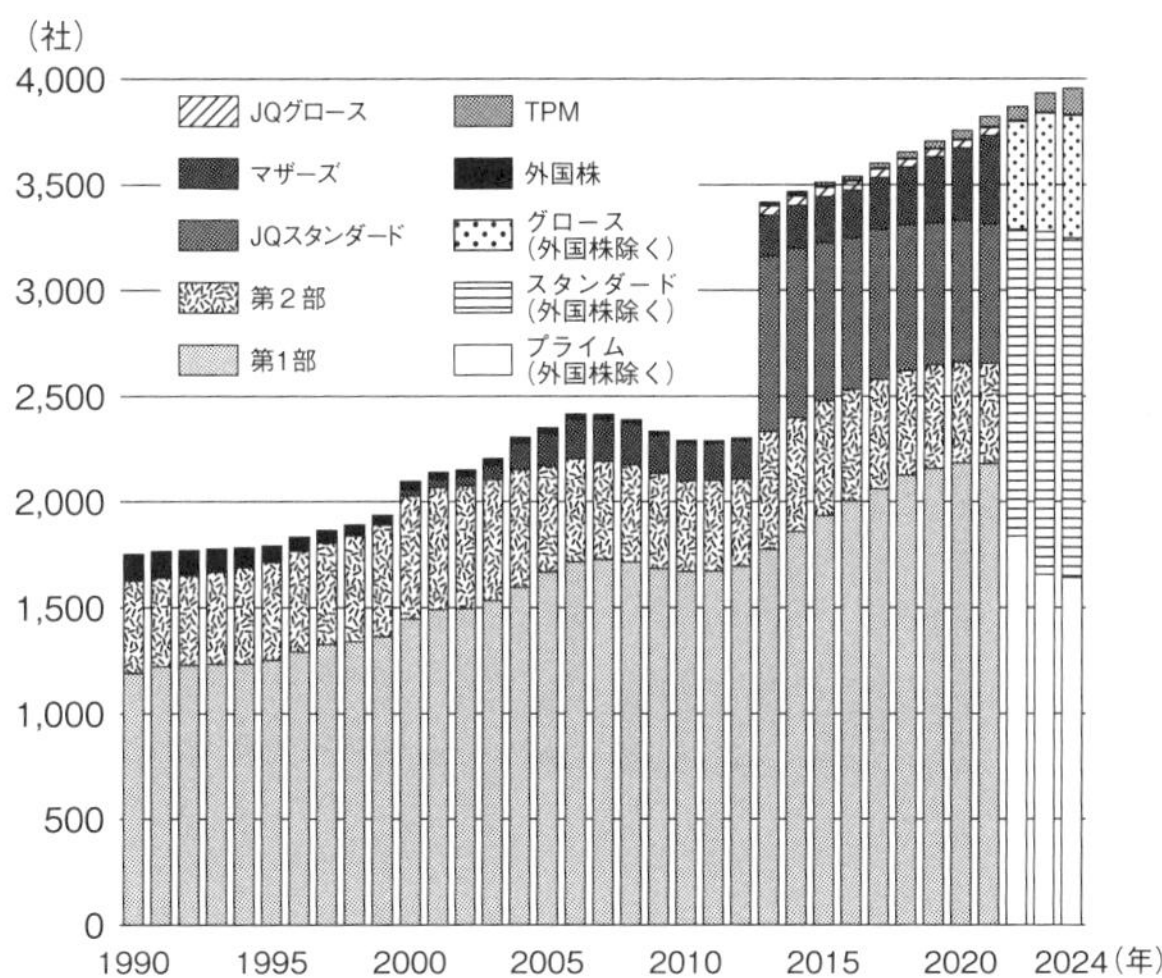

(注) 年末時点(2024年は10月18日現在)。2013年7月16日に大阪証券取引所上場銘柄を東証に統合、2022年4月4日に市場区分を変更
(出所) 東京証券取引所

新規上場企業数との比較でいうと、手元にデータがある2015年以降では、2023年まで常に新規上場企業数が上場廃止企業数を上回っていた。この10年間で上場廃止企業数が86社と最も多かった2021年でも、新規上場企業は144社を数え、全体の上場企業数は純増を続けていた(図表4－5)。

2024年はこの関係が逆転する可能性があるが、新規上場企業数も上場廃止企業数も月による変動が激しいため、最終的にどうなるかは何ともいえな

図表4-5　東証の新規上場と上場廃止企業数

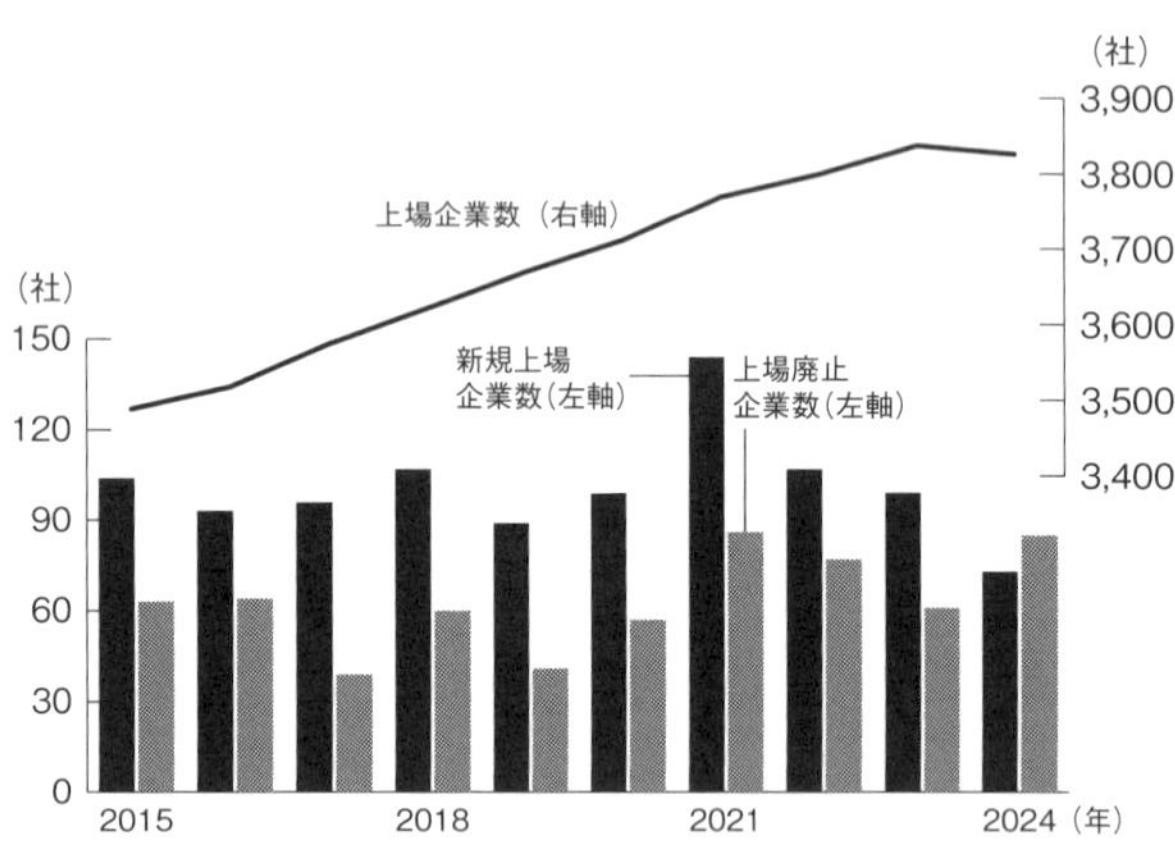

（注）2024年は10月18日公表分まで。外国株とプロマーケット上場企業を除く
（出所）東京証券取引所

い。また、図表4－4が示している通り、東証の上場廃止企業数が新規上場企業数を上回るのは今回が初めてでもない。

上場企業数は2008年のリーマン・ショック前後も減少に転じたことがある。年末だけの値だが、2006年末に2391社まで膨らんでいたのが、2011年末の2279社まで、5年間で112社も減少した。

当時もカルチュア・コンビニエンス・クラブ（CCC）をはじめ、MBOを実施して上場を廃止する企業が多かった。日立製作所が複数の上場子会社を完全子会社にするなど、グループ企業の経営効

図表4-6 経営破綻した上場企業の数

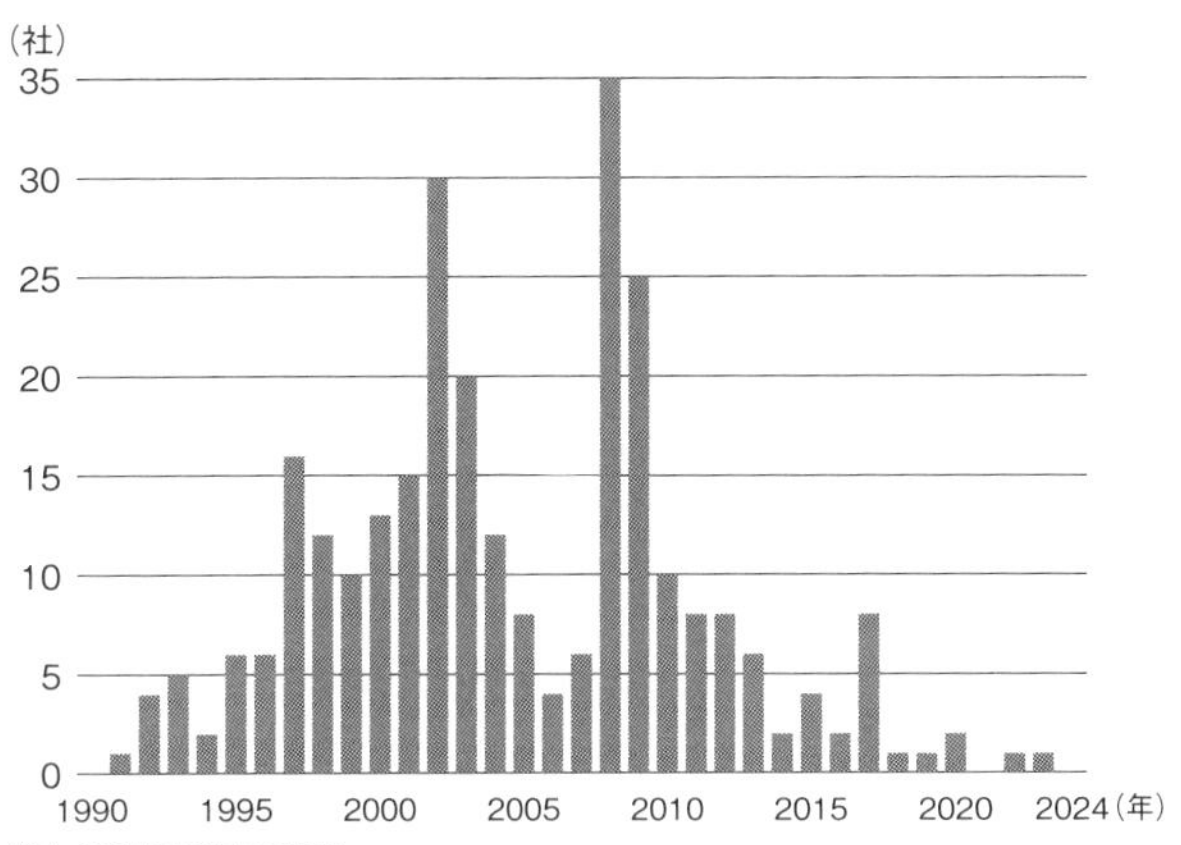

(注) 2024年10月18日現在
(出所) 帝国データバンク

率化のための上場廃止も目立った。加えてグラフのように、かなりの数の上場企業の経営が破綻した(図表4-6)。日本航空(JAL)が東京地裁に会社更生法の適用を申請したのは2010年1月19日のことだった。

「心情的に不快」だった過去

2024年は3市場の上場企業数が減少に転じる可能性があるが、同じ上場企業数の減少でも2007年から11年にかけてと、今回とでは関係者の受け止め方が大きく異なっている。

東証は当時、上場企業が増えることを取引所の経営戦略上も重視していた。それでもＭＢＯによる上場廃止が相次いでいたため、東証のトップが記者会見で苦言を呈したこともある。

「一言でいうと残念。これまでＭＢＯを実施した企業のほとんどが初値の値段よりも株価が低い。株主に高値で買ってもらい増資もしたり、リスクマネーを取っておきながら、株主がうるさいから上場廃止にするというのは心情的に非常に不快で、投資家を愚弄している。資本市場のシステムそのものを毀損する恐れがある」

これは２０１１年2月22日の東証の定例記者会見での斉藤惇社長（当時）の発言として、この日の日本経済新聞電子版が報じたものだ。斉藤社長はテレビ番組で「リスクマネーについて人にみられながら（株主に）リターンをあげる経営を前向きに捉えてほしい」と発言したこともある。

当時は実際、株主の利益を軽視したＭＢＯも多く、株主総会で経営陣が糾弾されることもあった。ところが今、東証は上場廃止を希望する企業を引き止めようなどとは動いていない。「上場企業の数が減っても構わない。向上させたいのは上場企業の質だ」。東証幹部は筆者に対し、明確に話していた。

２０２２年4月に実施した市場区分の変更も、２０２３年3月末に打ち出したＰＢＲの向

図表4-7 日本取引所グループの業績

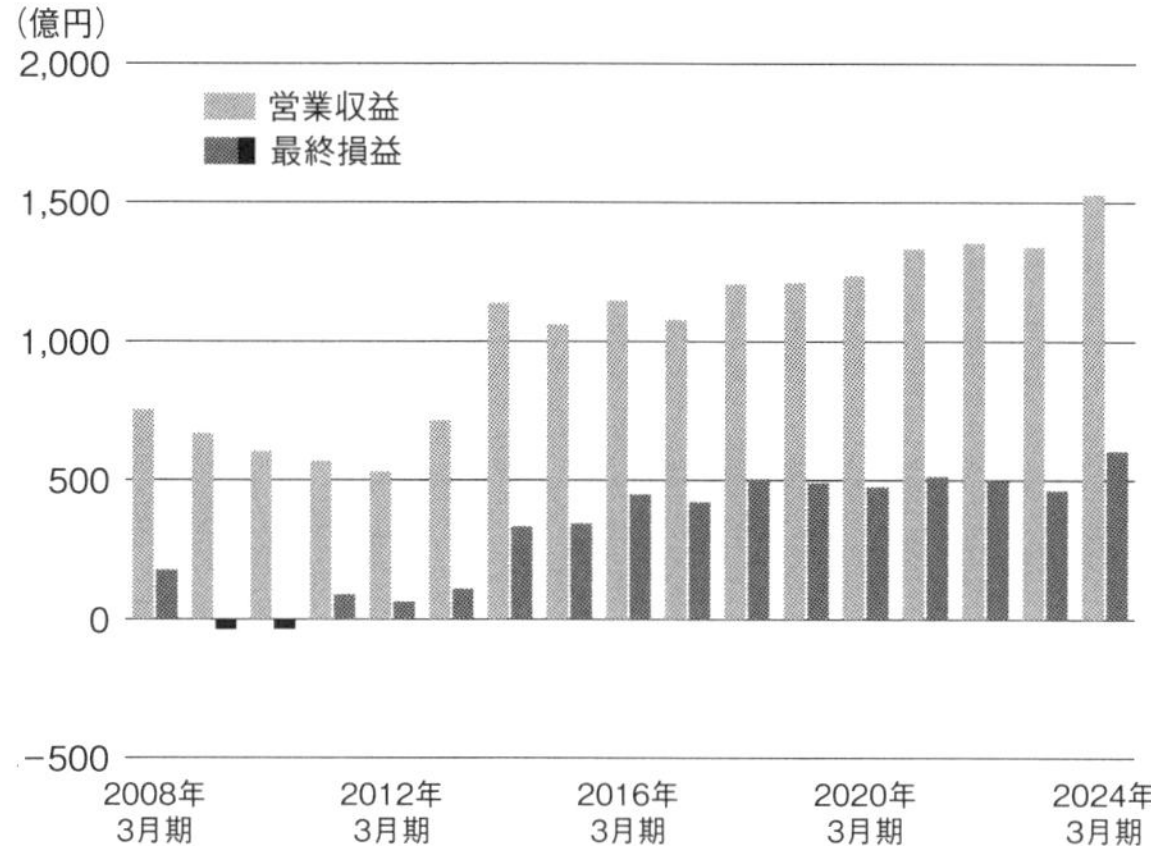

(注) 2012年3月期以前は東京証券取引所グループのデータ
(出所) 日本取引所グループホームページ

上要請も、上場企業の「質」を高め、国内外の投資家の売買を呼び込みたいという取引所ビジネスの思惑に端を発していると考えればわかりやすい。

行司役であるべき取引所がアクティビストよろしく、上場企業に「株価対策」を求めるのは違和感もあるが、取引所の株主の立場からみれば、売り上げや利益に結びつくのならば、お役所仕事から脱し、何でも試してもらいたいということではないだろうか。

実際、東証の持ち株会社である日本取引所グループの業績は、東証が上場企業の数を増やそうと懸命になっていた局面では低迷していたが、質重視に転換してからは着実に上向いている（図表4－7）。

２０２４年３月期の営業収益は１５２８億円で、10年前の２０１４年３月期の１・３倍になっている。最終利益は６０８億円で10年前の１・８倍だ。株価は２０２４年７月末までの10年間で３・０倍になった。上場企業の数と取引所の業績とはあまり関係がないことがわかる。

株式併合が着実に増加

企業はどんな理由で上場を廃止しているのだろうか。図表4－8は東証が公表している「上場廃止企業一覧」をもとに作成したものだ。東証の公表資料では組織再編に伴う上場廃止を「株式の併合」「株式等売渡請求による取得」などと書いてあるだけだから、それがMBOなのか、同意なき買収（敵対的買収）なのか、複数企業が絡む事業再編なのかなどは読み取れない。表はこうした情報をできるだけ補って作成した。

容易に気が付くのは、MBOやTOB成立、完全子会社化など組織再編に伴う上場廃止が大半であることだ。経営破綻に伴う上場廃止はスタンダード市場のプロルート丸光（会社更生手続き）の1社だけ、上場会社としての体制整備に問題があることを理由にしての上場廃

図表4-8 2024年の上場廃止企業とその理由

上場廃止日	銘柄名	コード	上場廃止理由（東証の分類）	具体的には
2024/1/4	ケーヨー	8168	株式等売渡請求による取得	完全子会社化
2024/2/7	システム情報	3677	株式の併合	MBO
2024/3/25	ジャパンベストレスキューシステム	2453	株式の併合	MBO
2024/3/28	シミックHD	2309	株式の併合	MBO
2024/3/28	菱洋エレクトロ	8068	リョーサン菱洋HDの完全子会社化	持ち株会社傘下で統合
2024/3/28	リョーサン	8140	リョーサン菱洋HDの完全子会社化	持ち株会社傘下で統合
2024/4/2	東京楽天地	8842	株式の併合	完全子会社化
2024/4/25	T&K　TOKA	4636	株式等売渡請求による取得	ベインキャピタルによるTOB成立
2024/5/17	ベネッセHD	9783	株式の併合	MBO
2024/5/20	ベネフィット・ワン	2412	株式の併合	第一生命HDが買収
2024/5/30	グローセル	9995	株式の併合	マクニカが買収
2024/5/30	サムティ	3244	サムティHDの完全子会社化	持ち株会社設立
2024/6/6	アウトソーシング	2427	株式の併合	MBO
2024/6/11	ウェルビー	6556	株式の併合	MBO
2024/6/25	JSR	4185	株式の併合	産業革新投資機構が買収
2024/7/9	スノーピーク	7816	株式の併合	MBO
2024/7/24	ローソン	2651	株式の併合	KDDIによるTOB成立
2024/9/3	ローランド ディー.ジー.	6789	株式の併合	MBO
2024/9/6	SBテクノロジー	4726	株式の併合	完全子会社化
2024/9/11	ジャステック	9717	株式の併合	NTTデータが買収
2024/9/27	永谷園HD	2899	株式の併合	MBO
2024/9/27	飛島建設	1805	飛島HDの完全子会社化	持ち株会社設立
2024/10/9	C&FロジHD	9099	株式の併合	SGHDが買収
2024/10/16	インフォコム	4348	株式の併合	ブラックストーンが買収
2024/10/29	タキロンシーアイ	4215	株式等売渡請求による取得	伊藤忠商事が買収

(注) プライム市場上場企業の上場廃止のみ掲載。「具体的には」は筆者の推定。2024年10月4日現在
(出所) 東京証券取引所「上場廃止銘柄一覧」

止はスタンダード市場のアルデプロ（内部管理体制の改善の見込みがなくなった）の1社だけとなっている。

その他のケースを簡単に整理すると、既存の株主が保有する株式を親会社などの株式に交換するケースと、既存の株主はスクイーズアウト（株式の強制買い取り）されて代金が渡されるケースとに分かれている。後者は上場廃止の理由が「株式等売渡請求による取得」、あるいは「株式の併合」になる。

ＭＢＯにしても何にしても少数株主が持つ株式を買い上げるためにＴＯＢが実施され、その結果、発行済み株式の90％以上を集められれば、残りの株主が保有する株式は強制的に買い取ることができる。90％未満の取得にとどまれば、株主総会を開いて株式併合を決議し、少数株主が持つ株主は全部、端株にしてしまって、端株相当分の現金を渡すことになる。

過去10年間の上場廃止理由を整理すると、図表４－９のようになる。完全子会社化に伴う上場廃止は10年前から毎年、一定数がある。子会社上場を廃止するニーズが高いことを示している。次いで多いのは株式の併合だ。ＭＢＯにしても一般的な他社の買収にしても、1回のＴＯＢで90％以上の株式を集めるのは難しいため、この手法が頼りにされている。

すでにグループ会社になっていて一定の株式を保有する企業を買収する場合には、他の大

図表4-9　東証上場企業の上場廃止の理由

	2015年	2016年	2017年	2018年	2019年	2020年	2021年	2022年	2023年	2024年	総計
完全子会社化	30	31	14	34	13	10	44	25	11	19	231
株式の併合	3	5	9	8	13	20	25	26	28	44	181
株式等売渡請求による取得	7	19	9	16	12	22	11	24	17	19	156
合併	1	3	3		1	2	3		2	1	16
株式の全部取得	14										14
投資家保護	8	6	4	2	2	3	3	2	3	2	35
総計	63	64	39	60	41	57	86	77	61	85	638

（注）数字は該当企業数。2024年は10月11日公表分まで。外国株とプロマーケット上場株は除く。投資家保護は経営破綻、内部管理体制の不備、有価証券報告書の提出遅延、債務超過など10月18日公表分まで
（出所）東京証券取引所

株主からの売却の約束を取り付けられれば、１回のＴＯＢで90％以上の株式を買い集められる可能性が高まる。この場合は株主総会を開催することなく、残りの株主に株式の売り渡しを求めることができる。

　買収される側の企業の少数株主にとっては、親会社の株式に交換されるにしても、現金が支払われるにしても、満足できる水準のものが得られるかどうかが気になるところだ。株式の併合による上場廃止が増えているのは、組織再編の過程でＴＯＢを実施することによって、少数株主に応募するかどうかの選択肢を与えられるからではないだろうか。より透明な手法だとの印象を持たせやすい。

3　薄れる株式上場のメリット

上場維持のコスト増を嫌う

上場廃止に至る手法はともかくとして、なぜ上場を廃止する企業が増えているのかということ、上場廃止に動いている企業が公表している資料を読むと、コーポレート・ガバナンス（企業統治）の拡充が要請され、情報開示の義務が増えたり、社外役員を増員しなければならなくなったりと、経済的な負担が増えていることが共通項になっている。

こうした作業に優秀な人材を割かなければならないという人的なコストの増加を抑えたいという理由を掲げる企業もある。ＳＮＳが発達し、転職が普通になるという社会環境の変化も、知名度向上や人材採用のために上場しておかなければならないという考え方を時代遅れにしている。

加えて、スタンダード市場やグロース市場に上場している企業のなかには、それぞれの市場の上場維持基準を満たしていないのに、市場区分見直し前に東証第2部やマザーズに上場していた経緯から、暫定上場している企業もある。この経過措置は2025年2月末に切れるので、その後、基準が満たせないと、上場廃止のリスクも出てくる。

こうした事態を未然に回避して、少数株主に株式の売却機会を失うといった迷惑が及ばないようにするために、MBOなどで上場を廃止する企業もある。今のところ、東証は救済措置を打ち出していない。今後、上場を廃止する企業が増える方向なのは確かだろう。

企業の開示文書を読み解く

MBOを実施する企業が増えている。当然ではあるが、ほぼ全社が少数株主に対し、MBOを目的にしたTOBへの応募を推奨している。なぜMBOに踏み切るのかの理由は各社が公表資料で説明しているが、最近の傾向は興味深い。

MBOの実施を決めた企業は、経営陣が投資ファンドなどと組んでTOBに踏み切った後に、株式の非公開化へのプロセスが滞りなく進むように、「MBOの実施及び応募の推奨に関するお知らせ」と題する文書をホームページなどで開示している。

この文書には「なぜMBOを実施するのか」「株式の買い取り価格をどんな経緯を経て決めたか」「上場廃止への段取り」などが書かれている。

ＴＯＢによって買い手側が90％以上の株式を集められれば、株主総会を省略して少数株主の保有株を取得できる。そこまで集まらなかった場合は株主総会を開催して株式併合の特別決議をし、旧来の株式を全部、端株にしたうえで現金を交付し、株主の地位を奪うのである。

公表文書にほぼ確実に書いてあるＭＢＯの実施・賛同理由は、経営環境の変化に対応するために大幅な事業変革を迫られているが、一時的に赤字に転落することも予想され、上場を継続したままだと株主に迷惑が及びかねないという趣旨のことだ。書き振りは企業によって異なるが、上場したままでは将来をにらんだ事業変革ができないという主張は共通している。

このほか、ＴＯＢの買い付け価格決定に至るプロセスなども詳細に書いてある。企業としては少数株主の利益に十分配慮したという点をにじませている。この点は少数株主のなかにアクティビスト（物いう株主）がいると、価格の妥当性をめぐる訴訟になりやすいので、特に念入りに書くのが普通だ。

図表４－10はこのほかに何が書いてあるかを簡単にまとめたものだ。対象はＭＢＯによって２０２３年10月から２０２４年年9月までに上場廃止になった企業のうち、東証プライム市場に上場していた企業だ（ＴＯＢの実施が遅れているアイロムグループと、スタンダード上場の大正製薬ホールディングスも掲載）。長い原文を要約しているので、趣旨は同じでも、

図表4-10　MBOに踏み切った主な企業の実施賛同理由

企業名	コード	市場区分	記載内容（要約）	上場廃止日
アイロムグループ	2372	プライム	優れた人材の確保や取引先の拡大は事業活動を通じて獲得される部分もある。 上場維持費用や金融商品取引法上の開示及び監査対応に係るリソース及び費用、ＩＲ関連費用等株主対応に関する経営資源を他の経営課題の解決に振り分けることが可能になる。	
永谷園ホールディングス	2899	プライム	50年近く上場し、高い知名度と信用を有している。今後数年間はエクイティファイナンスの活用による大規模な資金調達の必要性は見込まれない。	2024/9/27
スノーピーク	7816	プライム	優れた人財の確保や取引先の拡大は事業活動を通じて獲得される部分もある。 上場維持費用、金融商品取引法上の開示及び監査対応に係るリソース及び費用、ＩＲ関連費用等株主対応に関する経営資源を他の経営課題の解決に振り分けることが可能になる。	2024/7/9
ウェルビー	6556	プライム	2017年10月の上場以来、人材の確保、社会的な信用力の向上等メリットを享受してきたが、市場からの資金調達の必要性は当面見込まれない。上場維持の必要性やメリットは低下している。	2024/6/11
アウトソーシング	2427	プライム	後任の会計監査人を選任できず、会計監査人の四半期レビュー報告書を取得できない場合には上場廃止基準に該当し、上場を維持できなくなるおそれがあることを踏まえると、株主に株式の売却の機会を付与することは株主の利益に資する。	2024/6/6
ベネッセホールディングス	9783	プライム	(上場したままでの事業変革は困難)	2024/5/17
大正製薬ホールディングス	4581	スタンダード	1963年９月の上場以来、上場メリットを享受してきたが、当面は市場からの大規模な資金調達の 必要性が小さい。社会的な信用やブランド力は維持可能で、上場を継続する必要性に乏しい。 上場維持に必要な費用（継続的な情報開示に要する費用、株主総会の運営や株主名簿管理人への事務委託に要する費用等）が増加しており、今後、経営上の更なる負担となる可能性がある。	2024/4/9
シミックホールディングス	2309	プライム	知名度や社会的な信用も事業活動を通じて獲得される部分が大きくなっていることから、非公開化によるデメリットは限定的。	2024/3/28

図表4-10　MBOに踏み切った主な企業の実施賛同理由（続き）

企業名	コード	市場区分	記載内容（要約）	上場廃止日
ジャパンベストレスキューシステム	2453	プライム	社会的な信用力及び知名度の向上による人材の確保及び取引先の拡大等は当社がこれまで培ってきたブランド力や知名度を背景に事業活動を通じて獲得される部分も大きい。	2024/3/25
システム情報	3677	プライム	ブランド力や社会的な信用は事業活動を通じて獲得・維持されている部分が大きい。ベインキャピタルの支援により更なる人材採用の促進が期待できる。	2024/2/7
			社外役員の招致や内部統制体制の充実・強化のための管理人員の増員等に伴うコストをはじめ、上場を維持するために必要なコストが増加している。	
ピーシーデポコーポレーション	7618	プライム	1999年10月の株式上場以来、知名度の向上による優れた人材の確保、社会的な信用の向上等、上場会社として様々なメリットを享受してきた。エクイティファイナンスの活用による資金調達の必要性は当面見込まれていない。ブランド力や取引先への信用力は既に確保できていることから、上場維持の必要性やメリットは相対的に低下している。	2023/10/27
			上場維持に必要な人的・経済的コストは近年増加しており、今後も経営上の更なる負担となる可能性も否定できない。	

（注）東証プライム市場に上場していた企業を中心に掲載
（出所）各社公表資料

必ずしも原文通りの表現ではない点にも注意してほしい。

人材採用の場面が変化

ＭＢＯを実施・賛同する企業の多くが主張しているのは、上場し続ける意義が薄れていたという点だ。株式を上場するメリットは一般に①知名度や社会的な信用度が向上し、優秀な人材を採用しやすくなる②エクイティファイナンスなどで市場から多額の資金を調達できる、といった点だ。

実際、株式の上場や店頭公開をしてからの歴史が長い企業は「上場メリットは十分に享受してきた」などと記載している。しかし、今でもそのメリットがあるのかという点ではすでに一定の社会的信用は得ている、人材の採用は事業活動を通じてといった主張をしているところが多い。

これは知名度の向上や人材獲得の前提が変わったからだという面もありそうだ。従来は株式を上場してマスコミなどで事業展開や業績を報道してもらうことが知名度向上の有力な手段だったが、情報通信技術が発達した現在はSNSをはじめ、PRの手段は多様にある。

人材の採用面でも従来は新卒一括採用が主流だったから、新卒採用市場の舞台に上がるためには上場が不可欠だった。転職が一般化した現在では、新卒採用市場で能力が未知数の若手を採用するよりも、事業活動を通じて知り得た人材を採用するほうが効率的だと思っているのだろう。

人的・経済的な負担の高まり

もう一つMBOを実施・賛同した各社が訴えているのは、上場をし続けることに伴う負担の高まりだ。図表4－10には掲載されていないが、スタンダード上場の不二硝子は開示文書で「上場を維持するために必要な人的・経済的コスト（有価証券報告書等の継続的な情報開示に要する人的負担、株主総会の運営や株主名簿管理人への事務委託に要する金銭的負担、内部統制関連コスト等）は近年増加しており、今後もこれらのコストが当社の経営上の更なる負担となる可能性も否定できない」と述べている。

対外公表文書の内容は取締役会に諮ることが多いため、社外取締役らの報酬が負担だとの主張はあまりみなれないが、なかには「社外役員の招致や内部統制体制の充実・強化のための管理人員の増員等に伴うコストをはじめ、上場を維持するために必要なコストが増加しており、当社の負担になりつつあります。」（システム情報）と述べている例もある。

図表4－11は2023年度末の個人単元株主数が30万人以上の31社について、2008年度、2013年度、2018年度、2023年度の有価証券報告書のページ数がどう変化してきたかをグラフ化したものだ。

2008年度はオリックスの有価証券報告書が331ページもあったため、グラフの上端が高いところにあるが、当時上場していた25社のページ数の平均値は178ページとなっている。平均値だけをみると、その後、2013年度は174ページ、2018年度は180ページとおおむね横ばいで推移してきたが、2023年度は228ページにはねあがってい

図表4-11 有価証券報告書のページ数

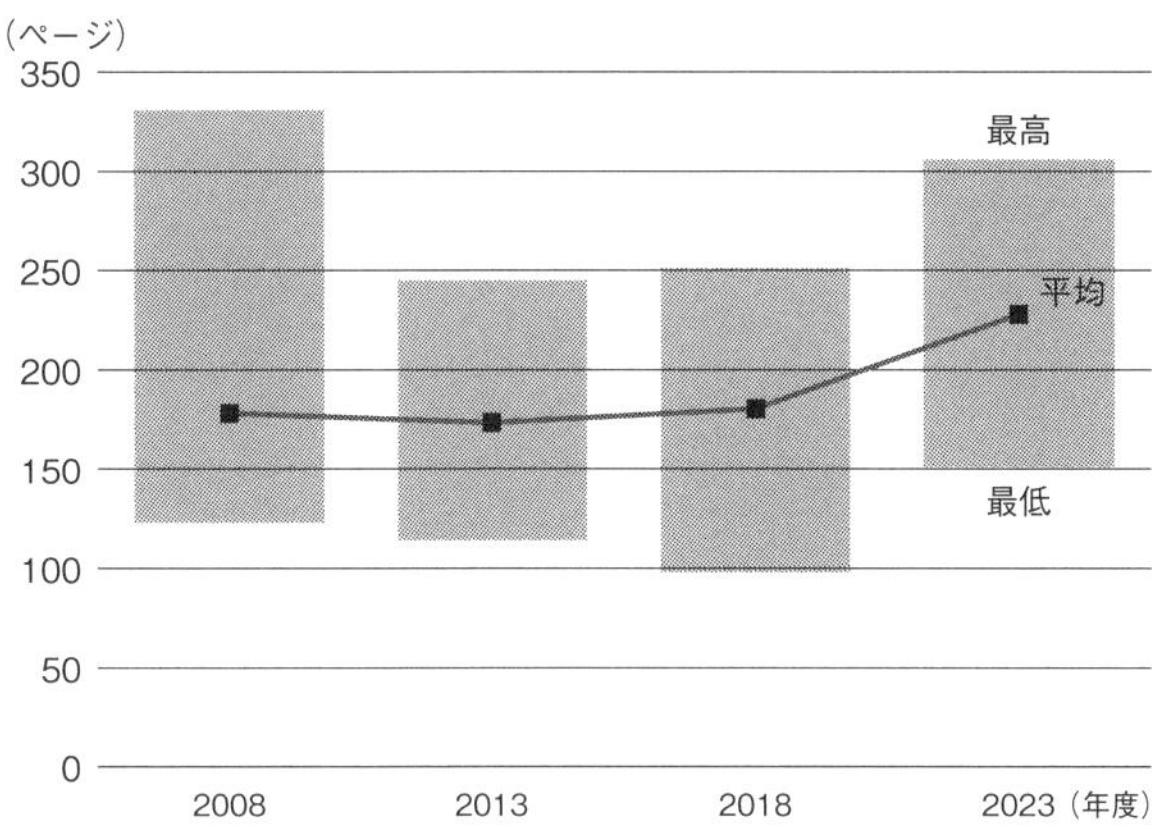

(注) 調査対象は2023年度末の個人単元株主数が30万人以上の31社
(出所) 各社「有価証券報告書」をもとに筆者作成

る。

ESG(環境・社会・企業統治)関連の情報開示や、人的資本に関する情報開示が新たに求められるようになった影響が大きいと思われる。個人株主が30万人以上いる大企業ならば、こうした負担増は吸収できるのかもしれないが、中堅上場企業の場合は上場し続けるメリットとの天秤にかけた場合、限界を超えているということのようだ。

上場廃止リスクに備える例も

こうした理由が語られることはある程度、予想できたことではあるが、このほかに東証の市場区分の変更に伴って、上場が廃止される可能性が出てきたため、株主への迷惑をかけないように、今のうちにMBOを実施して、保有株を買い取りたいという企業も出てきている。

前掲の図表4－10は主としてプライム上場企業のケースをまとめているので、該当企業は入っていないが、スタンダード上場でMBOを実施した日本ハウズイング、日住サービス、ロックペイントの3社がこの点を理由として挙げている。

微妙に表現は異なるが、各社の開示文書には、「スタンダード市場の流通株式時価総額10億円以上の上場維持基準への抵触で将来、上場維持が困難となるおそれがあるため、少数株主に株式の売却機会を提供することが望ましい選択肢となる可能性がある」といった趣旨のことが書いてある。

東証は市場区分変更に合わせて、それぞれの市場の上場維持基準を設定したが、現在はこの基準を満たしていない企業も経過措置の下で暫定上場している。東証によると、2024年10月15日現在、プライム上場では67社、スタンダード上場では151社、グロース上場では51社が暫定上場中だ。

しかし、この経過措置の適用期限は2025年2月末に迫っている。つまり、2025年3月以降のそれぞれの企業の決算期末に、本来の上場維持基準を満たしていないと、1年間の改善期間に入り、翌年の決算期末にも満たせなかった場合は、上場廃止プロセスに入っていくことになる。

プライム市場への暫定上場企業は、上場維持基準がより緩いスタンダード市場への上場審査を受けて、スタンダード上場に切り替える選択肢もある。しかし、スタンダード市場やグロース市場への暫定上場企業は今のところ、本来の上場維持基準を満たさない限り、上場廃止への道をたどるほかない。

こうした事態を回避するためのM&Aは今後、増えると思われるが、そのなかでMBOも大きな選択肢になっているようだ。MBOによる上場廃止企業は2025年にかけてますます増えるのではないだろうか。

4　人気のミニ株投資と1株ずつの売買

かつての端株は「単元未満株」

取引所での売買単位（現在100株）に満たない株式はかつて「端株」と呼ばれ、売買に苦労した。オンライン証券が1株からの売買サービスを強化している最近は、単元未満株だけを保有する株主が急増し、2023年度には1175万人と5年前の2・4倍になった。東証も2024年10月2日に「少額投資の在り方に関する勉強会」を設置し、1株単位の売買の検討に乗り出した。ただ、反対もあり、実現は不透明だ。

2018年10月1日に売買単位を100株に統一する以前は、1株、100株、1000株など8種類も売買単位があり、配当などの権利落ちが絡むと受渡日が1日余分にかかることと並んで、株式投資のわかりにくさの象徴でもあった。現在、受け渡しは売買成立から3営業日目に統一されている。

米国には単元株制度などはない。1株の株主から株主総会での議決権を持っていて、1株単位で株式が売買できる。日本では会社法に単元株に関する規定があり、それぞれの企業が定款で定めることになっているが、取引所が規則で単元株は100株と決めているため、各社が従っている。100株ごとに議決権1個が与えられる仕組みである。これが取引所での売買単位になっていて、議決権がある株式だけが売買されている。

では「端株」とは何か。99株以下の株式を端株と呼ぶ人もいるが、正式な呼称ではない。1株から99株までは単元未満株と呼ぶ決まりだ。端株とは1株に満たない株式のことで、2

005年の商法（会社法）改正によって廃止された。端株は原則、他の端株と合わせて競売に付され、現金化されるが、普通は発行会社に現金で買い取ってもらう。

上場企業が非公開化するときに既存株主をスクイーズアウト（強制買い取り）する手段として端株を利用することもある。例えば「1億株を1株に併合」などと決議してすべての少数株主の保有株を1株未満の端株にしてしまい、最終的に端株の価値に見合う現金を渡して、株主としてはお引き取り願うといった使い方をするのである。

総株主の13・4%が単元未満株のみ

単元未満株主の話に戻ると、図表4－12に示すように人数は急増している。東証が8月14日に公表した2023年度の株式分布状況調査の資料編によると、2023年度の総株主数は延べ8784万6652人だった。このうち、単元未満株だけを保有しているのは11・9%増の1175万4451人となった。保有株数が1株以上99株以下の株主が2023年度には総株主の13・4%もいるのである。

なぜこんなに増えたのか。昔は単元未満株がもっぱら株式分割で発生していた。それも1対2、1対3といった整数倍の株式分割ではなく、1対1・1、1対1・05といった小数点

図表4-12　単元未満株だけを持つ株主数

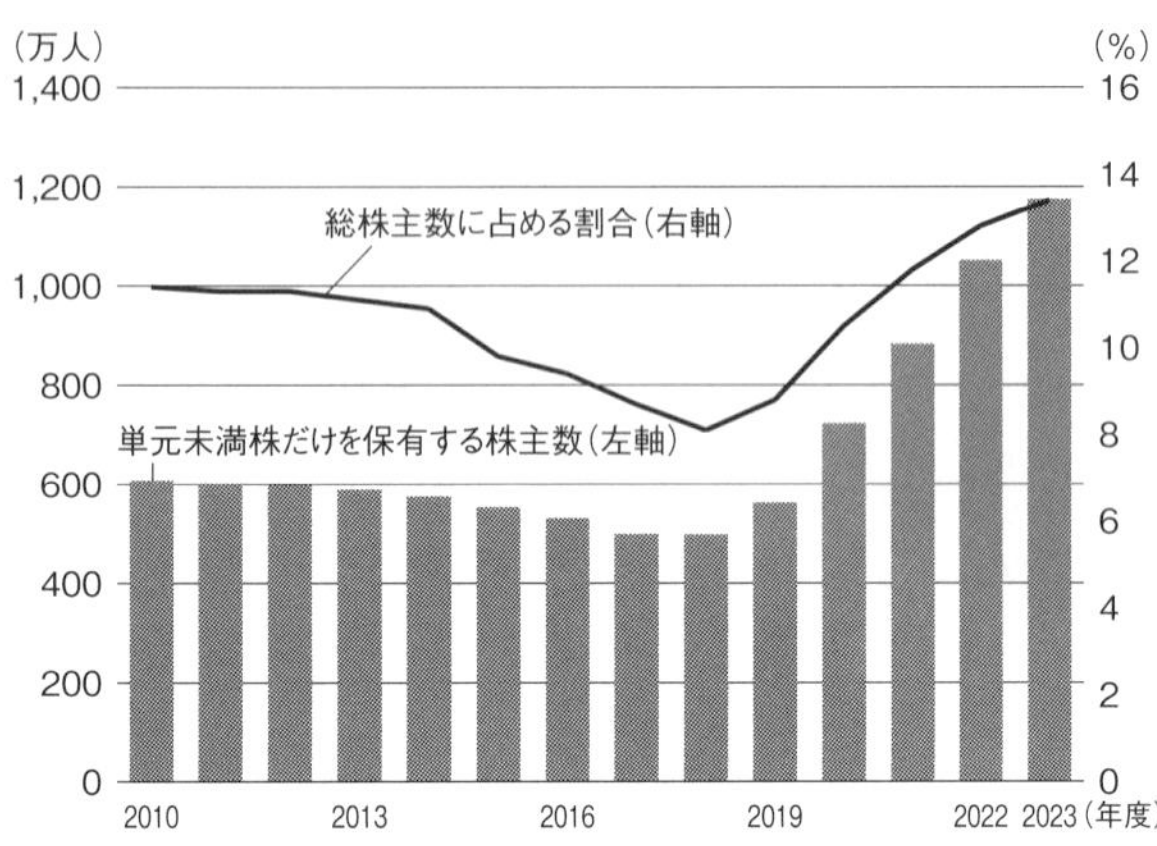

（注）年度末。株主数は延べ数（例えば1人が2銘柄持てば2人と数える）
（出所）東京証券取引所「株式分布状況調査」

の付いた株式分割が発生源だった。

というか、昔は投資家の払い込みを伴わないで新株を発行する方法に、「無償交付」（資本準備金を資本金に組み入れ）、「株式配当」（利益剰余金を資本金に組み入れ）、「株式分割」（資本金を変えずに発行済み株式を細分化）の3種類があったが、1991年の商法改正でこれらをすべて「株式分割」と呼ぶことになった経緯がある。

昨今、こんな中途半端な株式分割をする企業はほとんどないが、かつてはこうした「無償交付」が増配代わりに積極的に実施されたのだ。2001年の商法改正で株式の額面制度が廃止されるまでは、50円額面に対し1割（年5円）の配当をしていれば、上場企業として一人前と言われていた。

増配をすると、業績悪化時に減配をしなければならず、イメージが悪くなる恐れがあるため、多くの企業は好業績時に株主に保有株の5％、あるいは10％程度の新株を無償で交付し、配当率だけは1割を維持するという手法をとっていたのである。

だから、こうした株主は最初に買った単元株のほかに、単元未満株を持つことになる。その後、市場で売りやすい単元株だけを売却してしまえば、単元未満株だけを持つ株主になる。上場から歴史の長い企業が単元未満株主や単元未満株式を大量に抱えているのは、こんな経緯がある。

オンライン証券の台頭と株式併合

最近の単元未満株主の増加はもっと別の要因だ。1つはオンライン証券による単元未満株式の売買サービスの強化だ。S株（SBI証券）、かぶミニ（楽天証券）、ワン株（マネックス証券）、プチ株（auカブコム証券）、ひな株（大和コネクト証券）などそれぞれの証券会社が独自の名称でサービスを提供している。

単元未満株は取引所に注文を取り次げるわけではないから、取引の時間も前場寄り付き、後場寄り付き、大引けなどに限られ、一般に日中の株価変動とは無関係だ。手数料率ももともとは取引所で売買する単元株に比べて高かった。

ところが、2023年4月に楽天証券がリアルタイムでの単元未満株サービスを導入し、日中の株価の動きをみながらの売買を可能にした。さらに2023年10月にはSBI証券と楽天証券が単元未満株の売買手数料無料化（楽天証券のリアルタイム取引は売り買いともに0・22%のスプレッドを上乗せ）に踏み切り、さらなる売買を呼び込んだ。

楽天証券の公表資料によると、単元未満株取引をする顧客の年齢は20歳代以下が20・1%、30歳代が29・1%、40歳代が25・3%と、全体の74・5%を40歳代以下が占めている（2024年6月の実績）。

楽天証券で取引される銘柄のベストスリーはディスコ、レーザーテック、東京エレクトロンの値がさ株だ（10月14〜18日の実績）。この3銘柄は東証プライム上場企業1641社を株価の高い順に並べると、第5位、第9位、第8位に顔を出している（2024年10月18日現在）。普通に単元株（100株）を買おうとすると、200万〜400万円が必要なので、投資家が単元未満株に走っているのである。

もう一つの大きな単元未満株の発生理由は上場企業による株式併合だ。図表4－13は2023年度の単元未満株式数（株主数ではない点に注意）が多い15社の状況を、5年前の2018年度と比較して描いている。前段で説明したように、かつて無償交付を繰り返してきたような、上場からの歴史が長い企業が並んでいる。

グラフからもう一つ気が付くのは、みずほフィナンシャルグループと双日の単元未満株式数が大きく伸びていることだ。みずほＦＧは2020年10月1日に10株を1株にする株式併合を、双日は2021年10月1日に5株を1株にする株式併合を実施した。このときに単元株主だった小口株主の多くは、単元未満株主に「格下げ」されたのだ。

株式併合は株主総会の特別決議（出席株主の3分の2以上の賛成）によって実行する。小口株主の議決権を寄せ集めても知れているから、小口株主は単元未満株主に「格下げ」されて議決権を失うのに、「格下げ」とは無関係の大株主の意向だけで、権利をはく奪されてしまったようなものだ。

東証の検討はどこまで本気か

資金力に限りがある若年層の投資家が増えていて、実際に単元未満株だけを持つ株主も急

図表4-13　単元未満株の発行が多い企業

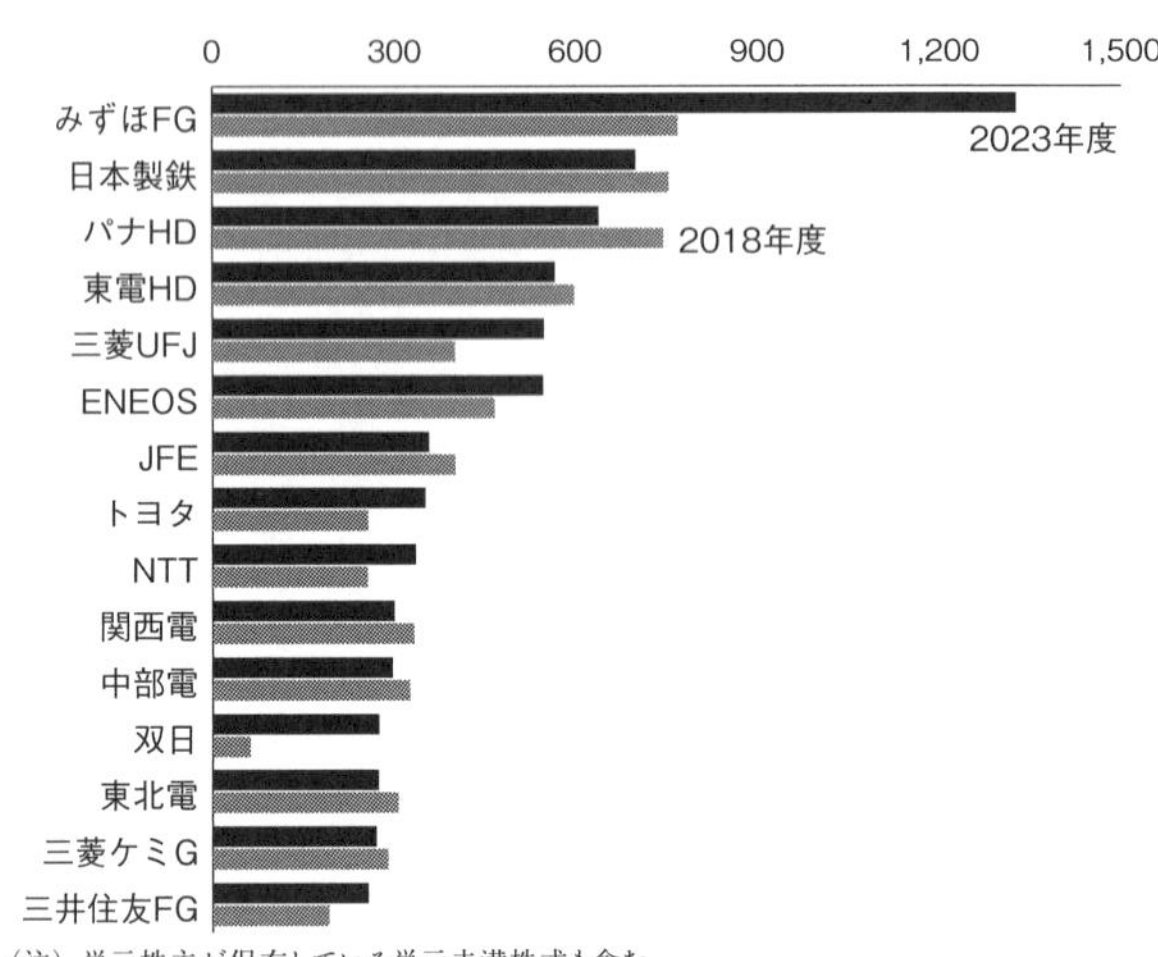

（注）単元株主が保有している単元未満株式も含む
（出所）QUICK

増していることから、ここ数年、市場関係者からは「日本株も米国株同様、取引所で1株からの売買ができるようにすべきではないか」との声が高まっていた。

取引所が売買単位を1株にすれば、すべての証券会社で1株から株式を売買できるようになる。もちろんリアルタイムだから、相場次第では日中の相場変動を利用して差益を得ることも可能だ。資金量が少なくても、複数銘柄で構成するポートフォリオを組みやすくなるから、個別株投資での資産形成にも取り組みやすくなる。

２０２４年10月からの「少額投資の在り方に関する勉強会」の設置を伝える東証の7月24日付の報道発表資料には「個人投資家が〝より〟日本株に投資しやすい環境を整備すべく」と狙いについて語っている。

しかし、実現へのハードルは高い。第一に上場企業が賛成派と反対派とに分かれそうだ。賛成派の多くは株主層の若返りをしたいと考えている企業だ。２０２３年7月1日に1株を25株に分割し、最低投資金額（１００株）を40万円台から1万７０００円程度に引き下げたＮＴＴなどが相当する。株主の高齢化を放置していると、相続などに伴って売却され、株主層の厚みが損なわれるから、若年層の株主を増やすために、株価水準を下げたいと考えている。

反対派は１００株未満の株主の増加に伴う株主管理コストの増加を懸念している。２０２３年3月から株主総会資料のホームページへの掲載が義務化され、株主には議決権行使書とともに、どこに掲載しているかの案内を郵送するだけでよくなったから、印刷費や郵送費は大幅に削減できているはずだが、なお9割ほどの企業は従来通りの招集通知を郵送しているという。

株主管理コストをさらに引き下げるには、招集通知や議決権行使書をすべて電子メールで送る必要がありそうだ。これは法律上も株主からの申し込みがあれば、できるようになっており、実際、ＮＴＴは２０２５年の株主総会からこの方式に移行する方針だ。

このほか、企業（実際には株主名簿管理人である信託銀行）が株主に郵送している通知として配当金計算書があるが、これは今でも単元未満株主にも送っているので、改めてコストが高まるわけではないだろう。

株主総会も会社法では物理的な会場を設けて開かなければならないとされているが、産業競争力強化法によって、一定の要件を満たせば会社法の例外として、バーチャルオンリーの株主総会も開ける。多数の来場を想定して巨大な会場を用意しなくてもすむかもしれない。

経済産業省によると、２０２４年3月末時点ですでに64社が延べ１０８回のバーチャルオンリー総会を開催しており、これらを含む４３９社が開催できるように定款を変更済みだという。

株価水準が米国株の10分の1

ただ、コストの問題がクリアされても、まだ単元株制度を廃止して売買を1株単位にし、1株から議決権を付与するためには、考えておかなければならない問題がある。図表4－14

は東証プライム上場企業1641社と、米国のS&P500採用503社の株価がどんなふうに分布しているのかを示したものだ。

米国株の株価水準は1ドル＝146円で円換算したが、日本企業の95％は株価が6000円未満で、500円未満や1000円未満の銘柄も多い。米国企業はもっと幅広く散らばっていて、1株10万円以上の企業も18社（3・6％）を数えている。

対象企業の株価の平均値も東証プライム上場企業は10月18日現在で2310円、S&P500採用銘柄は2万4823円と約10倍の開きがある。なおこの株価平均値は極端に株価が高かったり、低かったりする企業の影響を排除するため、5％トリム平均（高いほうの5％と低いほうの5％を除いた企業の平均値）をとっている。

つまり、現状のままでは日本株は米国株に比べ、議決権を与えるハードルが低すぎる。米国と同じ程度にするためには、1株単位の売買を導入するのに合わせて、日本企業の多くが10株を1株に併合する必要があるかもしれない。

もう1つは株主総会への議案提案権との関係だ。現行では議決権の1％以上、あるいは300個以上の議決権を6カ月前から所有する株主が議案提案権を行使できる。今後、1株で議決権が1個となると、1％以上のほうはともかく、300個以上のままだと株主権を行使

図表4-14　日米の上場企業の株価分布の違い

（注）2024年10月18日現在。米国企業の株価は1ドル＝146円として円換算した。対象は東証プライム上場1643社とS&P500採用499社。分布はパーセント表示。縦軸の刻みは「500円未満」「500円以上1,000円未満」「1,000円以上2,000円未満」を除いて2,000円
（出所）QUICKほかのデータをもとに筆者作成

できるハードルが低くなりすぎてしまう。

ではハードルをこれまでの300個と同じ水準にするために、要件を3万個に引き上げればいいのかというと、もし10株を1株にする株式併合が相次げば、逆にハードルが高くなりすぎてしまう。この辺りを予定調和的にうまく条件設定できるのかどうかは、何とも予想しがたい。

5 変わる証券ビジネス

利益の源泉が大きく変化

かつてはどこで切り取っても同じ顔が出てくるという意味で、証券ビジネスは金太郎あめといわれていた。小さな証券会社と大きな証券会社とではもちろん金額のケタは違うが、収益構造はそっくりだという点を、やや誇張して表現していたのだ。もちろん株式の売買注文の取り次ぎがメーンの中堅・中小証券会社と、証券の引き受けや法人取引も多い大手証券とは昔から収益構造は異なっている。ただ、儲かるかどうかは株式相場次第、休日には手数料は入らないという点は同じだった。

目下の大きな変化は、売買手数料を受け取るビジネスから、顧客の資産を管理するビジネスへと変わろうとしていることだ。平たい言葉でいえば、休日でも売り上げが確保できる仕事に変えようというのである。銀行の金利収入と同じ発想だ。それで営業経費のかなりの部分がまかなえれば、経営的にも安定すると考えているのである。

図表4－15は日本投資顧問業協会が2024年9月9日に公表したファンドラップ業務の契約状況だ。集計の都合でファンドラップ以外のラップ業務の契約資産残高1983億円も含んでいる。ファンドラップ業務は顧客の資金を証券会社が一任勘定で運用するビジネスである。リスク志向か安定志向かなどの顧客の要望を踏まえて、投信の組み合わせによって運用ポートフォリオを構築する。顧客はラップ手数料と投信の信託報酬の両方を支払う。

ファンドラップのなかには手数料率が1％程度と低いロボアドバイザーも含まれているが、対面営業の金融機関が販売するファンドラップは合計の手数料率が3％台になることもあり、割高だと指摘する市場関係者も多い。それでも証券会社は精力的に販売に取り組んでおり、契約資産残高はロボアドも含め、過去5年で2・3倍になった。

6月末の契約資産残高を証券大手3社、その他の対面営業金融機関、ロボアドと分解して

図表4-15 ファンドラップの契約資産残高

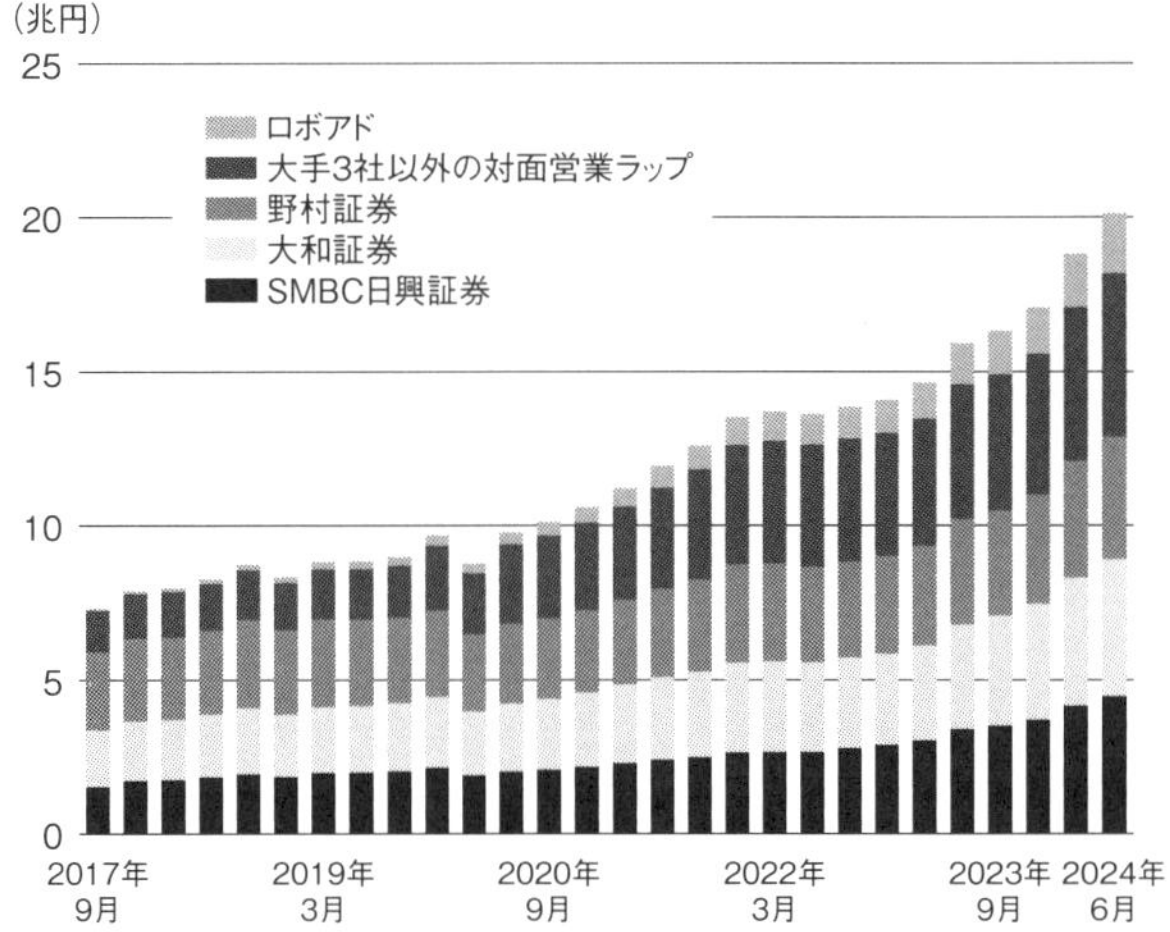

(出所) 日本投資顧問業協会の統計データをもとに筆者作成

みると、口座数では6月末現在、全体の45・1%に当たる76万4512口座がロボアドだ。次いで証券大手3社が33・7%に当たる57万1365口座を、その他の対面営業金融機関が21・2%に当たる36万661口座を、獲得している。

契約資産残高はロボアドは1口座当たりの残高が少ないこともあり、1兆9430億円と全体の9・7%を占めるに過ぎない。証券大手3社は64・0%に当たる12兆8785億円、その他の対面営業金融機関は26・3%に当たる5兆2973億円となっている。

過去からの契約資産残高の伸び率は1年前に比べると、ロボアドが45・5％増、証券大手3社が26・2％増、その他対面営業金融機関が20・8％増だった。5年前と比べると、ロボアドが7・6倍、証券大手3社が1・9倍、その他対面営業金融機関が3・2倍となっている。

ロボアドは専門業者が優位に

ファンドラップの一種ではあるが、若年層に人気があるロボアドも、全体の契約資産残高は順調に伸びていて、6月末には1兆9430億円と、2兆円まであと570億円に迫った。1兆円乗せが2022年9月末だったので、2年足らずの間に2倍近くになった計算だ（図表4－16）。

ロボアドビジネスには専門業者とオンライン証券の両方が参入しているが、どちらかというとウェルスナビ、お金のデザイン、FOLIOといった専門業者が市場をリードしている。

ロボアドでの運用は値上がりした投信の一部を売却して資産を再配分するなど、リバランスが付き物のため、いつの間にか非課税投資枠を食ってしまう点で、NISAと併用しにくいといわれていた。しかし、ウェルスナビなど数社は商品性を工夫し、NISAにも対応で

図表4-16 ロボアド契約金額

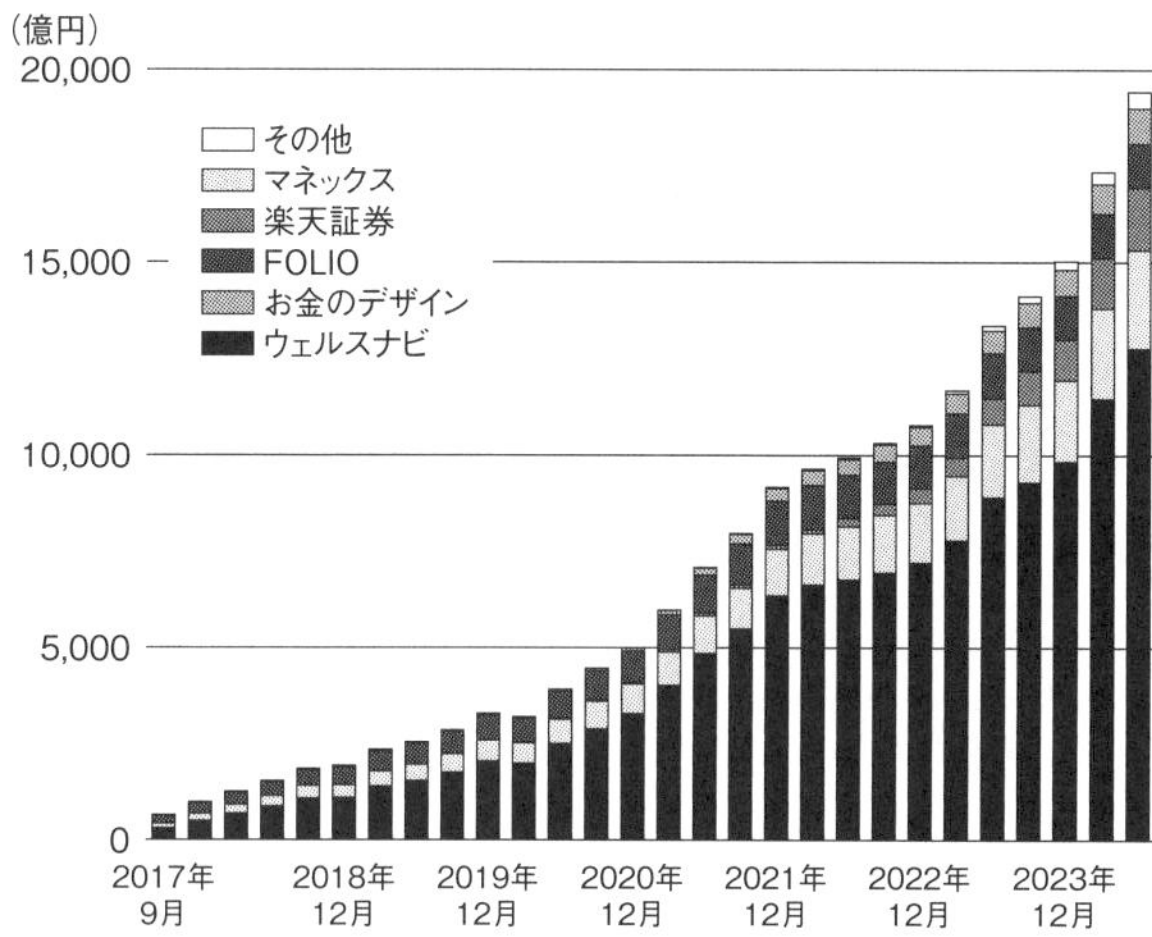

(出所) 日本投資顧問業協会の統計データをもとに筆者作成

きるようなサービスを導入して若年層を引き付けている。

ラップ関係収益が右肩上がり

ファンドラップ業務の伸びは証券会社の収益構造にも影響を与えている。証券会社全体のラップ関係収益の推移は、図表4－17の通り、その他受入手数料の明細項目として日本証券業協会が2020年度（2021年3月期）から公表している。2020年度が807億円、2021年度が997億円、2022年度が1056億円、2023年度が1288億円と右肩上がりで伸びてい

図表4-17　証券会社の営業収益の内訳

	2023年度	2022年度	2021年度	2020年度
営業収益	54,291	41,926	38,604	41,124
受入手数料	27,594	22,875	23,565	23,201
委託手数料	6,750	5,106	5,793	6,600
株式	6,215	4,586	5,324	6,120
引受・売出し手数料	1,827	1,215	1,819	1,653
株式	1,011	501	837	840
債券	784	691	963	799
募集・売出しの取扱手数料	2,395	1,656	2,551	2,695
受益証券	2,182	1,498	2,351	2,550
その他の受入手数料	16,621	14,898	13,402	12,253
株式	1,451	1,384	1,446	1,064
債券	1,772	1,418	827	1,432
受益証券	3,164	3,201	3,120	2,401
その他	10,234	8,895	8,009	7,356
国際取引に関する日本法人等への収益分配金等	3,100	3,108	2,689	2,916
投資信託の委託者報酬	1,609	986	1,011	811
ラップ関係収益	1,288	1,056	997	807
M&A関係収益	1,233	1,051	981	927
投資一任契約の運用受託報酬	617	545	537	461
保険関係収益	388	276	190	157
アドバイザリー／コンサルティング手数料	218	244	288	292
事務手数料	265	253	231	206
投資助言・代理報酬	246	241	186	110
トレーディング損益	8,297	8,612	8,679	10,662
株券等	▲1,312	▲782	496	2,797
債券等	10,629	6,078	5,176	7,936
その他	▲1,019	3,316	3,007	▲71
金融収益	18,106	10,067	6,204	6,933

（注）単位億円。「その他の受入手数料」の詳細な内訳は2020年度から開示されている
（出所）日本証券業協会「会員の決算概況」のデータをもとに筆者作成

る。

顧客からの預かり資産の残高に応じて受け取ることができる手数料としては、ほかに投信の代行手数料（投信の信託報酬のうちの販売会社取り分）がある。大手証券ではこうした安定収益を「ストック収入」と呼び、これで金融費用を除く営業経費の何パーセントをカバーできたかを、経営管理上の重要資料として注視している。

例えば野村ホールディングスのウェルス・マネジメント部門（２０２３年度までは営業部門と呼んでいた）のストック収入経費カバー率は２０２４年４〜６月期に64％と、１〜３月期から４ポイント上昇したという。

図表４－18は１９８０年代後半のバブル期当時からの証券会社の収益構造の変化を示している。オンライン証券が本格的に動き出したのは１９９０年代後半からで、バブル期には固定手数料体系の下、各社とも顧客に株式をどう売買させるかに腐心していた。

当時の最高値局面を挟む１９９０年３月期に全国の証券会社が受け取った株式などの売買委託手数料は、３兆１１４２億円と受入手数料の69・１％を占め、今から振り返ると信じがたい水準だが、バブル相場にどっぷりと浸かった証券界の昔日の姿そのものだ。

売買委託手数料の完全自由化とオンライン証券の台頭で、手数料収入が減るなかで、対面

図表4-18　証券会社の受入手数料の推移

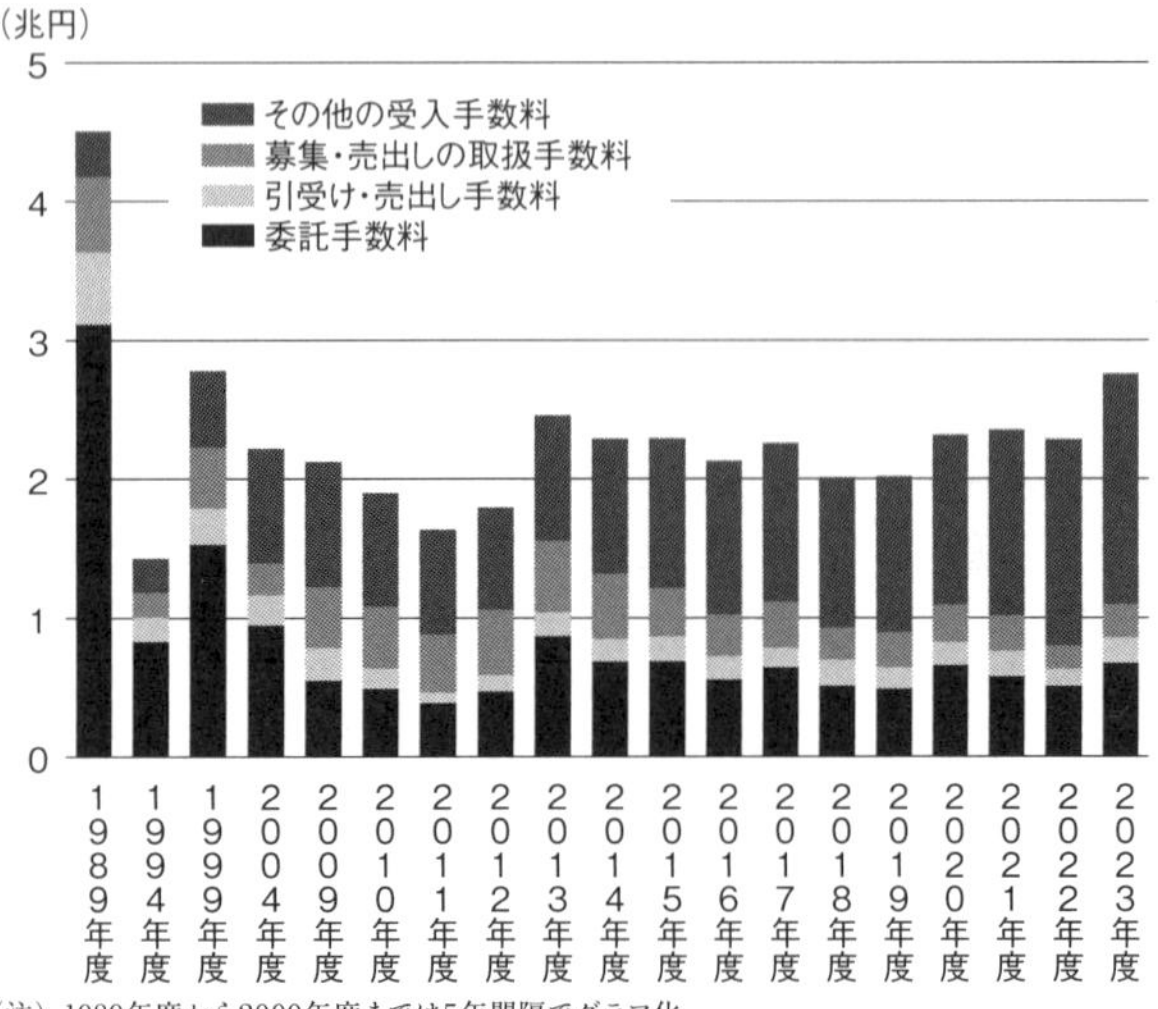

（注）1989年度から2009年度までは5年間隔でグラフ化
（出所）日本証券業協会「会員の決算概況」のデータをもとに筆者作成

営業の証券会社は収益源の多様化を迫られた。2024年3月期決算をみると、「その他の受入手数料」に区分される手数料収入が1兆6621億円と、受入手数料の60・2%にまで膨らんできている。

その他の中身は前述のラップ関係収益のほか、M&A関係収益、保険関係収益など多岐にわたっている。収益源の多様化だけでなく、かつてはどの証券会社も同じ収益構造だったという意味で、「金太郎あめ」と呼ばれることもあったビジネスモデルが多様化してきた表れといえるだろう。

好調な運用成績との相乗効果

ファンドラップ業務が伸びているのは、運用成績が割と好調だったこととの好循環になっているためでもある。金融庁が定めた共通ＫＰＩ（重要業績評価指標）をみると、２０２４年3月末時点での顧客の損益状況を報告した12社のうち10社が、ファンドラップ口座のうち95％以上が黒字になっているという（図表４－19）。

12社の報告値の単純平均値だが、投資元本に対する利益（含み益）の割合が3月末時点で50％以上だったのが全体の１％、30％以上50％未満だったのが６％、10％以上30％未満だったのが57％、10％以下未満の黒字だったのが29％だった。残りの７％は含み損だったが、10％を超える含み損を抱えた口座は１％にとどまっていた。

ただ、対面営業のファンドラップにしてもロボアドにしても、株式相場が世界的に急落した局面では、過半の口座が含み損を抱える可能性がある。新型コロナウイルスの流行が始まった２０２０年3月末の急落局面では、８社が金融庁にファンドラップのＫＰＩを報告していたが、８社の単純平均で89％の口座が含み損を抱え、このうち24％は含み損の度合いが元本の10％を超えていた。お任せ運用が常にいいとは限らないことは、頭に入れておきたい。

図表4-19　ラップ業務の契約状況と運用損益別顧客比率

契約件数順位	運用会社名	2024年3月末							
		契約件数（件）	契約金額（百万円）	運用損益別顧客比率（%）					
				-10%未満	-10～0%	0～10%	10～30%	30～50%	50%以上
1	ウェルスナビ（※）	398,084	1,146,134	未公表					
2	ＳＭＢＣ日興証券	217,709	4,168,083	0	0	16	75	9	1
3	大和証券	179,537	4,142,989	0	1	14	65	18	2
4	野村証券	160,051	3,767,155	1	4	17	64	13	1
5	FOLIO（※）	128,899	130,442	0	0	38	59	1	1
6	お金のデザイン（※）	128,485	234,629	未公表					
7	りそな銀行	93,990	800,366	0	4	54	37	4	1
8	三井住友信託銀行	83,582	1,427,565	0	1	20	74	5	0
9	楽天証券（※）	51,761	114,501	0	3	41	51	4	1
10	三菱ＵＦＪ信託銀行	35,898	368,806	5	38	32	23	2	0
11	みずほ証券	33,349	595,159	0	18	52	28	1	0
12	ウエルス・スクエア	24,622	221,394	未公表					
13	いちよし証券	22,988	269,420	0	0	20	78	1	0
14	三菱ＵＦＪモルガン・スタンレー証券	21,711	453,815	0	3	27	68	3	0
15	マネックス証券（※）	21,695	78,680	0	0	17	66	16	1
契約件数上位15社の合計・平均		1,602,361	17,919,138	1	6	29	57	6	1
その他11社を含む合計		1,647,897	18,814,474						

（注）2024年3月末現在。単位件、百万円、%。※はロボアドバイザー。FOLIOの欄にはSBIラップの状況を記載
（出所）各社ホームページ、日本投資顧問業協会

投信販売を変えた共通ＫＰＩ

投信も運用会社が受け取った運用報酬（信託報酬）の一部が販売した証券会社や銀行の手数料として還元されるため、証券会社は残高増に向けて精力的に営業している。ただ、かつては販売時に税抜きで3%程度の販売手数料を受け取る投

信が大半だったため、証券会社は残高に応じて支払われる信託報酬の還元分よりも、投信を顧客に販売することで得られる販売手数料の確保に力を入れていた。

証券会社でも銀行でも、頻繁に顧客に保有投信の乗り換えを勧める回転営業が横行していて、当局の監督上も大きな問題になっていた。

この悪しき慣行が変わるきっかけになったのが、金融庁が2018年に導入した投信の共通KPIだ。投信を保有している顧客のうち、3月末時点で運用損益が黒字になっている顧客の割合を金融庁に報告してもらい、それを公表することにしたのである。

主な投信販売会社についての指標の過去からの推移は図表4－20にまとめている。過去にはかなり低いケースもあったが、直近の2024年3月末段階では投信積み立てに力を入れている販売会社を中心に、99％以上の顧客が黒字と報告しているところも多く、顧客の利益に結び付いている。

このKPIの公表制度が始まった当初は、金融庁は業界から激しい反発を受けていた。「3月末になる前に、儲かっていた投信を売却してしまった顧客がカウントされないのはおかしい」「3月末の相場次第で顧客の損益状況は大きく変わる。こんな指標を出しても顧客が混乱するだけだ」という具合だった。

しかし、7回目を迎え、多くの販売会社が「結局、KPIを高めるには顧客の投信の保有期間を長くするのが最良」と考えるようになったのだ。自然と回転営業は減り、今日のかたちに落ち着いている。

図表4－21は顧客が抱える含み損益の水準別にKPIをブレークダウンしたものである。たまたま相場がよかったから、という側面もあるかもしれないが、投信の商品性改善にもつながっているのではないかと受け止めている。

図表4-20 投資信託の運用損益がプラスになった顧客の割合（単位%）

金融機関名	2024年3月末	2023年3月末	2022年3月末	2021年3月末	2020年3月末	2019年3月末	2018年3月末
コモンズ投信	99.7	97.7	94.0	99.5	56.1	83.6	97.7
セゾン投信	99.6	99.5	99.2	99.4	66.1	97.8	84.9
鎌倉投信	99.5	96.3	81.4	99.7	56.0	81.6	99.8
レオス・キャピタルワークス	99.1	85.3	82.2	97.7	28.7	44.6	91.3
楽天証券	99.1	84.3	95.2	95.2	13.7	64.7	62.9
SBI証券	98.9	87.9	94.5	94.1	21.6	70.8	64.6
野村証券	96.0	85.0	93.0	92.0	43.0	80.0	77.0
マネックス証券	95.9	82.2	88.9	90.7	20.5	69.8	64.2
フィデリティ証券	95.5	82.3	89.7	88.1	42.7	77.9	66.1
三菱UFJ銀行	93.0	81.0	86.0	87.0	33.0	68.0	58.0
みずほ銀行	93.0	68.0	77.0	83.0	32.0	70.0	54.0
auカブコム証券	92.0	79.0	87.0	89.0	20.0	75.0	62.0
大和証券	91.5	71.5	81.5	82.3	34.8	63.6	60.7
三井住友信託銀行	91.0	72.0	82.0	81.0	27.0	54.0	43.0
ゆうちょ銀行	90.0	80.0	84.0	83.3	33.0	76.0	非公表
三井住友銀行	90.0	74.0	83.0	71.0	33.0	60.0	60.0
三菱UFJモルガン・スタンレー証券	90.0	66.0	81.0	80.0	24.0	51.0	44.0
SMBC日興証券	89.0	67.0	79.0	86.0	40.0	64.0	67.0
みずほ証券	86.0	54.0	70.0	88.0	40.0	66.0	64.0
主要各社の単純平均	94.1	79.6	85.7	88.8	35.0	69.4	67.8
金融庁への報告社数	242	220	275	220	210	307	140
金融庁の集計値（単純平均）	91.0	68.0	79.0	84.0	30.0	66.2	54.5

（出所）各社ホームページ、金融庁「投資信託の共通KPIに関する分析」

図表4-21　主な投信販売会社の2024年3月末時点の顧客の損益状況

金融機関名	▲50%未満	▲50～▲30%	▲30～▲10%	▲10～0%	0～10%	10～30%	30～50%	50%以上	平均損益率
コモンズ投信	0.1	0.1	0.0	0.0	5.7	21.5	30.6	42.0	41.9
セゾン投信	0.2	0.0	0.0	0.1	2.6	15.9	46.6	34.4	42.6
鎌倉投信	0.1	0.0	0.1	0.3	36.7	49.0	7.4	6.4	18.3
レオス	0.3	0.1	0.1	0.5	8.7	36.0	39.4	15.0	32.1
楽天証券	0.2	0.1	0.2	0.5	18.4	53.7	24.0	3.0	22.8
SBI証券	0.2	0.1	0.2	0.6	22.7	49.9	19.9	6.4	22.7
野村証券	0.0	0.0	1.0	2.0	13.0	27.0	29.0	27.0	33.9
マネックス証券	0.7	0.2	0.9	2.3	15.6	45.5	24.8	10.1	25.0
フィデリティ証券	1.2	0.4	1.0	2.0	7.5	24.8	29.8	33.4	36.1
三菱UFJ銀行	0.0	0.0	2.0	5.0	17.0	38.0	22.0	16.0	26.2
みずほ銀行	0.0	0.0	2.0	5.0	17.0	45.0	20.0	11.0	23.8
auカブコム証券	0.0	0.0	1.0	7.0	30.0	33.0	19.0	10.0	21.2
大和証券	1.1	0.8	1.7	4.8	13.4	32.2	25.7	20.2	28.0
三井住友信託銀行	1.0	0.0	2.0	6.0	15.0	46.0	19.0	11.0	22.9
ゆうちょ銀行	0.0	0.0	1.0	9.0	17.0	46.0	18.0	9.0	22.0
三井住友銀行	0.0	0.0	1.0	8.0	17.0	40.0	22.0	12.0	24.3
三菱UFJモルガン	0.0	0.0	2.0	7.0	18.0	33.0	21.0	18.0	26.2
SMBC日興証券	1.0	1.0	3.0	5.0	12.0	32.0	21.0	24.0	28.2
みずほ証券	2.0	3.0	4.0	5.0	9.0	30.0	26.0	22.0	26.3
主要各社の単純平均	0.4	0.3	1.2	3.7	15.6	36.8	24.5	17.4	27.6

（注）単位%。平均収益率はそれぞれの損益区分の損益率を左から「−60%」「−40%」「−20%」「−5%」「5%」「20%」「40%」「60%」と仮定して試算した
（出所）各社ホームページ

第 5 章

起業社会をどう構築

1　低迷続くグロース市場

マザーズ指数を引き継ぐ指数

起業社会の実現は日本経済の復活の大きな要素だ。ところが、２０２４年は日経平均が34年前の最高値を上回ったのにもかかわらず、新興企業向け市場は蚊帳の外に置かれている。年初に７１２・73で始まった東証グロース市場２５０指数（旧マザーズ）指数は８月５日に４８５・02まで下落し、その後６００台半ばまで持ち直す場面もあったが、10月下旬には再び６００を下回った。起業社会構築に向けての歯車がかみ合わないことを象徴している（図表５－１）。

振り返れば、グロース２５０指数の前身のマザーズ指数は２００６年1月16日に最高値２７９９・06を記録した。東京地検特捜部がライブドア本社などに強制捜査に入る直前のことだった。その後はつるべ落としのように下げ、リーマン・ショックがあった翌月の２００８年10月には２６９・41まで下げた。

図表5-1　グロース250と日経平均

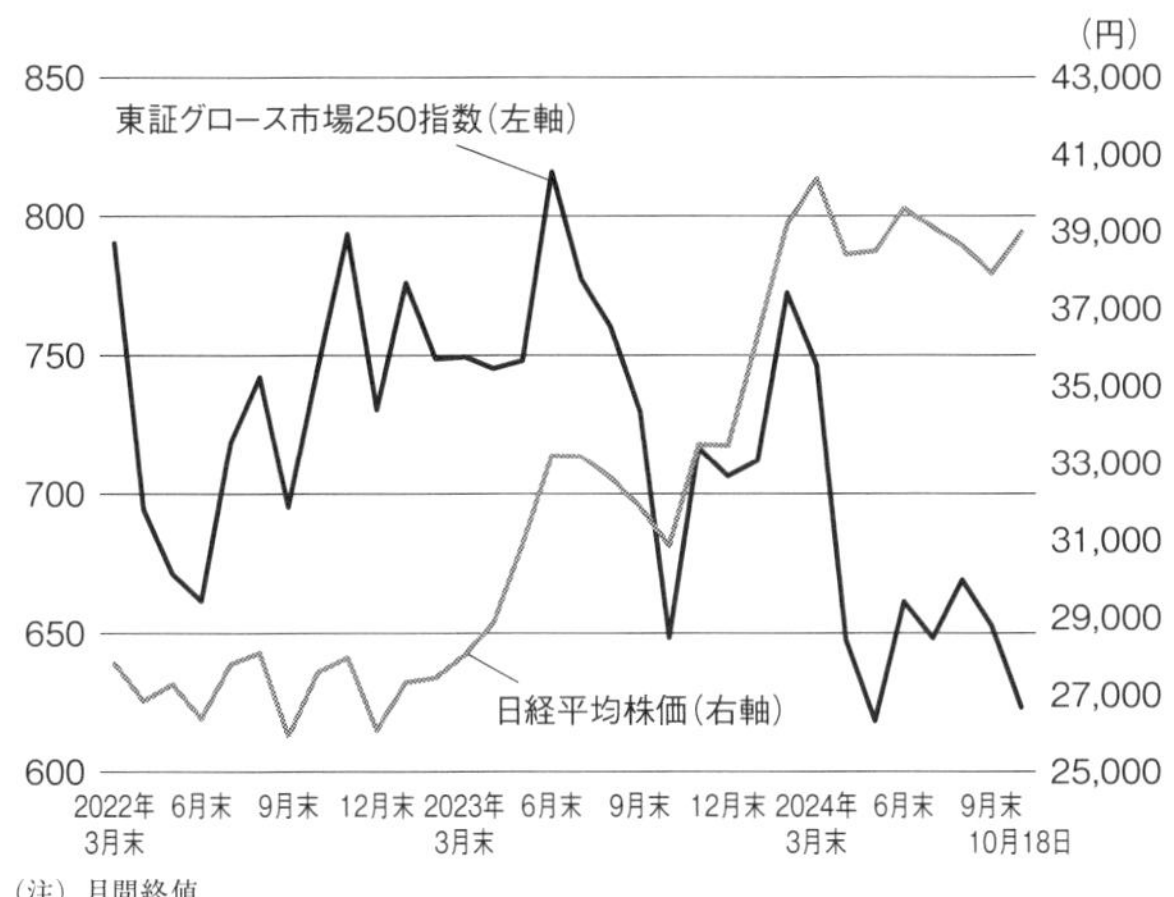

(注) 月間終値
(出所) QUICK

2018年、2020年、2021年には1300台まで回復したこともあったが、続かず、マザーズ指数という名称では最後の取引日となった2023年11月2日には、663・86を付けて幕を引いた。

この指数とは別に、東証は市場区分の変更と同時に、プライム、スタンダード、グロースの3市場それぞれの全銘柄をカバーする指数を新たに導入した。いずれも1000でスタートしたが、その推移をみても、グロース市場指数はプライム市場指数やスタンダード市場指数から大きく立ち遅れている(図表5－2)。

図表5-2　市場区分変更後の東証３市場指数

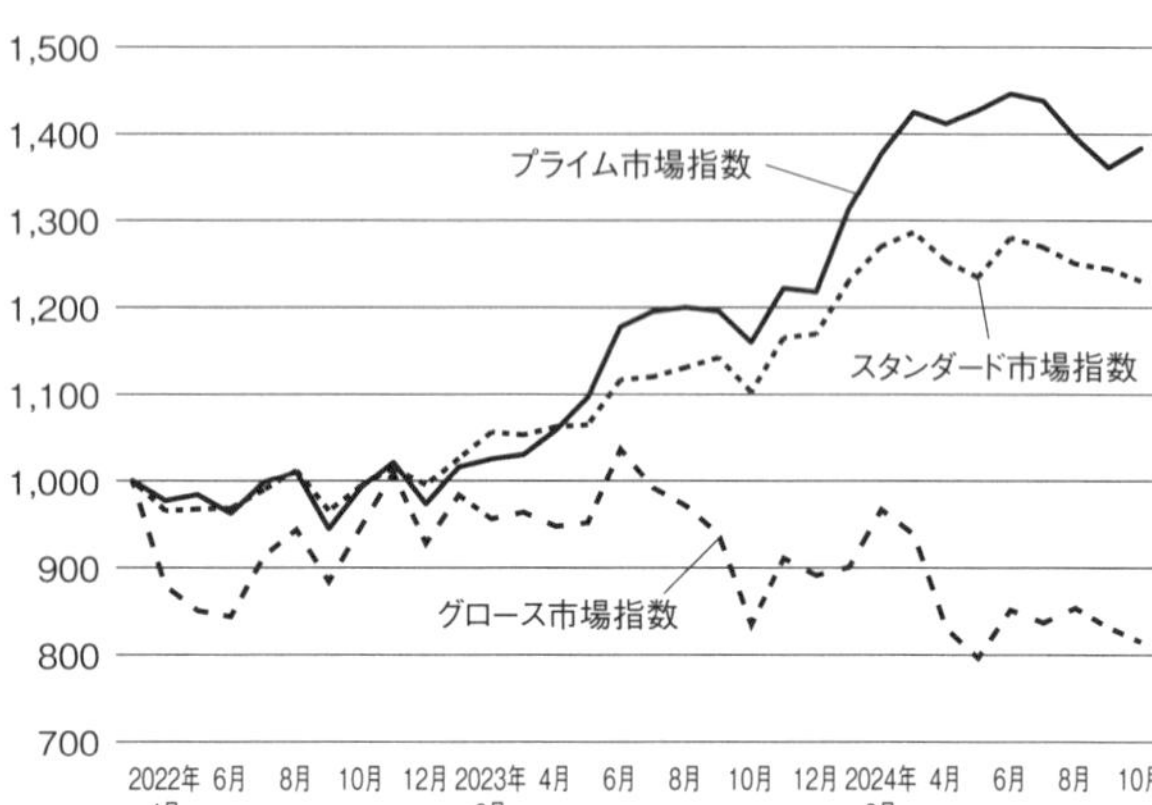

（注）月末値（2024年10月は18日現在）。3指数とも新市場区分に移行した2022年4月4日に1000で算出開始
（出所）東京証券取引所

本来、グロース市場指数は最も勢いよく上昇すべきものである。理屈で考えると、総じて成熟した企業で構成されるプライム市場指数と比較すると、グロース市場指数を構成するのは伸び盛りの企業が多く、株価の変動も大きいため、指数のボラティリティーも高い。その分、投資家は大きなプレミアムを要求すると考えられるので、値上がり率が大きくないと割が合わないのである。

また、これら3指数は配当別の指数である。成長段階の企業ほど内部留保を株主への配当に回すよりも将来への投資に振り向けることに熱心だろうから、仮に配当込みの指数の値上がり率が同じだとしても、配当別の指数でみれば、プライム市場指数よりもグロース市場指数のほうが値上がりしているはずである。

現実がそうなっていないのは、日本のグロース市場が深刻な問題を抱えているからではないかと思わざるをえない。長年、こんな状態なのは、構造的な問題が潜んでいるように推測される。

指数低迷への東証の言い訳

「成長した企業が卒業していってしまうから、株価指数が上昇しないのは仕方がない」。東証関係者はこう説明する。それはその通りかもしれない。グロース市場上場企業は外国企業を除くと、市場区分変更日の463社から2024年10月22日の594社まで2年半で131社増加したが、この間にグロース市場を卒業してプライム市場へ移った企業が18社、スタンダード市場へ移った企業が3社あった。

ただ、より本質的な問題はグロース市場がたくさんの新規上場企業を集めている割に、米国のナスダックのように、成長企業が上場し続ける市場としての役割を果たしていないことだ。図表5－3は日本の新規上場企業数（本体の代わりに持ち株会社が上場するなど、上場

図表5-3　新規上場企業数の推移

公開年		2013	2014	2015	2016	2017	2018	2019	2020	2021	2022	2023	2024
合計		54	77	92	83	90	90	86	93	125	91	96	66
東証	プライム										3	2	3
	スタンダード										14	23	10
	グロース										70	66	49
	1部	6	10	8	8	11	7	1	6	6			
	2部	6	10	9	5	8	5	11	9	8			
	ジャスダック	12	11	11	14	19	14	6	14	16			
	マザーズ	29	44	61	54	49	63	64	63	93			
名証	メイン										1	3	
	ネクスト										2	1	1
	2部		1		2	1							
	セントレックス		1	1				1	1				
福証	本則	1						1					
	Qボード			1				1		2			2
札証	本則											1	
	アンビシャス			1		2	1	1			1		1

（注）2024年は10月22日現在（上場を予定している企業も含む）。上場時に資金調達を伴うIPOのみ（図表4－5とは集計のベースが異なる）。2022年の東証の市場区分見直し前の新規上場は、市場再編後の新市場区分に基づいて記載
（出所）あずさ監査法人「IPOレポート」

時の資金調達を伴わない上場を除く）の推移を示している。数だけをいえば、全体の約3分の2がグロース市場に上場している。

米国ではアップルなどマグニフィセント・セブンはすべてナスダックで株式を公開している。ナスダックにとどまることが、米国経済の発展をけん引する成長企業の証とみられているからだ。この点、日本ではグロース市場にとどまることにメリットを感じている企業があるかどうかは疑問である。

グロース市場が活性化していれば、起業から創業者利得の獲得までの道筋がみえてくるから、日本も起業を目指す人が増え、

ベンチャーキャピタルなど投資家が動きやすくなって、起業家が持つ技術やアイデアに投下される資金の量も変わってくる。経済の発展に欠かせない技術革新も促進されるだろう。

何しろ現在のグロース市場はないない尽くしだ。国内外の機関投資家の影がみえないし、個々の企業の投資価値に関する情報も少ない。結果的に個人投資家中心の市場になっているため、まだ客観的には先行投資を続けるべき段階の企業でも、決算が赤字になるのを恐れて、思い切った投資に踏み切れない。

本来、企業の資金調達の支援を仕事としている証券会社も、調達額が知れている新興企業のエクイティファイナンスなどは手間がかかる割に利益を生まないから、積極的に対応しようとはしない。株式を上場するまでは経営手法にあれこれ口を出してきたベンチャーキャピタルも、投資先企業が上場して資金を回収してしまえば、もう企業には用はない。

適切に運営されればもっと成長するだろうと思われる企業がグロース市場に上場したとたんに、未熟なままに放置され、宝探しのつもりで買っていた個人投資家も、株価の動きの鈍さにあきれて手放してしまう。こんなことが繰り返されているのが、昨今の新興企業向け市場ではないだろうか。

図表5-4　グロース市場新規上場企業と資金調達額中央値

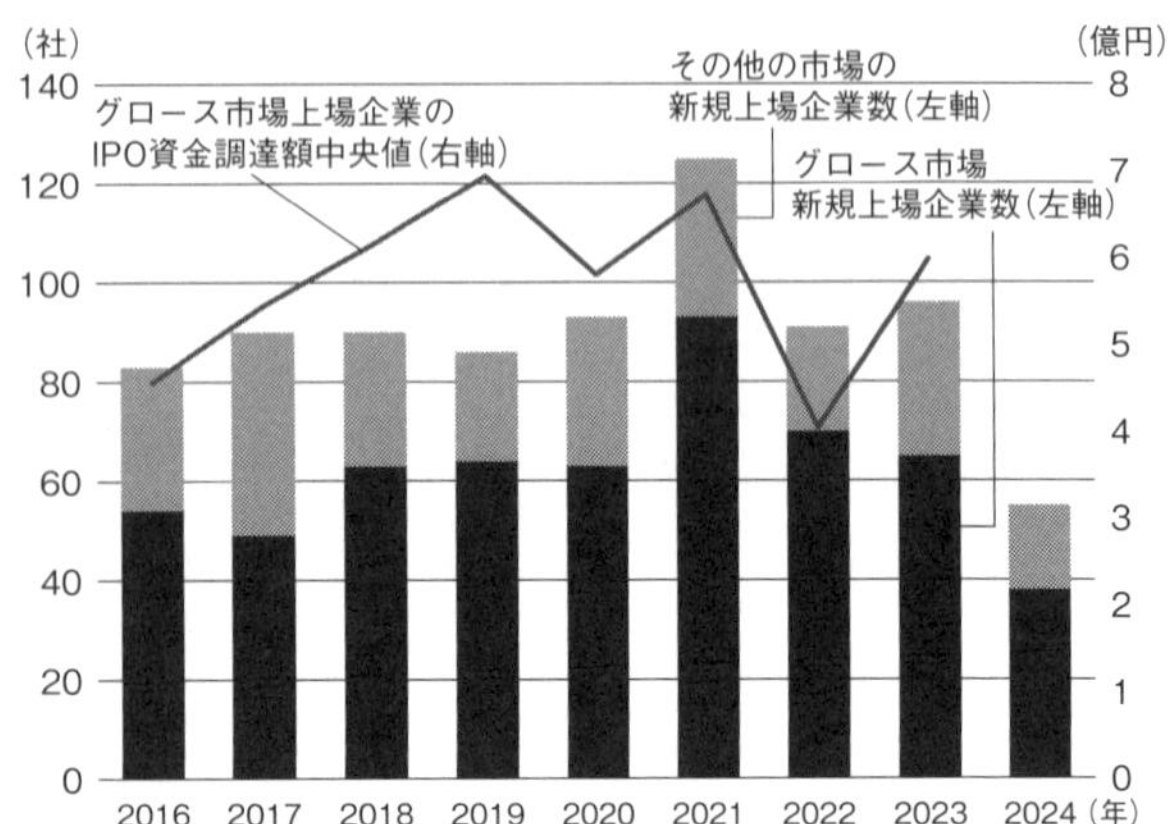

(注) 2024年は8月末現在。東京プロマーケットは除く。2022年3月以前は東証マザーズ市場のデータ
(出所) あずさ監査法人「IPOレポート」、東京証券取引所

中途半端な段階で上場

グロース市場には毎年60社前後が上場する。しかし、上場時の資金調達額は図表5－4の通り、平均で数億円と知れている。時価総額が1000億円超のユニコーンになってから上場すべきだとはいわないまでも、もっと企業が大きく育ってから上場すれば、上場時の資金調達額も大きくなるし、上場後も成長資金の調達などで証券市場を利用する機会が増える。

そうなっていないのは、スタートアップに投資をして、長くても10年で投下資金を回収しなければならない日本のベンチャーキャピタル（ＶＣ）が、思い切って投資や企業の育成に取り組める環境が整っていないからでもある。

投資事業有限責任組合法に基づいて運営していて、原則として投資資金の半分は日本のスタートアップに振り向けなければならない。関係者によると、海外の有望スタートアップへの投資枠を確保するために、日本国内の「いま一つだ」と感じるような先にも投資をせざるをえない状況になっているという。

「大きく育てて上場を」と考えてはいるのだが、ＶＣとしても振り向けることができるリソースには限りがあるから、思惑通りにはならないことも多い。結局、投下資金の回収の時期が近づくと、企業として未熟なままでも、上場してくれればありがたいという雰囲気になることがあるという。

時価総額基準引き上げの可否

もちろん東証も手をこまぬいているわけではない。グロース市場の低迷は日本経済の足を引っ張る深刻な問題ととらえ、改革論議を精力的に進めている。議論の舞台は「市場区分の見直しに関するフォローアップ会議」だ。

2024年1月17日に開催された第14回会合では、東証から「グロース市場の機能発揮に向けた今後の対応（案）」と題し、6つの方向が提示された。大きな項目は6つあり、「上場理由等の開示の促進」「上場準備に関する正しい理解の促進」「投資者への積極的な情報発信の促進」「機関投資家への情報発信の支援」「上場基準の引き上げ」「プロ向け市場の活用の促進」となっている。

ただ、その後8月までに開催された3回の会合の議論の議事録を読んでも、できることはやっていくけれども、最後にはグロース市場にふさわしくない企業を退出させるため、「上場維持基準を引き上げるかどうか」という命題への答えがない。どう結論を絞り込んでいくのかの道筋がみえないのである。

特に当面の問題になりそうなのが、2025年3月以降の最初の決算期末で、現行の上場維持基準を満たせなかった場合、1年間の改善期間に入り、それでも満たせなければ、上場廃止へのプロセスに進むことになっている点だ。

生きている企業の上場を廃止することによって、市場での取引の機会を奪われる個人株主らが大量に出てくるが、これも「投資家の自己責任」と片付けてしまっていいのか、はっきりしないことも事態を複雑にしている。

しかも東証での議論は、グロース市場をどう改革するかであって、スタートアップをどう育てるかの観点は欠けている。起業エコシステムの構築という大きな目標の実現に向けて、東証は何ができるかの視点が抜け落ちているような気がしてならない。

2　ゆっくりだが、着実に変化

2027年に10兆円規模の投資

石破首相は10月4日の所信表明演説で、スタートアップの育成に積極的に取り組む方針を語った。ただ、発言を聞く限りでは地域振興などを優先しているようで、起業社会の実現にどこまでの思い入れがあるのかはわからない。

岸田文雄政権時代には、ユニコーン100社誕生を目標にした「スタートアップ育成5カ年計画」が策定された。目標には、スタートアップへの投資額を8000億円規模の現状から2027年度に10兆円規模に引き上げることや、スタートアップを10万社創出し、そのなかから時価総額が1000億円以上の100社を生み出すことが掲げられている。

図表5-5-1　スタートアップ育成5カ年計画（その1）

第１の柱「人材ネットワークの構築」に向けての支援策	
1	メンターによる支援事業の拡大・横展開
2	海外における起業家育成の拠点の創設（「出島」事業）
3	米国大学の日本向け起業家育成プログラムの創設などを含む、アントレプレナー教育の強化
4	１大学１エグジット運動
5	大学・小中高生でのスタートアップ創出に向けた支援
6	高等専門学校における起業家教育の強化
7	グローバルスタートアップキャンパス構想
8	スタートアップ・大学における知的財産戦略
9	研究分野の担い手の拡大
10	海外起業家・投資家の誘致拡大
11	再チャレンジを支援する環境の整備
12	国内の起業家コミュニティの形成促進

政策の柱として打ち出された49の支援策は①スタートアップ創出に向けた人材・ネットワークの構築②スタートアップのための資金供給の強化と出口戦略の多様化③オープンイノベーションの推進――の３つに分けられている。そのあらましは図表５－５の通りだ。

たとえばロードマップ案をみると、「メンターによる支援事業の拡大・横展開」という項目があり、メンターが発掘して育成する若手人材の人数を現状（２０２２年度）の年間70人から、２０２４年度には３００人に増やし、２０２７年度には５００人にすることを目標に掲げている。

「出島」事業でも1000人派遣を目標に

シリコンバレーなどイノベーションの拠点となっている世界各地に人材を派遣して起業家として育てる事業（「出島」事業）も、2022年度に20人にとどまっていた派遣人数を2025年度までに累計500人に増やし、2027年度までには累計1000人にすることを目標にしている。

「研究分野の担い手の拡大」に向けても、2018年には生活費相当額が支給されていた博士課程学生の割合が2割にとどまっていたが、2025年度には7割に高めることを目標にしている。

第2の柱に関しても、例えば「SBIR制度の抜本見直しと公共調達の促進」に関しては、国・関係機関が創業10年未満の中小企業から調達する物件・工事・サービスの契約比率を、2020年の1％から「可能な限り早期に」3％以上に高めることを目標に掲げている。金額では2020年の777億円を2026年度までに3000億円規模に増やすという。

税制からの支援でも、例えば2023年4月には「パーシャルスピンオフ税制」が導入さ

図表5-5-2　スタートアップ育成5カ年計画（その2）

第２の柱「資金供給の強化と出口戦略の多様化」に向けての支援策	
1	中小企業基盤整備機構のベンチャーキャピタルへの出資機能の強化
2	産業革新投資機構の出資機能の強化
3	官民ファンド等の出資機能の強化
4	新エネルギー・産業技術総合開発機構による研究開発型スタートアップへの支援策の強化
5	日本医療研究開発機構による創薬ベンチャーへの支援強化
6	海外先進エコシステムとの接続強化
7	スタートアップへの投資を促すための措置
8	個人からベンチャーキャピタルへの投資促進
9	ストックオプションの環境整備
10	RSU（Restricted Stock Unit：事後交付型譲渡制限付株式）の活用に向けた環境整備
11	株式投資型クラウドファンディングの活用に向けた環境整備
12	SBIR（Small Business Innovation Research）制度の抜本見直しと公共調達の促進
13	経営者の個人保証を不要にする制度の見直し
14	IPOプロセスの整備
15	SPAC（特別買収目的会社）の検討
16	未上場株のセカンダリーマーケットの整備
17	特定投資家私募制度の見直し
18	海外進出を促すための出国税等に関する税制上の措置
19	Web3.0に関する環境整備
20	事業成長担保権の創設
21	個人金融資産及びGPIF等の長期運用資金のベンチャー投資への循環
22	銀行等によるスタートアップへの融資促進
23	社会的起業のエコシステムの整備とインパクト投資の推進
24	海外スタートアップの呼び込み、国内スタートアップ海外展開の強化
25	海外の投資家やベンチャーキャピタルを呼び込むための環境整備
26	地方におけるスタートアップ創出の強化
27	福島でのスタートアップ創出の支援
28	2025 年大阪・関西万博でのスタートアップの活用

れた。親会社から完全に切り離すスピンオフ（事業分離）ではなく、親会社に持ち分の一部（20％未満）を残しながら実施するスピンオフでも、再編時の譲渡損益や配当を課税対象外にする税制だ。いきなり資本関係を完全に解消することは難しい企業のニーズに応えたものである。

譲渡益を投資すれば非課税に

株式譲渡益を元手にスタートアップに再投資する場合の非課税措置も2023年4月に創設された。スタートアップへの投資と自己資金による起業について、再投資した分の譲渡益は20億円を上限に非課税にする制度だ。ストックオプション税制に関しても、設立から5年未満の未上場企業では権利行使期間が付与決議から2～15年に延長（従来は2～10年）された。

一連の施策のなかには特段の目新しさを感じないものもある。官僚の作文という印象も残る。だが、起業社会構築の必要性はこれまでも繰り返し議論され、さまざまな施策を講じられてきた。何も進んでいないのではなく、「10年前に比べれば良くなったね」という程度のスピードでは動いているのである。

図表5-5-3　スタートアップ育成5カ年計画（その3）

第3の柱「オープンイノベーションの推進」に向けての支援策	
1	オープンイノベーションを促すための税制措置等の在り方
2	公募増資ルールの見直し
3	事業再構築のための私的整理法制の整備
4	スタートアップへの円滑な労働移動
5	組織再編の更なる加速に向けた検討
6	M&Aを促進するための国際会計基準（IFRS）の任意適用の拡大
7	スタートアップ・エコシステムの全体像把握のためのデータの収集・整理
8	公共サービスやインフラに関するデータのオープン化の推進
9	大企業とスタートアップのネットワーク強化

（出所）内閣府ホームページの記載をもとに筆者作成

起業家教育も大学や大学院では１９９０年代から実施されている。高等学校でも早くから起業家教育プログラムを取り入れたり、チャレンジ精神の大切さを教えたりしているところは多い。中学校の約３分の１が起業家教育に取り組んでいるという調査もある。

日本政策金融公庫が２０１３年度から毎年開催している「創造力、無限大∞　高校生ビジネスプラン・グランプリ」には、初回に全国１５１校から１５４６件の応募があった。２０２３年度に実施された第11回では、応募件数が５０５校５０１４件に膨らんだ。

スタートアップ創出に向けての支援施策関連予算は、２０２２年度補正予算で約１兆円、２０２３年度補正予算で約２３００億円が計上され、２

０２４年度の当初予算にも約５００億円が組み込まれた。

ちょっとアクセルを踏んだイメージだ。少しは起業社会への転換の歩みは加速しただろうか。もっと多くの国民が起業社会実現の必要性を強く認識し、具体的に行動しないと、日本経済の地盤沈下は止まらないのではないかと感じるが、次項では足元の起業環境の変化をデータで確認したい。

日本の起業活動指数は6・35％

まずグローバル・アントレプレナーシップ・モニター（ＧＥＭ）調査を取り上げる。国の経済発展が起業活動と密接な関係にあるのではないかとの観点から、米バブソン大学と英ロンドン大学が１９９９年から毎年実施している国際比較調査だ。

同調査ではアンケートなどを通じてさまざまな観点から世界各国・地域の起業環境を詳細に点検している。データも20年分以上蓄積されているので、専門的な分析も可能になっている。ここでは多様な調査結果から「総合起業活動指数」（ＴＥＡ＝トータル・アーリーステージ・アントレプレナーリアル・アクティビティ）と「事業機会認識指数」を紹介する。

総合起業活動指数は18～64歳の人口に占める起業準備中、あるいは起業してから３・５年

図表5-6　各国・地域の2023年の総合起業活動指数

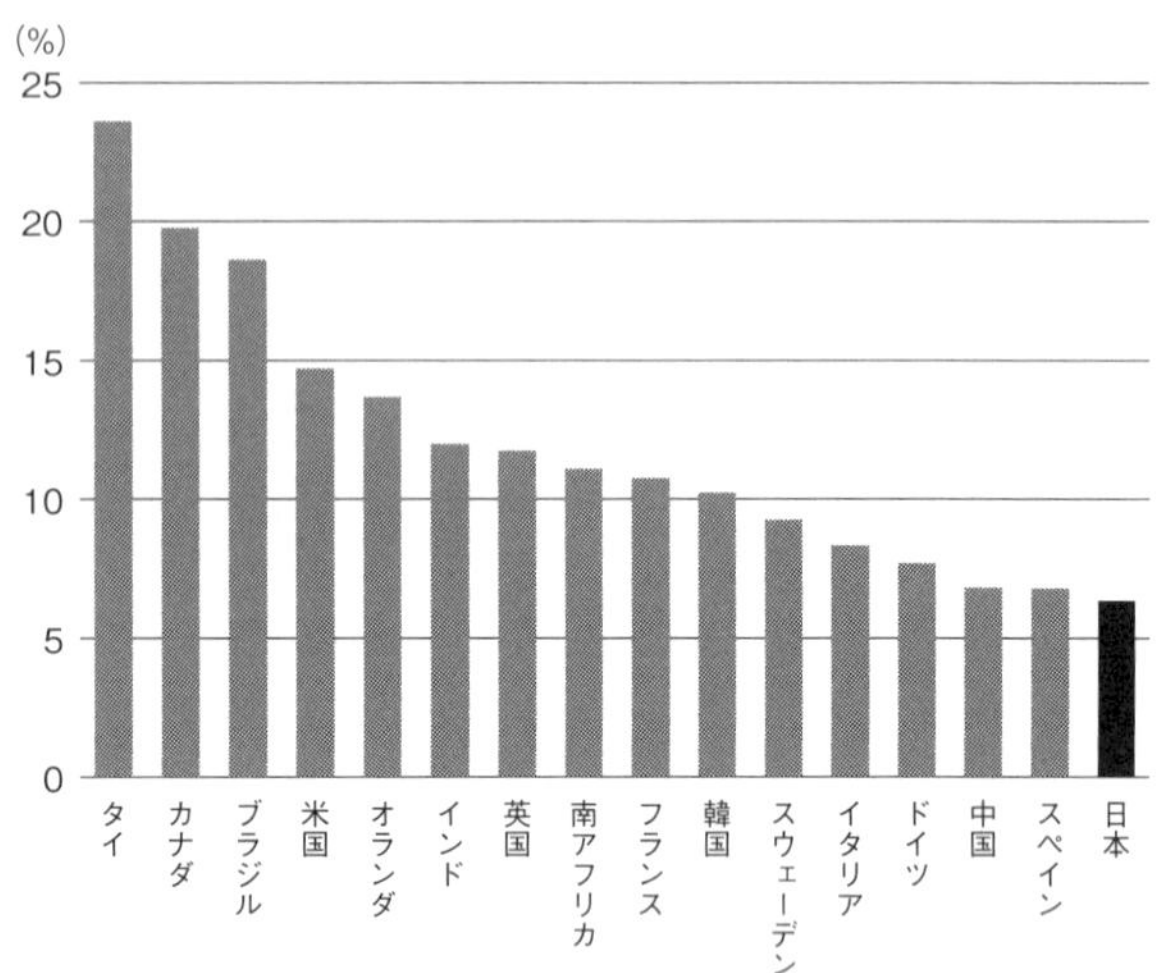

(注) 日本は2022年のデータ
(出所) グローバル・アントレプレナーシップ・モニター (GEM)

未満の経営者の割合だ。日本は2023年調査には参加しなかったから、2024年2月11日に公表された2023／2024年版のレポートには、日本の最新指標が掲載されていないが、日本の2022年の6・35％は、最新版にある米国の14・71％からは大きく見劣りし、2022年には日本よりも下位だった中国、スペインにも追い抜かれている（図表5－6）。

事業機会認識指数は起業活動中の人を除く18～64歳の人口のなかで、向こう6カ月以内に自分の住んでいる地域によい起業機会があ

図表5-7 各国・地域の2023年の事業機会認識指数

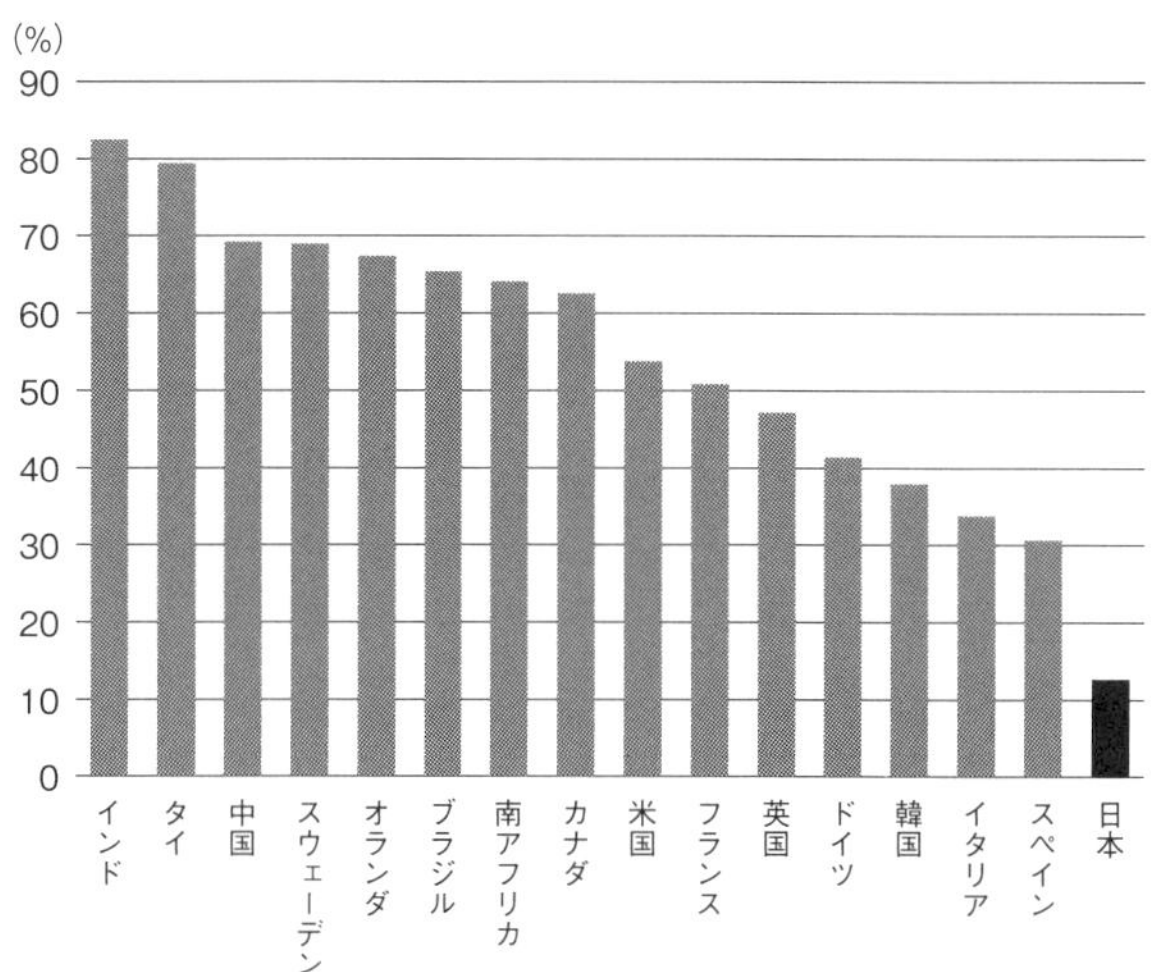

（注）日本は2022年のデータ
（出所）グローバル・アントレプレナーシップ・モニター（GEM）

るだろうと考えている人の割合を示している。2022／2023年版レポートでは日本は12・7％にすぎず、調査対象の49カ国のなかで最下位だった。日本は「群を抜いて低い」といっていいかもしれない（図表5－7）。

救いは徐々に向上していること

国際比較をみて、やはり日本は世界に大きく立ち遅れていると受け止める人も多いのではないかと思われる。それは否定できないが、救いがあるとすれば、状況が徐々に向上していることだ。図表

図表5-8　日本の総合起業活動指数と事業機会認識指数

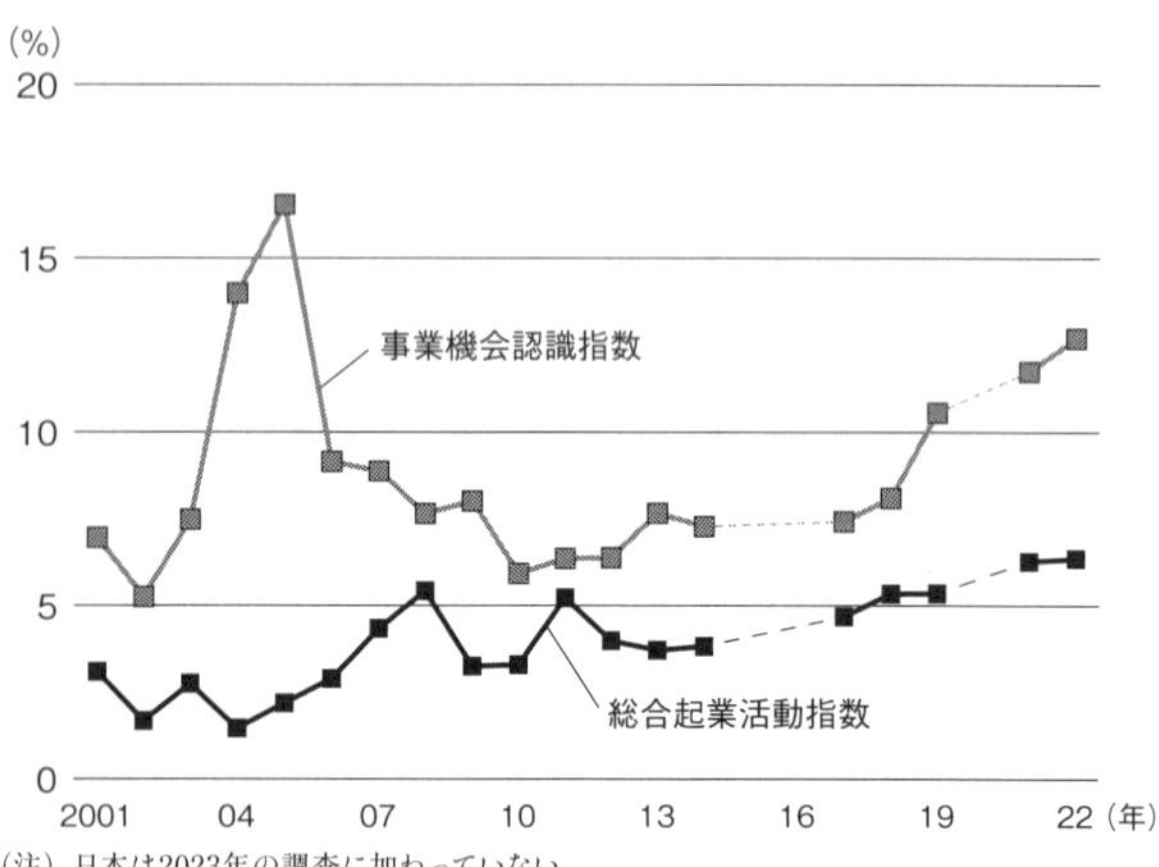

（注）日本は2023年の調査に加わっていない
（出所）グローバル・アントレプレナーシップ・モニター（GEM）

5－8は日本の総合起業活動指数と事業機会認識指数の推移を示している。

限られた人数を対象にしたアンケート調査だから、標本誤差も大きいと思われるが、日本の総合起業活動指数は2004年調査では1・48％の低さだった。2022年は6・35％だから、起業活動中の人は20年近くの間に4倍にも増えたことになる。

事業機会認識指数も2010年調査では5・92％まで低下していた。2022年調査では12・70％だったから、周辺に事業機会がありそうだと考えている人の割合が、この12年ほどの間に「17人に1人」から「8人に1人」に増加したことになる。

ユニコーンはようやく8社に

設立10年以内でかつ時価評価額が10億ドル（約1500億円）以上の未公開企業はユニコーンと呼ばれる。米調査会社のCBインサイツによると、日本のユニコーン数は2024年5月時点で8社だった（図表5－9）。2027年度に100社という岸田首相（当時）が掲げた目標にはほど遠い。

世界では14番目だ。米国の676社、中国の164社、インドの71社、英国の54社などを大幅に下回っており、韓国の14社と比べても半分にすぎない。

ただ、お先真っ暗かというと、今後1～2回の資金調達でユニコーンへの成長が期待できる、「予備軍」は少しずつ増えているようだ。

日本経済新聞社が日本ベンチャーキャピタル協会（JVCA）と投資家向けサービスのケップル（東京・渋谷）の協力を得て2017年から実施している「NEXTユニコーン調査」によると2023年10月末時点で、数年以内にユニコーンになる可能性がある未上場のスタートアップは13社と調査開始以来で最多だった。この「予備軍」の数は2017～21年に

図表5-9　国・地域別のユニコーンの数

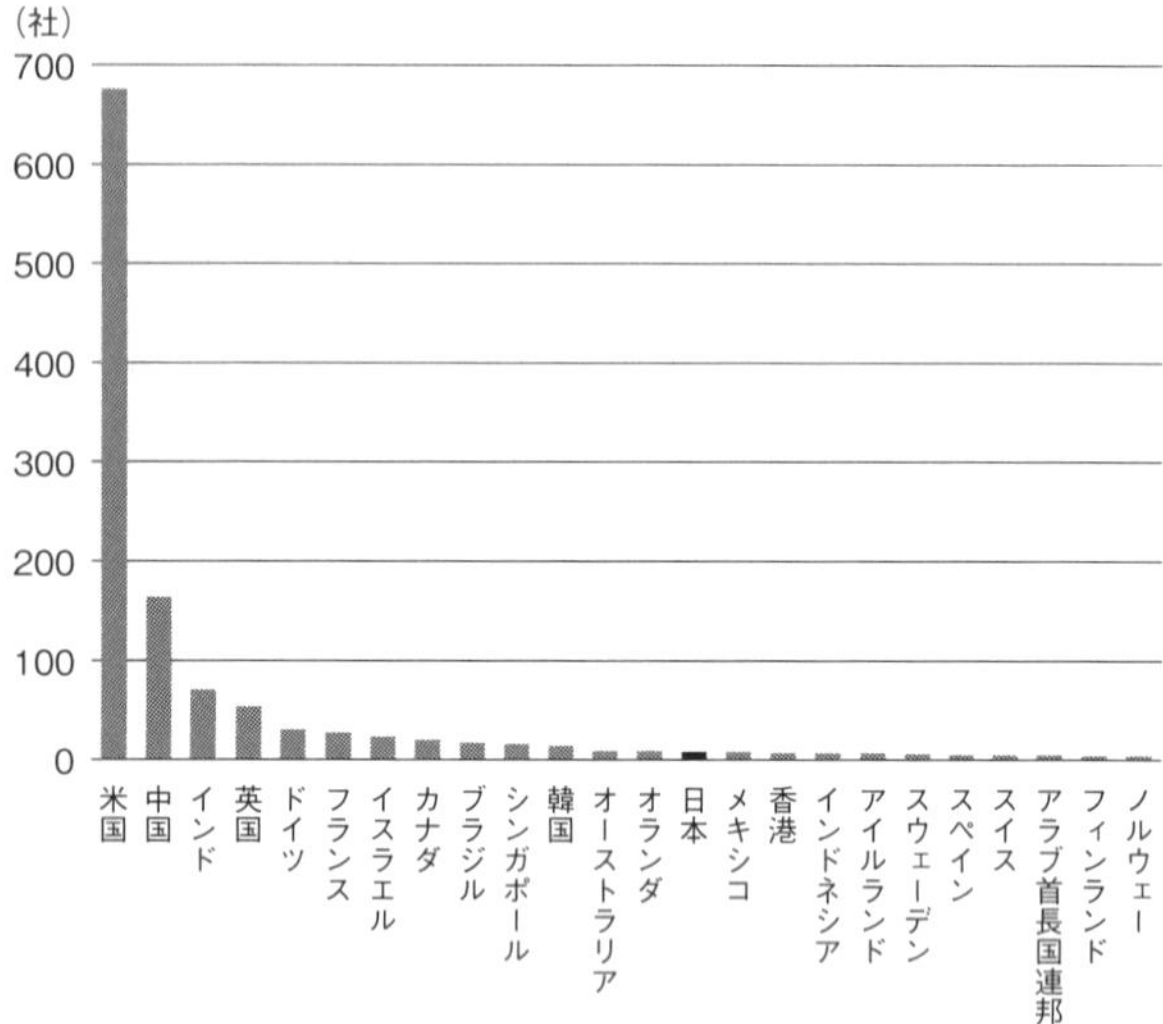

（注）ユニコーンは時価総額が10億ドル以上の未上場企業。2024年5月現在
（出所）米CBインサイツ

は１～５社で推移していた。

ＪＶＣＡの２０２２年度の「ベンチャーキャピタル最新動向レポート」によると、日本のスタートアップの資金調達総額は２０２１年に８５０８億円、２０２２年に８７７４億円と着実に増えている。スタートアップ１社当たりの資金調達額も、ベンチャーキャピタルが組成するファンドの数や規模も右肩上がりをたどっている。

ただ、この程度では世界のダイナミズムにはとても追いつけない。加速しなければならない。

3 できることから取り組む

下請け扱いをやめよう

起業社会の構築に向け、さまざまな制度も準備され、挑戦者が少しずつ増えていることは間違いない。筆者は関係者と意見交換を重ねてきたが、多くの専門家が口にしていたのは、「以前に比べて起業に取り組む人材や起業関連ビジネスを手掛ける人材のクオリティーが向上した」という点だ。

以前が悪かったというわけではないのだが、やはり、以前ならば大学を卒業するとともに適当な大企業に就職して、生涯をそこで職業生活を送っていたのであろう人材が、起業に挑戦するようになったという。「いろいろなことを本当によく勉強していて、事業戦略もしっかり組み立てられる人が多い」とベンチャーキャピタルの関係者は語る。

既存の大企業も少なくともトップ層は、オープンイノベーションの大切さを理解する人が増えてきたという。すべてのスタートアップが同じかどうかはわからないが、「しっかり準備をして面会を申し込めば、トップ層にも会いやすくなった」という。

しかし、その後に問題になるのが、大企業側の「自前主義」だ。スタートアップが開発した技術や製品を組み込むことに大企業内部の技術部門が抵抗し、「そんな製品ならば、うちでも作れる」と主張して、採用を拒むのだそうだ。

こうした関門を一つ一つ潜り抜け、本来ならば大企業側が提供すべき実装テストの費用なども負担して、技術や製品の採用が決まったとすると、次に待っているのが、大企業側の値引き要請なのだという。

「平気で納入価格を何割引き下げよといってきたり、当社が採用するだけでお宅には宣伝効果があるのだから、『当社との取引でもうけようと思うなよ』と注文を付けてきたり、本当に世界的な大企業がそんなことをいうのかと感じるようなことをいわれる」という。

大企業の経営トップがいくらスタートアップ育成の大切さを理解していても、実際に現場で取引する担当者にしてみれば、少しでもコストを下げることが自分の得点になってしまうらしい。要するにスタートアップは大企業にとって、数多い下請け業者の一つにすぎないようなのである。

まだ起業社会を実現すること大切さが社会全体に共有されていない。総論賛成でも各論反

図表5-10 東証グロース市場新規上場銘柄の上場初値を100とした場合の株価推移

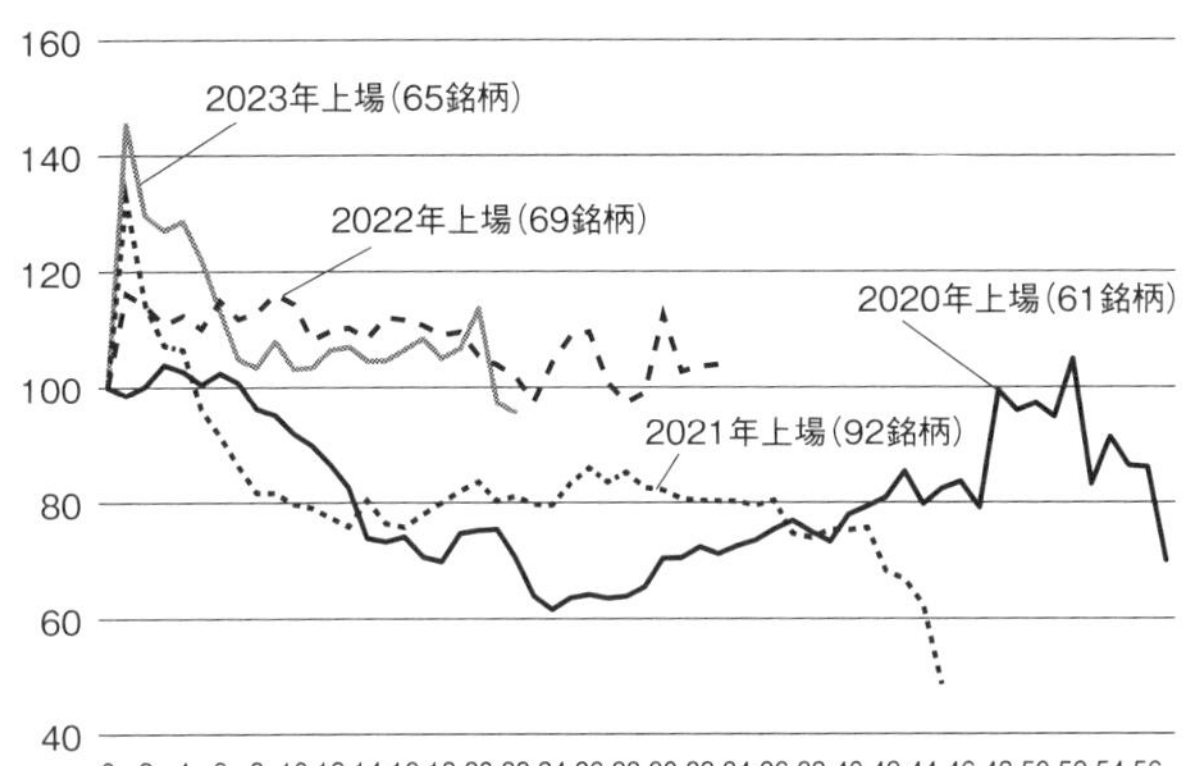

(注) 2022年3月までは東証マザーズとジャスダック・グロース市場に上場した銘柄を対象に計算
(出所) QUICKのデータをもとに筆者作成

対では、物事は進まない。まずは大企業が先陣を切って、行動を改めるべきだろう。

成長戦略が語れるプロを

グロース市場に上場した企業の株価パフォーマンスがさえないのは、上場するまではベンチャーキャピタルなどが投資先企業に経営規律を与えているのに対し、上場後は放置されているのが一因との見方もある。株式を上場したことで経営陣が安心して気を抜いてしまうのかどうかはわからないが、約4000社もある上場企業の1社になるので、よほどの企業ではない限り、上場株に投資する機関投資家の目に留まらないことは確かなようだ。

実際、東証グロース市場に新規に上場した企業の株式を上場初値で買った場合、その後の投資採算がどうなるのかを図表5－10に示したが、個人投資家が宝探しの気持ちで買うのもためらわれるような状況に陥っている。

個々の銘柄の上場初値を100として、上場後の株価推移を指数化し、その平均値をとってグラフ化したものなので、銘柄によっては良好なパフォーマンスを示したものが含まれているのかもしれない。しかし、多くはアナリストの分析レポートもないような銘柄だし、企業側にも投資家にわかりやすく成長戦略などを語れる人材などいないことが多い。

上場準備に必要なので、経理や財務の専門家はいて、最高財務責任者（CFO）などと名乗っているかもしれないが、その多くは決算書類や退職金規定などを作成するプロではあっても、企業価値がこれからどう膨らんでいくかといったエクイティストーリーを語るノウハウなどは持っていないようだ。

もっと企業規模が大きくなってからの上場ならば、機関投資家が組み入れ対象として検討する可能性もあるし、企業側にも成長戦略を語れるプロを採用して配置する資金的な余裕が出てくる可能性がある。中途半端な段階で上場してくる企業に対し、上場維持のための時価総額基準を掲げて対応を迫るだけでいいのだろうか。企業が成長し続けるためにどんな支援ができるか、もっと知恵を絞る必要があるのではないか。

上場後の株価のパフォーマンスが好転すれば、新規上場株を買おうという投資家も増え、ベンチャーキャピタルがより効率的に投資資金を回収できるようになる。起業関連ビジネスが十分な収益を確保できるようになることが、スタートアップ・エコシステム構築の重要な要素である。若い上場企業の株価下落に「対策なし」では済まされない。

クロスオーバー投資の活発化を

上場を境に外部のプロの目が入らなくなってしまうのは、未上場株に投資するベンチャーキャピタルと上場株に投資する機関投資家とが同じ投資家であるのにもかかわらず、完全に異なるアプローチで仕事をしているからだ。

ベンチャーキャピタルは株式の上場を投資のエグジット（出口）と考えているので、上場に合わせて保有株を売却していくことになる。これに対し、上場株に投資する機関投資家は「ベンチャーキャピタルから売りが出るのが確実な株式を買い向かおうという気にはなれない」（投信の運用担当者）という。

図表5-11　2024年9月に設定された2本のクロスオーバー投信

	野村日本新鋭成長株ファンド	ひふみクロスオーバーpro
募集開始	2024年8月22日	2024年8月26日
設定日	2024年9月2日	2024年9月12日
運用会社	野村アセットマネジメント	レオス・キャピタルワークス
販売会社	野村証券	直販のほか、9社
純資産総額（10月8日）	463億円	108億円
基準価格（10月8日）	9,707円	10,357円
特徴	資金の90～95%を上場後10年未満の日本企業に、5～10%をジャフコが運用する投資事業有限責任組合の持ち分に	2つのマザーファンドを通じて上場株と未上場株に投資。実質的に投資する未上場株式は純資産総額の10%程度
決算頻度	年1回（3月25日）	年1回（7月25日）
NISA口座での購入	対象外	成長投資枠で可能
購入時手数料（税込み）	3.30%	3.30%
信託報酬	1.63%	1.65%
実質信託報酬率の最大値	2.18%	
信託財産留保額	0.30%	なし

（注）購入時手数料は販売会社によって異なる
（出所）交付目論見書の記載をもとに筆者作成

こうした状況に少しでも風穴を開けようというのが、未上場株の段階で投資して上場後も保有し続けるクロスオーバー投資の試みだ。実は2024年9月に図表5－11に示すような2本のクロスオーバー投信が設定された。1本は野村アセットマネジメントが運用する「野村日本新鋭成長株ファンド」、もう1本はレオス・キャピタルワークスが運用する「ひふみクロスオーバーｐｒｏ」だ。

追加型投信は組み入れている証券の時価に基づいて日々、基準価格が計算され、その値段で投資家が購入や解約（売却）をするため、簡単に時価を計算できない未公開株を組み入れるのは難しい。５０００本以上ある日本の公募投信のなかで、現状、資金の一部を未公開株に振り向けているのは、鎌倉投信の「結い２１０１」くらいしかない。

クロスオーバー投信が相次いで設定されたのは、投資信託協会が２０２４年2月15日に自主規制ルールを修正し、公募投信に純資産総額の15％を上限に未上場株を組み入れることができるようになったためだ。他の大手投信運用会社も設定を検討していると伝わる。

未公開株にお金がいくら入るかという問題もさることながら、誕生から成熟まで一貫して企業の成長を見守ることができる投資のプロが増えることは、スタートアップ・エコシステムの成立と資産運用立国の実現に向けての重要なピースではないだろうか。

起業社会で成長力押し上げを

日本経済低迷の理由はいろいろあるだろうが、スポーツ分野や芸術分野で日本人が大活躍していることを思えば、日本人一人ひとりの能力が劣っているということはないと考えられ

図表5-12　上場企業の早期・希望退職者募集状況

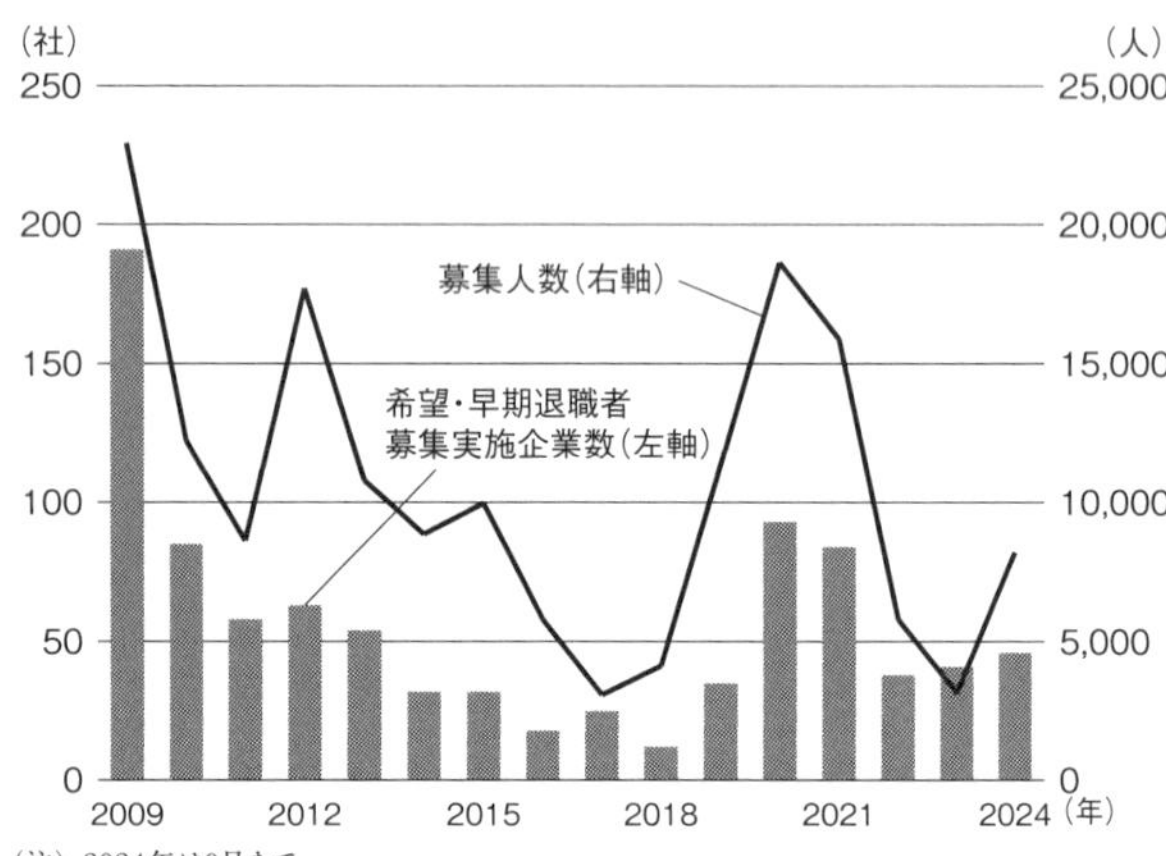

（注）2024年は9月まで
（出所）東京商工リサーチ

る。政策的な制約か自己規制かはわからないが、潜在力を発揮していない人が多すぎるのではないだろうか。

図表５－12は東京商工リサーチがまとめた上場企業による早期・希望退職者の募集状況だ。２０２４年は９月までに企業数では２０２３年１年間の41社を上回る46社が募集に踏み切り、募集人数ではすでに２０２３年１年間の３１６１人の２・６倍に当たる８２０４人になった。

しかも募集企業の６割近い27社は、募集時点の直近決算期の最終損益が黒字になっていて、募集人数も６６４６人と全体の募集人数の約８割を占めていたという。赤字企業による募集は19社１５５８

人と少数派になっていた。

２０２４年９月に実施された自民党総裁選では、ある候補が解雇規制の緩和を政策に掲げ、社会の反発を招いた。しかし、かつて経営トップが「従業員のクビを切るならば、経営者は当然、自ら腹を切るべきだ」（奥田碩会長＝当時＝の『文藝春秋』１９９９年10月号への寄稿）とまでいっていたトヨタ自動車でも、ここ数年は豊田章男会長が「終身雇用の維持は難しくなった」との発言を繰り返している。

赤字が続き、最後の手段として人員の削減に乗り出すのではない。余剰人員の削減などに早め早めに手を打たないと、株価も下落し、企業の活力が殺がれてしまうのだ。転職も当たり前の社会になってきたので、財務的に余裕があるうちに退職してもらったほうが、お互いにメリットがあるとの判断もあろう。

もう終身雇用をあてにした人生設計など成り立たないのは明らかだ。社会保障制度の持続可能性の低下もあり、退職後の長い老後の家計収支は悪化が必至である。かといって雇用不安や老後の資金不足に備えるために、節約一辺倒の生活を送ることに、耐え続けることなどできないだろう。突破口は一人ひとりが考えなければならない。

起業に向く人も向かない人もいるだろうから、誰もが行動を起こすべきだというわけではない。しかし、全力を挙げて自らのビジネスを確立させようとしている人たちが、もっと日本社会の中心に来てもいいのではないか。もっと潜在力を発揮する国民が増えなければ、日本経済は地盤沈下を止められない。

第 6 章

変わる世界と資産形成

1　激動する世界情勢と資産保全

日本経済にも大きな影響

2022年2月24日にロシアのウクライナ侵攻によって始まった両国の軍事対立は、2年8カ月が経過した2024年10月になっても、ゆくえが混とんとしている。2023年10月7日にパレスチナ暫定自治区のガザ地区を実効支配するイスラム組織ハマスが突如、イスラエルへの攻撃を開始し、激しい応酬を招いた軍事衝突も、2024年10月にはイスラエルがレバノンに侵攻し、イランがイスラエルにミサイル攻撃する事態に発展した。

国内外の識者の間からは「第3次世界大戦前夜だ」といった声も出ている。2024年11月5日の米大統領選で、共和党のドナルド・トランプ前大統領と民主党のカマラ・ハリス副大統領のどちらが米国のリーダーに選出されるかにもよるが、不安定な世界は2025年に持ち越され、深刻さを増すリスクも否定できなくなっている。

距離的には遠い地域のできごととはいえ、日本経済はすでに大きな影響を受けている。世

図表6-1 世界と日本の実質GDP成長率

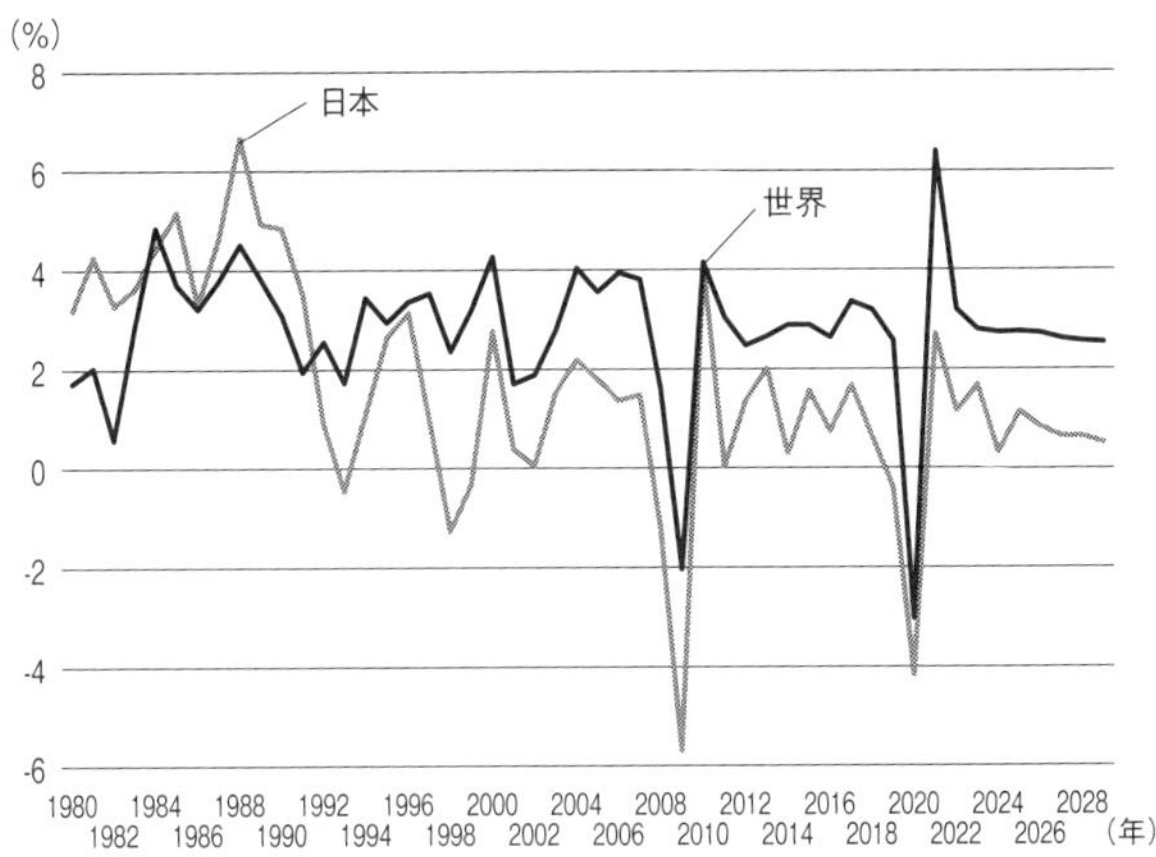

(注) 2024年以降は予想
(出所) 国際通貨基金(IMF)「世界経済見通し」2024年10月版をもとに筆者作成

界の穀倉地帯といわれるウクライナが紛争に巻き込まれたことで、穀物価格に上昇圧力が掛かっている。すでに高止まりしているエネルギー価格は、中東情勢の緊迫化でさらに高騰する可能性があり、企業の事業活動や家計運営を圧迫している。

不安定な時代に備えるために、どの国の政府も軍事関係の支出を増やさざるをえないという問題もある。これも増税などを通じて、国民生活を圧迫する要因になろう。

図表6－1は国際通貨基金(IMF)が2024年10月に公表した世界経済見通しのデータベースから、世界

全体と日本の実質国内総生産（ＧＤＰ）がどう伸びてきたかを示している。２００９年や２０２０年にマイナス成長に陥ったのは、リーマン・ショックや新型コロナウイルスの世界的流行が足を引っ張ったためだ。２０２４年から２０２９年まではＩＭＦの見通しだ。

このグラフをみると、日本の実質成長率がじわじわと低下してきてはいるが、世界全体の成長率は大きなショックがあった年を除いて、年率２〜４％で安定的に推移しているようにみえる。

想定よりも膨らまない世界経済

しかし、ショックがあるたびに世界経済の実質規模は縮小しているため、ショック発生前に想定していた水準に比べて、世界経済は小さくなっている。図表６－２はもしリーマン・ショックや新型コロナウイルスの流行がなかったら、世界経済の実質規模がどう膨らんできたかを一定の前提をおいて計算したものだ。ショック後の予想をショック前の予想と比較し、どう下方修正されたかを示している。

ショックがなかった場合、２０２４年の世界の実質ＧＤＰは２００７年を１００とした場合、１９０前後になっていたと思われるが、実際には１５０にとどまっている。ＩＭＦの２

図表6-2 ショックの有無と経済の実質規模

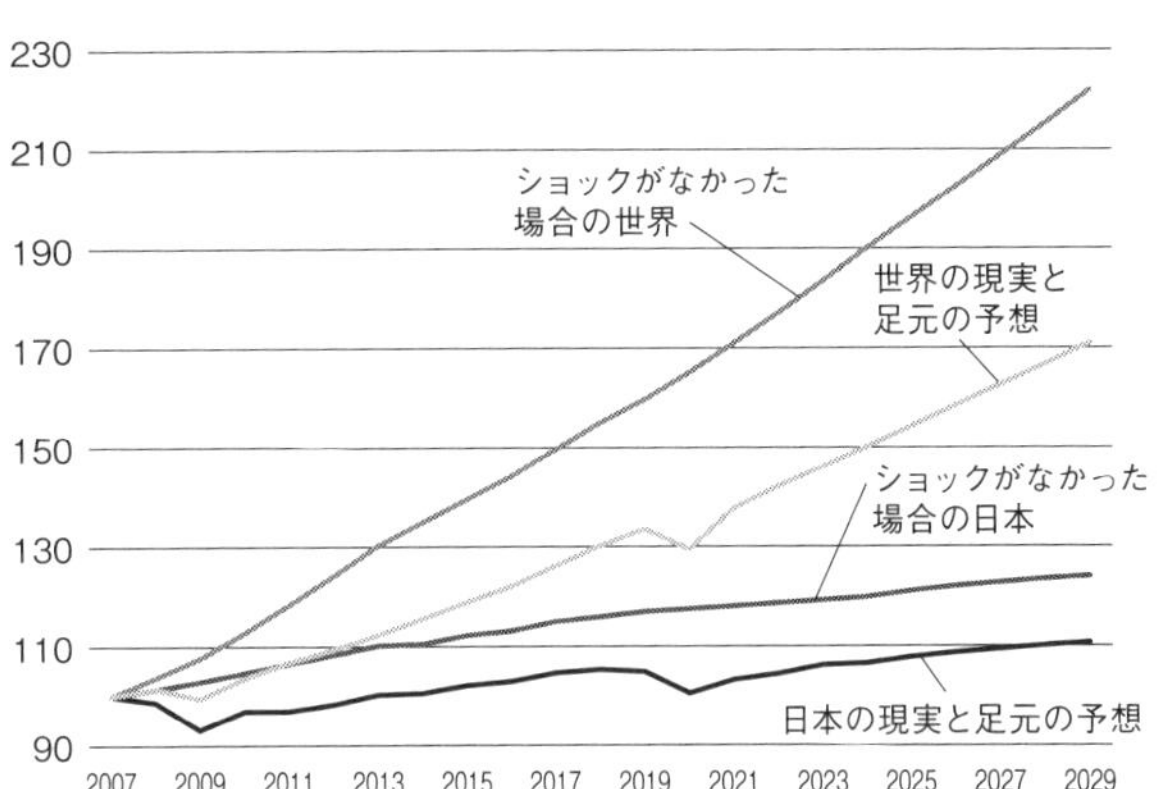

（注）「ショックがなかった場合」は2007年の実質経済規模を100とし、過去の「世界経済見通し」に記載されていた成長率を使って、その後の経済規模を想定。「現実と足元の予想」は実際の成長率と2024年以降の予想値を使って描画した
（出所）国際通貨基金（IMF）「世界経済見通し」過年度版のデータをもとに筆者作成

024年10月時点の見通しを使って2029年の実質GDPを推定すると、ショックがなかった場合は222になるが、現実には171にとどまりそうだ。

日本の実質GDPも2007年を100とした場合、2024年はショックがなければ120程度になっていたはずだが、実際には107にとどまっている。2029年の水準も、ショックがなかった場合は124になるが、現実には111程度にとどまりそうだ。22年間でプラス11％とは、ゼロ成長ではないにしても、それに近いイメージだ。

個別企業の株価や市場全体の動向を示す株価指数は、名目値で語られるから、もし株価指数が名目GDPの伸び率と同じペースで上昇すると仮定すると、実質GDPの伸び率にインフレ分を加えただけの上昇があると考えることができる。それでも、ショックが発生する前に予想していた水準までは上がらなくなりそうだ。

しかも大きな懸念は「力による世界地図の塗り替え」という歴史的にも重大な局面に入った可能性があることだ。周辺国との関係が一触即発かどうかはともかく、日本も地政学的リスクにいつ巻き込まれるとも限らない。激動の時代に、株式にしても投信にしても預金にしても金融機関の口座にある金融資産が消えるとは考えにくいが、その実質価値、つまり購買力がどう変わるかは予測しにくい時代になったといえる。

「悠々自適の老後」は無理

軍事的な衝突だけが問題ではない。激甚災害によって生活基盤が破壊される可能性もある。60歳や65歳で現役を引退して、あとは悠々自適に暮らそうなどという考え方は、あくまでも世の中が安定していることが前提だ。稼働所得を確保する能力を持ち続けること、衣食住の生活基盤が失われないようにすることなども含め、不確実性への備えが不可欠である。

図表6-3　年金生活者の毎月の収支（マイナスは赤字）

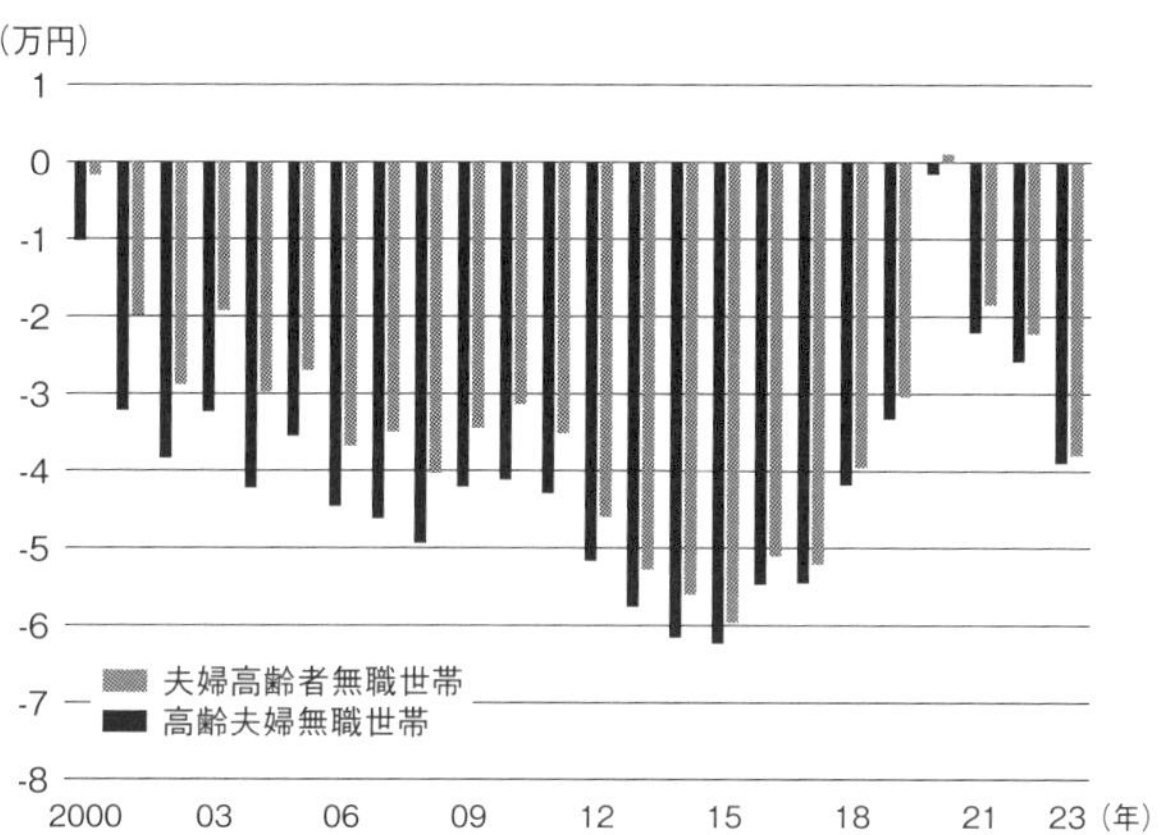

（注）高齢夫婦無職世帯は夫65歳以上妻60歳以上の夫婦のみの無職世帯、夫婦高齢者無職世帯とはともに65歳以上の夫婦のみの無職世帯。収支は可処分所得から消費支出を差し引いた金額で、マイナスは赤字を示す
（出所）総務省「家計調査」をもとに筆者作成

すでに日本では新卒で企業に採用され、結婚して子どもを育て上げつつ、定年まで同じ企業に勤め、老後は退職金と公的年金で暮らすという昭和のモデルは成り立たない。それよりも問題だと感じるのは、政府も企業も余裕がなくなっていて、雇用にしても社会保障にしても、人々が常に不安を感じながら暮らしていかざるを得なくなっていることだ。

振り返れば、２０１９年６月に金融庁からいわゆる「老後２０００万円報告書」（正式には金融審議会市場ワーキング・グループ作成の「高齢社会における資産形成・管理」報

図表6-4　急増した年金生活者の消費支出（月平均）

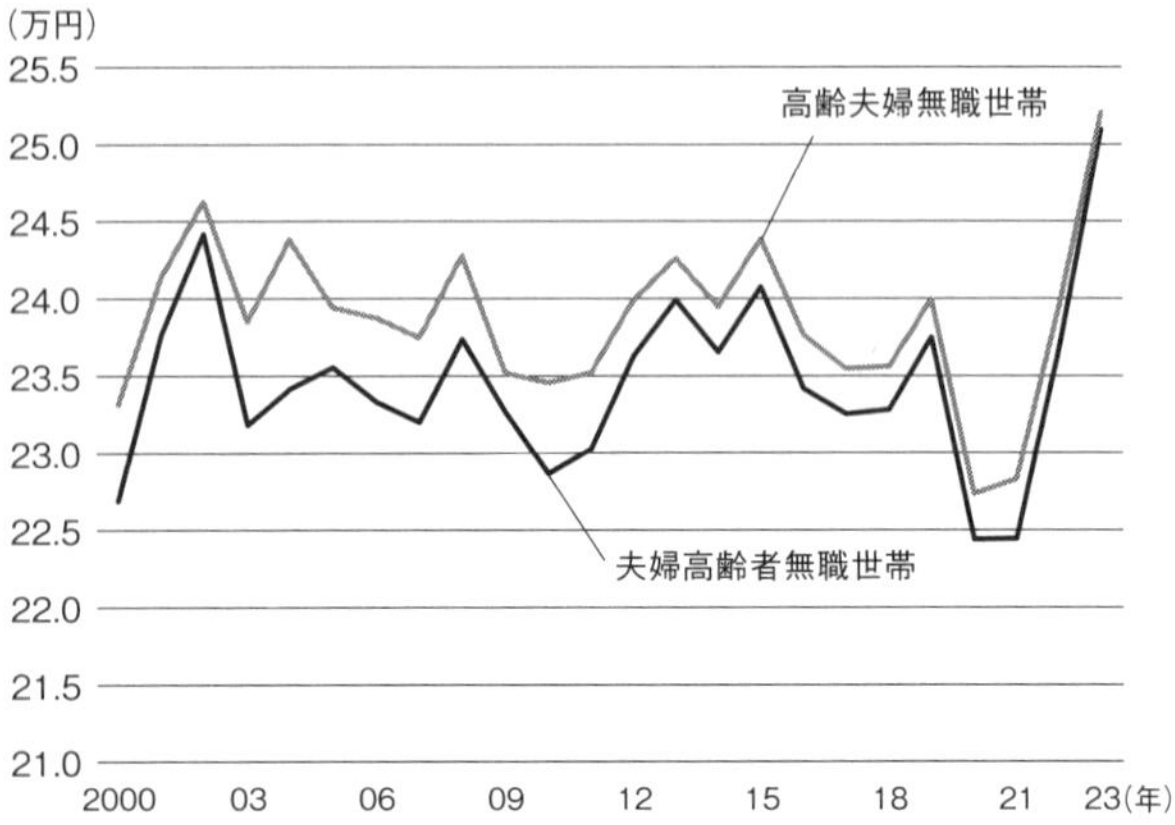

（注）高齢夫婦無職世帯は夫65歳以上妻60歳以上の夫婦のみの無職世帯、夫婦高齢者無職世帯とはともに65歳以上の夫婦のみの無職世帯
（出所）総務省「家計調査」をもとに筆者作成

告書）が公表され、国民的な関心を呼んだ。２０００万円不足の試算のもとになった２０１７年の総務省「家計調査」は、年金生活者の可処分所得と消費支出の間に平均すると毎月、約５万円の差があることを示していた。

報告書では、月々の赤字額の30年分（３６０カ月分）が老後の資金不足額だと試算していたのだが、こんな想定はあまりにも乱暴だし、図表６－３に示すように、月々の赤字額は調査の年によって大きく異なっている。

しかも、２０２３年の家計調査の別のデータをみると、消費支出の絶対額は高齢夫婦無職世帯で25万２０８６

図表6-5 年金生活者が2023年に増やした支出項目

	高齢夫婦無職世帯			夫婦高齢者無職世帯		
	2023年	2022年	増加額	2023年	2022年	増加額
食料品（外食や贈答用を除く）	66,689	63,110	3,579	66,725	62,951	3,774
教養娯楽（パック旅行など）	14,999	11,708	3,291	14,641	11,333	3,308
設備修繕・維持	14,207	12,628	1,579	14,412	12,346	2,066
交通費・自動車購入費など	31,388	29,748	1,640	30,729	28,878	1,851
交際費（食料品・贈与金など）	23,941	22,684	1,257	24,230	22,711	1,519
外食	6,394	4,968	1,426	6,205	4,825	1,380
保健医療サービス	10,104	9,149	955	10,113	8,925	1,188

（注）月平均値。単位円。項目名は統計上の品目分類とは異なる。高齢夫婦無職世帯は夫65歳以上妻60歳以上の夫婦のみの無職世帯、夫婦高齢者無職世帯とはともに65歳以上の夫婦のみの無職世帯
（出所）総務省「家計調査」をもとに筆者作成

円、夫婦高齢者無職世帯で25万959円と、ともに総務省のウェブサイトで統計をさかのぼれる2000年以降の最高になっていた（図表6－4）。物価高で消費を増やさざるを得ない側面と、生活を楽しむために積極的に消費を増やしている側面の両方が現れている。

高齢者の貧富の格差は大きいから、乱暴な言い方は慎むべきかもしれないが、金融資産をそれなりに保有している高齢者を中心に、「もう世の中のこの先がどうなるかわからないので、あるものは使えるうちに使ってしまおう」という雰囲気になっているのではないか。

どんな支出項目が年金生活者の消費を

押し上げたかを細かく点検すると、図表6－5に示す通り、値上げに起因していると思われる食料品だけではなく、旅行や家のリフォーム、自動車の購入、外食などに積極的におカネを使った様子がみてとれる。なかには次世代にはおカネを残さないと決めている人もいるのではないだろうか。

節約一辺倒の現役世代

現役世代は節約一辺倒だ。家計調査で単身世帯を含む勤労者世帯全体の動向を2007年までさかのぼってみると、実収入（税引き前の収入）は2007年の48万74円から2023年の52万2334円へ4万2260円増加した（図表6－6）。

男性の世帯主の収入が2万2594円減少したのに、実収入が増えたのは、女性の配偶者の収入が2万2585円増えたほか、副収入（勤め先収入以外の収入）が1万7574円増加したためだ。

金額は公表されていないが、女性の世帯主の収入も大幅に増えたと思われる。男性の世帯主の収入は前述の通り2万2500円ほど減っているのに、男女問わずの世帯主の収入は1845円しか減少していないためだ。

図表6-6　単身世帯含む勤労者世帯の家計

		2007年	2011年	2015年	2019年	2023年
世帯主収入	A	406,020	384,731	384,487	404,701	404,175
男の世帯主収入		369,794	344,148	344,300	353,492	347,200
世帯主の配偶者の収入	B	40,352	40,026	46,406	57,933	64,249
女の配偶者の収入		39,837	39,608	45,842	57,126	62,422
他の世帯員収入	C	7,421	6,945	5,693	10,116	10,054
勤め先収入以外の収入	D	26,281	30,519	32,613	39,783	43,855
実収入	E＝A＋B＋C＋D	480,074	462,221	469,200	512,534	522,334
直接税	F	34,719	35,017	36,902	39,179	38,984
社会保険料	G	43,084	46,241	51,035	56,304	57,288
可処分所得	H＝E－F－G※	402,116	380,863	381,193	416,980	425,967
消費支出	I	289,821	275,999	276,567	280,531	272,285
黒字	J=H－I	112,294	104,863	104,626	136,449	153,682
平均消費性向	K=I÷H×100	72.1	72.5	72.6	67.3	63.9
黒字率	L=J÷H×100	27.9	27.5	27.4	32.7	36.1

（注）月平均値。単位円、消費性向と黒字率は%。※可処分所得は実収入から税・保険料のほか、「その他の非消費支出」も差し引く
（出所）総務省「家計調査」

実収入が増えても、支出面で税・社会保険料負担が合わせて1万8469円増加したため、可処分所得の伸びは2万3851円にとどまった。しかも、所得が伸びても消費に回さない家計が多いようで、消費支出は2007年の28万9821円から2023年の27万2285円へ1万7536円減少した。

この結果、可処分所得から消費支出を引いた余りである黒字は、2007年の11万2294円から2023年の15

図表6-7　2人以上の勤労者世帯の家計

		2007年	2011年	2015年	2019年	2023年
世帯主収入	A	433,306	409,709	412,884	438,263	441,862
男の世帯主収入		418,560	392,931	396,809	418,160	418,197
世帯主の配偶者の収入	B	54,129	54,025	64,768	83,468	97,670
女の配偶者の収入		53,440	53,460	63,981	82,305	94,883
他の世帯員収入	C	9,959	9,381	7,944	14,574	15,269
勤め先収入以外の収入	D	31,367	37,034	40,074	49,844	53,381
実収入	E＝A＋B＋C＋D	528,762	510,149	525,669	586,149	608,182
直接税	F	38,800	38,954	42,091	45,487	46,545
社会保険料	G	47,269	50,531	56,223	63,925	66,896
可処分所得	H＝E－F－G	442,504	420,538	427,270	476,645	494,668
消費支出	I	323,459	308,838	315,379	323,853	318,755
黒字	J=H－I	119,046	111,700	111,891	152,792	175,913
平均消費性向	K＝I÷H×100	73.1	73.4	73.8	67.9	64.4
黒字率	L=J÷H×100	26.9	26.6	26.2	32.1	35.6

(注) 月平均値。単位円、消費性向と黒字率は%。可処分所得の計算は図表6－6と同じ
(出所) 総務省「家計調査」

万3682円へ増加し、黒字額を可処分所得で割った黒字率は27・9%から36・1%へ上昇した。

女性の収入が増え、可処分所得が税・社会保険料の負担増を上回って伸びても、消費支出に回っていない傾向は、2人以上の勤労者世帯の統計（単身世帯を除く統計）でも鮮明だ。いずれも2023年のデータを2007年と比較したが、男性の世帯主の収入は3633円減少したのに、男女問わずの世帯主の収入は8556円増加した（図表

6－7）。

女性の配偶者の収入は4万1443円増え、副収入も2万2014円増加したため、実収入全体では7万9420円伸びた。税・社会保険料負担が2万7372円増えたため、可処分所得の増加額は5万2164円に圧縮された。節約に努めて消費支出を4704円減らしたため、黒字額は11万9046円から17万5913円へ5万6867円も増えた。

ただ、現役世代の黒字が増えているのは将来への備えに回す必要があるからだ。将来不安が消費の抑制につながり、経済の足を引っ張る悪循環が起きている。これはやむをえないこととはいえ、若いうちには同時に「稼ぐ力」も身に付けておかないと、激動の時代に生活の糧を失ってしまうだろう。

2　根拠ある？　日本復活論

止まらない日本の地盤沈下

2024年には日経平均が初めて4万円台に乗せたことも手伝い、あちこちで日本経済の

図表6-8　東京市場の時価総額と世界全体に占めるウエート

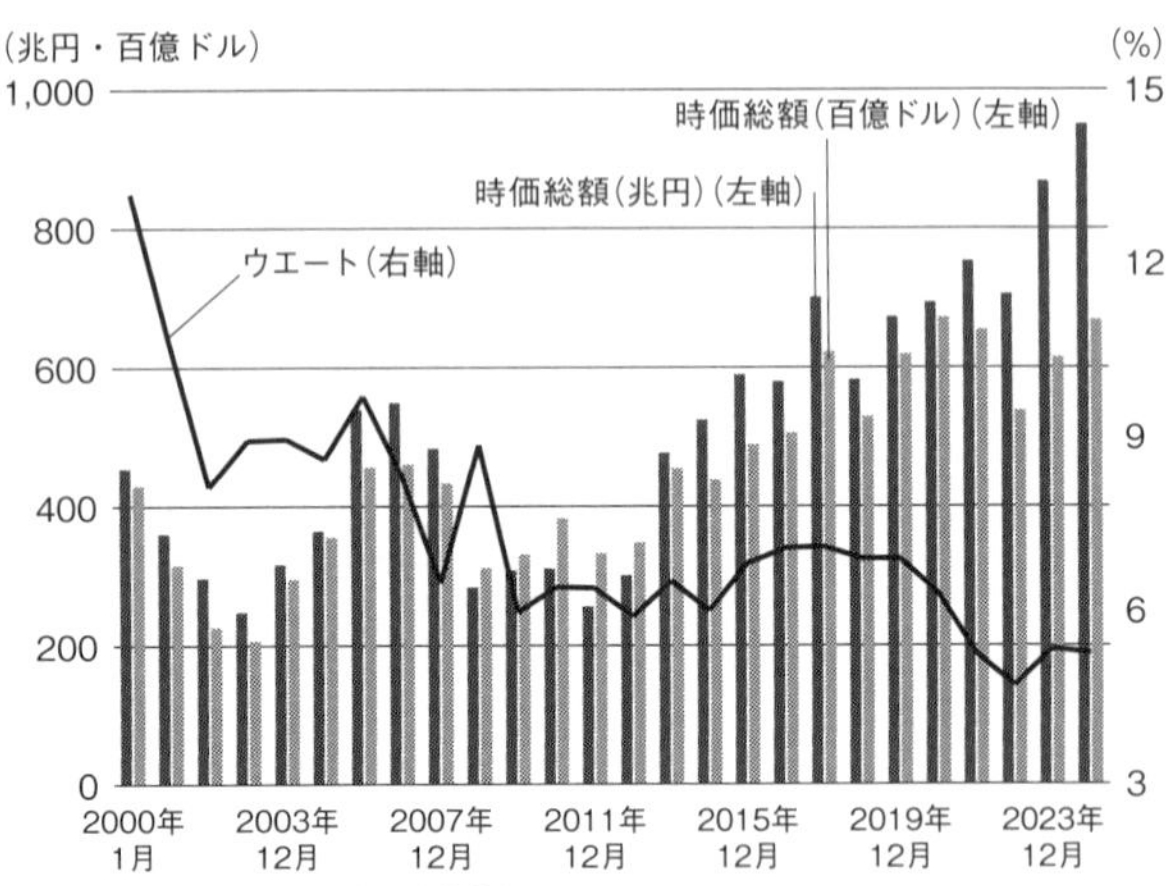

（注）各年末（2024年は9月末の速報値）
（出所）東京証券取引所、世界取引所連合のデータをもとに筆者作成

復活論が語られた。半導体受託生産の世界最大手、台湾積体電路製造（TSMC）が熊本県に工場進出したり、日本企業の設備投資が例年以上に活発になったりしたことが、復活の兆しと受け止められた。

多分にリップサービスだと思われるが、来日した海外の資産運用会社の幹部が日本のマスコミとのインタビューで、日本株への強気論を相次いで口にしたことも、日本が変わりつつある証左だと受け止められた。

しかし、2024年10月までの株式相場を振り返ると、円安になると日経平均が上昇し、円高になると下落する

図表6-9 日本のGDPと世界

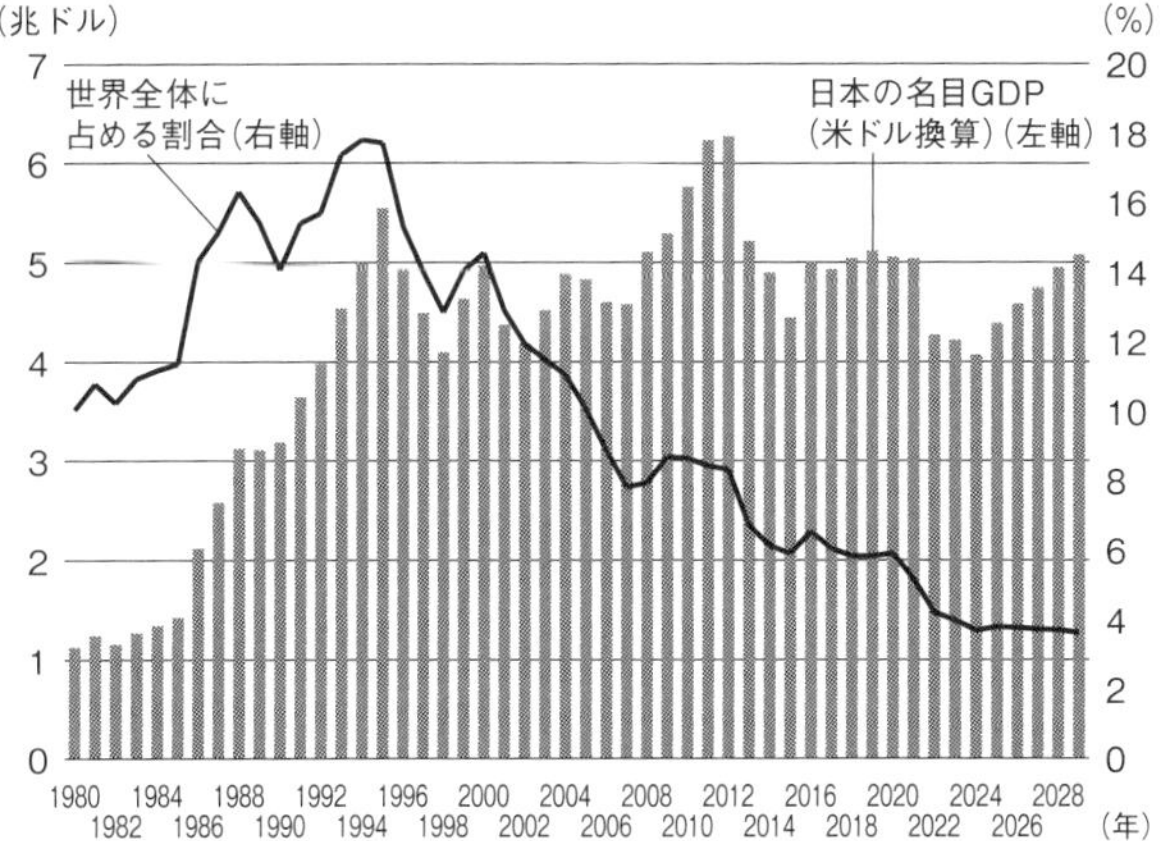

(注) 2024年以降は予想
(出所) 国際通貨基金(IMF)「世界経済見通しデータベース」(2024年10月版)のデータをもとに筆者作成

ことの繰り返しだったのではないだろうか。その証拠に図表6－8に示すように、世界の株式市場の合計時価総額に占める東京市場のウエートはほとんど変わっていない。2023年末には5・34%だったが、2024年9月末には5・27%となっている。

何しろ、日本経済の地盤沈下が止まらないのである。図表6－9はIMFによる日本の名目GDPと、世界全体に占めるウエートのこれまでの実績と2029年までの予想を示している。世界全体に占めるウエートは2023年に3・99%だったが、24年には3・70%に低下し、予想の最終年の202

図表6-10　日本と韓国の1人当たりGDPと世界順位

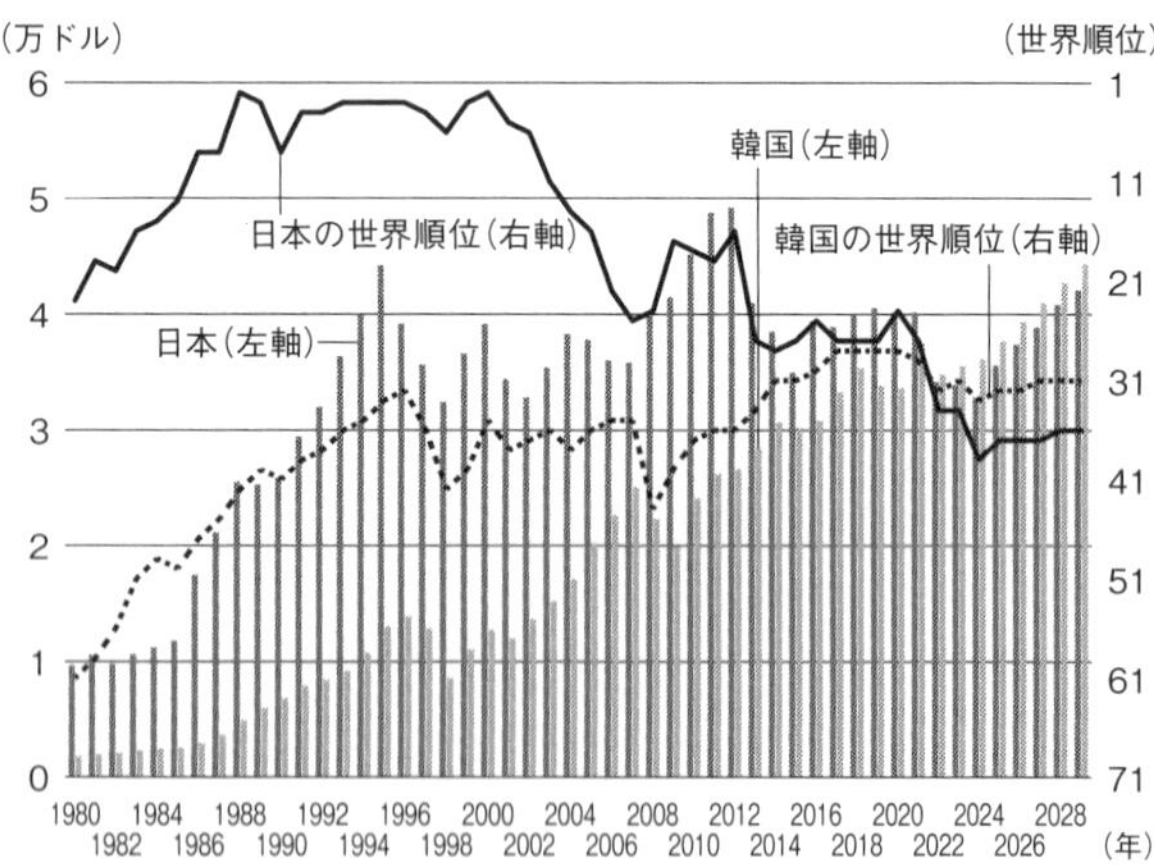

（注）2024年以降は予想
（出所）国際通貨基金（IMF）「世界経済見通しデータベース」（2024年10月版）のデータをもとに筆者作成

9年には3・63％になりそうだという。

1人当たり名目GDPも2023年には世界で34位だったが、2024年には39位に転落する見通しだ（図表6－10）。かつて世界2位だった面影はない。韓国は2023年に31位と日本の34位を上回った。

こうした世界順位の低下はたぶんに円安によってもたらされていて、円の対ドル相場が反転・上昇すれば、再び日本が浮上するのではないかとの見方もあろう。しかし、政府・日銀が利上げに否定的ならば、なかなか円高にはならないし、円高になると同時に株安が進む現状では、政策的な選択肢も限

図表6-11 IMD世界競争力ランキング

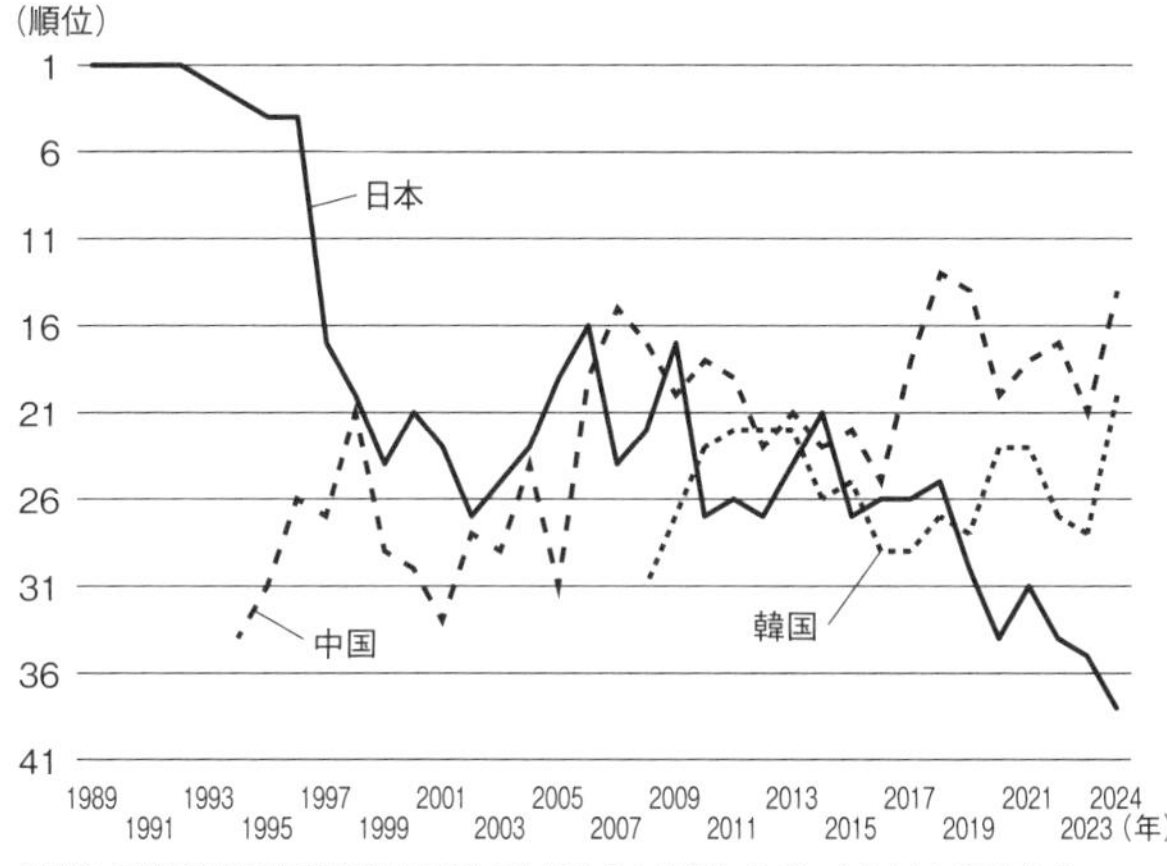

（出所）国際経営開発研究所（IMD）「世界競争力年鑑」のデータをもとに筆者作成

られる。手詰まり感が漂っている。

じわりと進む格差拡大

２０２３年の総務省「家計調査」（貯蓄・負債編）によると、２人以上の世帯の平均貯蓄額は１９０４万円と２０２２年の１９０１万円から３万円（０・２％）増加し、比較可能な２００２年以降で最多になったという。内訳は流動性預貯金が６６０万円（構成比34・7％）、定期性預貯金が５３７万円（28・2％）、生命保険などが３５３万円（18・5％）、有価証券が３２３万円（17・0％）などとなっている。

新型コロナウイルスの世界的流行が始

図表6-12　2人以上の世帯の平均貯蓄額

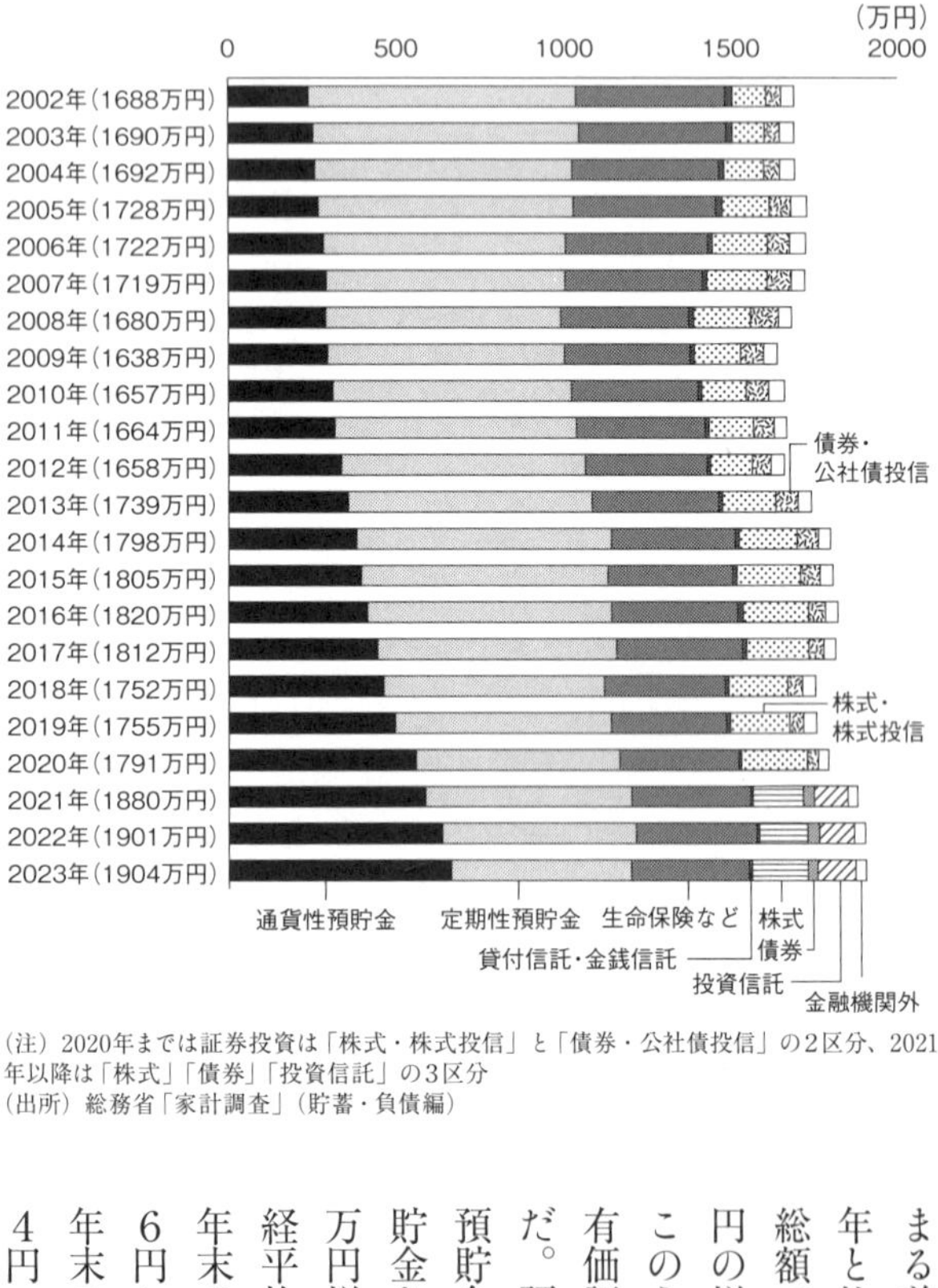

（注）2020年までは証券投資は「株式・株式投信」と「債券・公社債投信」の2区分、2021年以降は「株式」「債券」「投資信託」の3区分
（出所）総務省「家計調査」（貯蓄・負債編）

まる前の２０１９年と比較すると、総額では１４９万円の増加だった。このうち89万円は有価証券の増加分だ。預金は流動性預貯金と定期性預貯金を合わせて59万円増加した。日経平均が２０１９年末の２万３６５６円から２０２３年末の３万３４６４円へ上昇するな

図表6-13　上位20%の世帯の平均貯蓄額

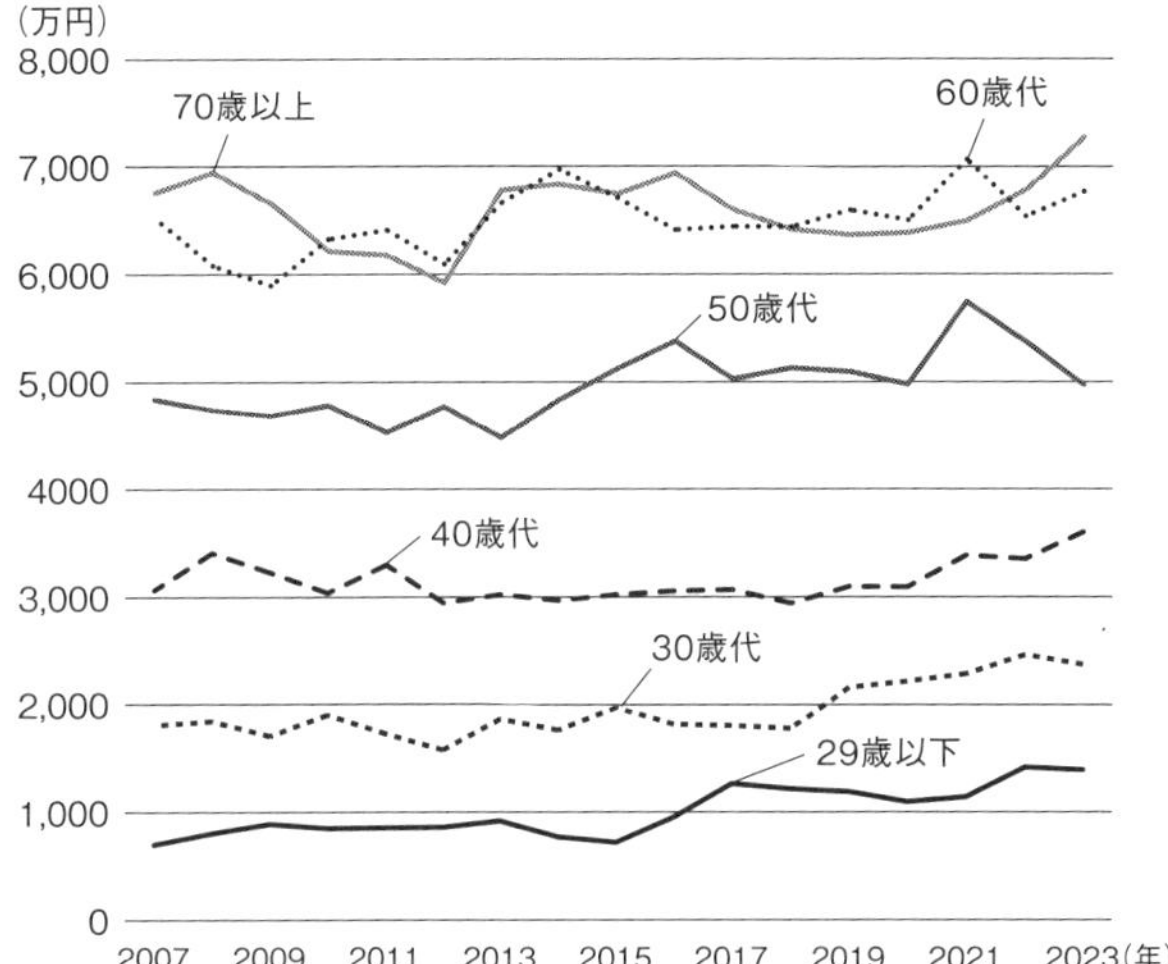

(注) 貯蓄現在高が多い方から上位20%に属する2人以上の世帯の平均貯蓄額
(出所) 総務省「家計調査」(貯蓄・負債編)

ど、この間の株高が、金融資産の増加にかなり寄与したもようだ。

2人以上の世帯の平均貯蓄額の2002年からの推移を図表6－12に示した。超低金利を背景に定期性預貯金から通貨性預貯金（普通預金）への移行が進んでいるが、貯蓄額全体に占める預貯金の割合は2002年の61・3%から2023年の62・9%へわずかながら高まり、預貯金大国ぶりには変わりがない。

それでも株式・債券・投信の割合が2002年の8・7%から2023年の16・4%へ増加した。

図表6-14　上位20％を除く世帯の平均貯蓄額

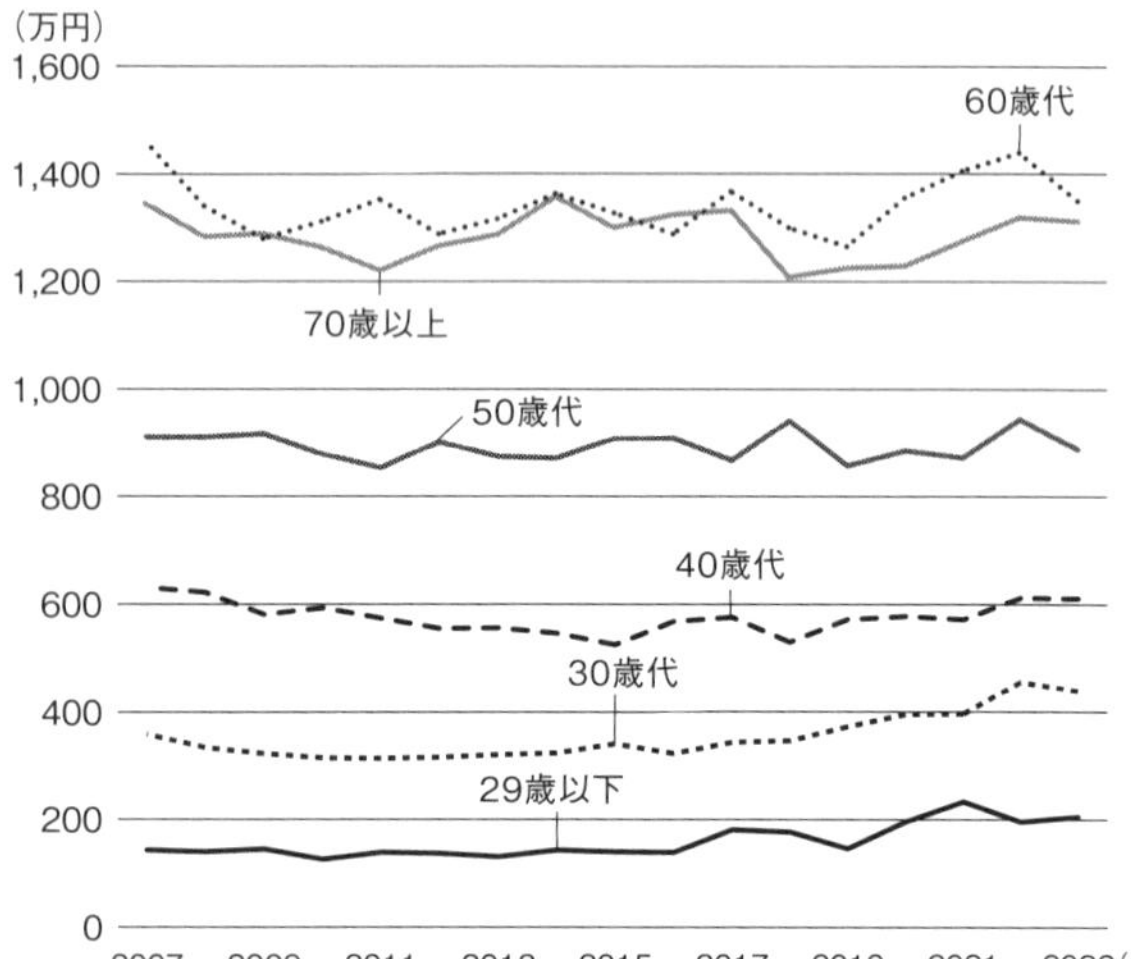

(注) 貯蓄現在高が多い方から上位20%に属する2人以上の世帯の平均貯蓄額
(出所) 総務省「家計調査」(貯蓄・負債編)

他の統計などと合わせて考えると、株価の上昇と投信への資金流入が比率の向上に結び付いたと思われる。その一方で、生命保険などの保有比率は２００２年の26・5％から18・5％へ低下した。

ただ、問題はこうした合計値の裏でじわじわと広がっている保有金融資産の格差だ。図表６－13は２人以上の世帯のうち、それぞれの年齢層で貯蓄額が上位20％に属する層の平均貯蓄額の変化を示している。図表６－14は貯蓄額が上位20％に属さない層の平均貯蓄額の変化を示している。

上位20％に属する層では、年齢階級にかかわらず、貯蓄額はじわじわと増加していることがわかる。2007年から23年にかけての16年間の増加率は29歳以下が98・4％、30歳代が31・4％、40歳代が17・4％、50歳代が2・7％、60歳代が3・7％、70歳以上が7・7％となっている。

ところが、上位20％に属さない層では、16年間で29歳以下が43・1％、30歳代が22・1％増加しているのを除くと、貯蓄額は減少した。減少率は40歳代が3・3％、50歳代が2・5％、60歳代が7・7％、70歳以上が2・4％だ。

1年ごとの変化は少しずつかもしれないが、富裕層はますます富み、非富裕層が取り残されている様子がわかる。米国などに比べて貧富の格差はまだ小さいとの指摘もあるが、国内で格差拡大を懸念する人々が増えている以上、政治的には取り残されている人々を放置できないと思われる。

相対的貧困率（所得が国民全体の中央値の半分に満たない人々の割合）の高さも日本の長期的な成長率を押し下げている。ひとり親世帯など相対的貧困に陥った家庭では、子どもに十分な教育を与えることができない恐れがある。能力発揮の機会を奪われる国民の増加は、何十兆円もの経済的損失をもたらしているとの試算もある。

石破首相も所得の再配分につながる政策に力を入れざるを得ないだろう。金融所得課税を強化する考えを口にしたこともあったし、地方創生を軸とする成長戦略を掲げていることは、基本的に格差を是正したいという思いの表れであろう。こうした政策ミックスが本当に日本経済の活性化につながればいいが、非効率さの温存が株価浮揚にはマイナスになる可能性もある。

少子高齢化が活力を奪う

図表6－15は日本の出生数（日本における日本人の出生数）の推移を示している。2021年、2022年、2023年と前年を下回る状況が続いていたが、2024年に入っても毎月、前年同月の出生数を下回っており、このままのペースが続くと、年間で70万人を下回る可能性がある。

15歳から49歳までの女性の各年齢の出生率を足し合わせた合計特殊出生率も、2023年は前年を0・06ポイント下回る1・20になり、過去最低を更新した。少子化の背景にはさまざまな要因が潜んでいるが、子育てに掛かる費用が膨らむ一方で、若年層の所得水準が低下していることが最も大きく響いているのは確かだろう。

図表6-15 月別出生数の推移

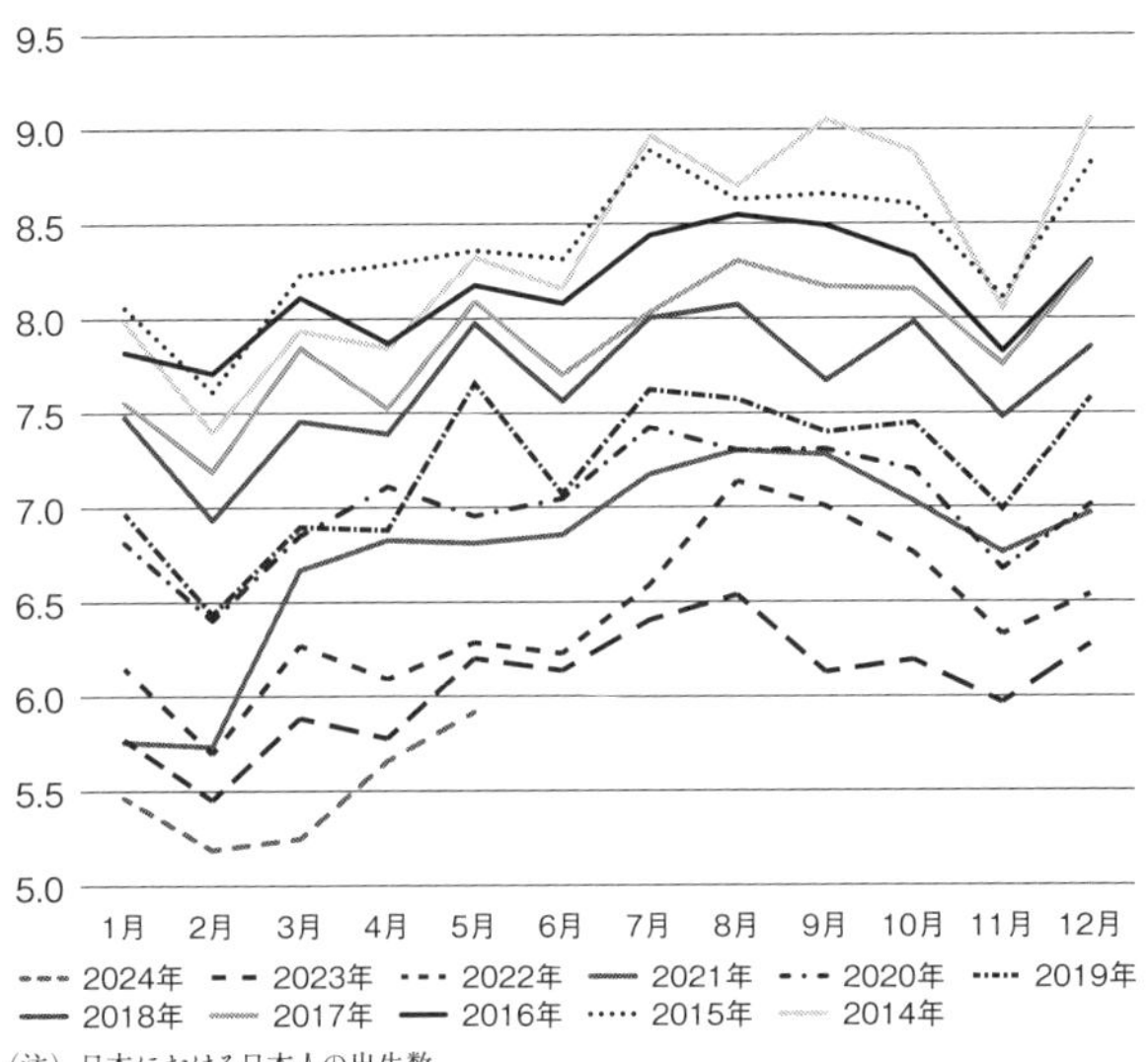

（注）日本における日本人の出生数
（出所）厚生労働省「人口動態統計月報（概数）」

日本の総人口は2008年の1億2808万人でピークを迎え、減少に転じているが、今後、減少のペースが加速する恐れもある。国立社会保障・人口問題研究所が2023年4月26日に公表した、2020年を起点とする将来推計人口によると、日本の人口は出生中位・死亡中位の前提の下でも、2070年には8700万人に、2120年には4973万人に減少する見通しだ（図表6－16）。

足元の出生数は出生中位の場合の推定値を下回っているた

図表6-16　日本の将来推計人口

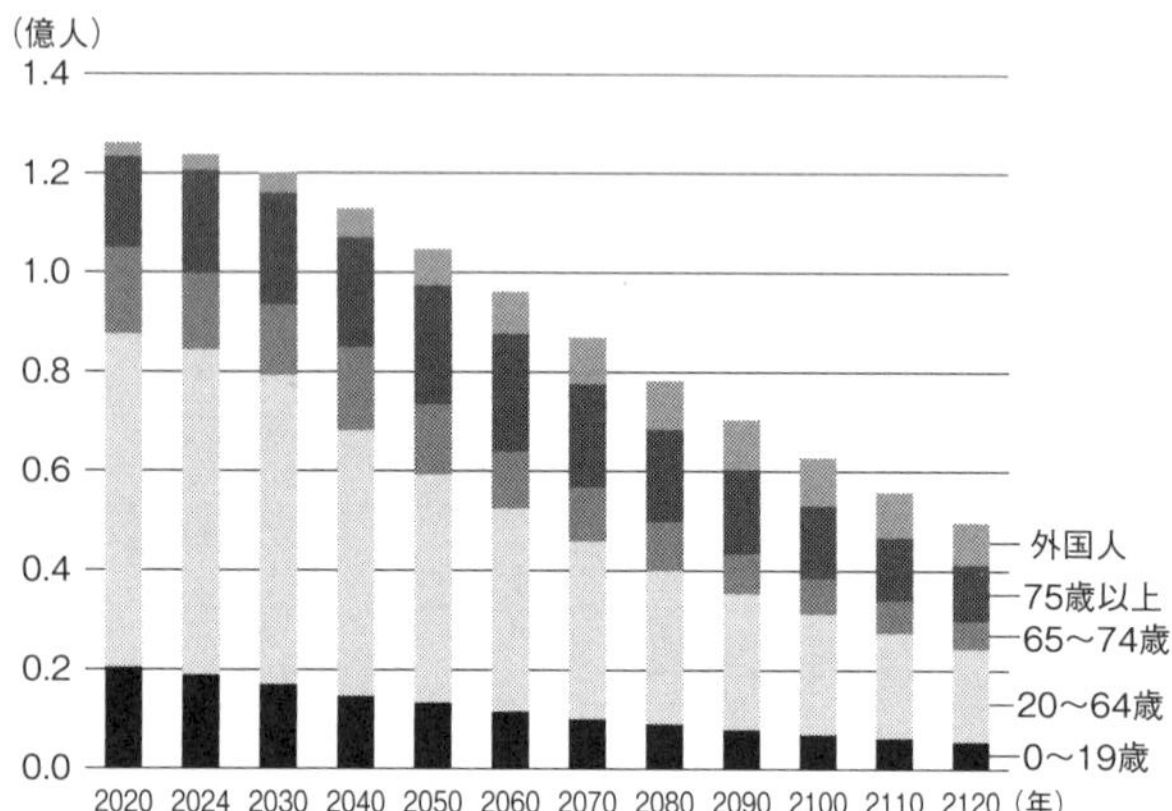

（注）出生中位・死亡中位のケース
（出所）国立社会保障・人口問題研究所「日本の将来推計人口」（令和５年推計）のデータをもとに筆者作成

め、実際にはもっと速いペースで減少していく可能性もある。しかも、現在は人口のうち在留外国人は約３４１万１０００人（出入国在留管理庁の２０２３年12月末のデータ）だが、人口推計によると、２０７０年には９３９万人、２０９０年には１０００万人になる見通しだという。

人口の減少はさまざまな問題を引き起こす。２０１４年には日本創成会議が全国の８９６の市区町村を消滅可能性都市と判定した。このときの定義は「２０１０年から２０４０年にかけての30年間で、20〜39歳の若年女性人口が５割以下に減少する市区町村」とされた。

２０２４年の人口戦略会議ではこの定義は同じだが、２０２３年12月に公表された「日本の地域別将来推計人口」を踏まえ、全体を計算し直した。この結果、消滅可能性自治体は10年前の推計から１５２減少して、７４４になった。とはいえ全国の自治体数は１７２９だから、43％が消滅するかもしれないといわれているのである。

それでも株高、実現するか

日本経済の縮小均衡が不可避ななかで、東京株式相場の上昇が期待できるだろうか。いつ何が起きてもおかしくない地政学的リスクや激甚災害のことまで考慮に入れると、何も語れなくなってしまうが、第一にいえることは、一国のＧＤＰと株価指数とはあまり関係がないことである。

図表６－17は横軸に２００４年から２０２４年にかけてのローカル通貨ベースの名目ＧＤＰの成長率、縦軸にそれぞれの国・地域を代表する株価指数の騰落率をとって描いた散布図である。

一見すると、名目成長率が高いほど株価指数上昇率が大きいから、もし、これから経済成長が期待できないのならば、株価はあまり上昇しないのではないかと想像することができる。

図表6-17　名目成長率と株価指数騰落率

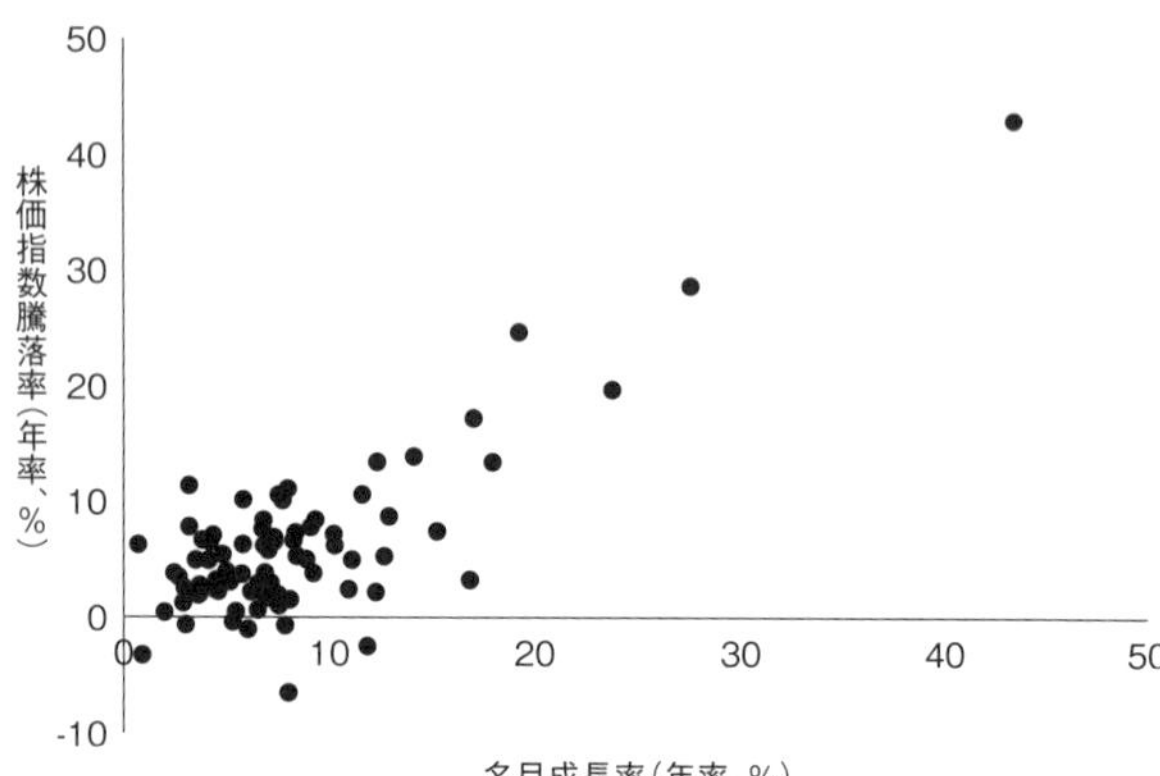

（注）名目成長率は2004年から2024年のIMF予想値までの成長率の年率換算、株価指数騰落率は2004年末から2024年10月4日までの騰落率の年率換算。対象は世界78カ国・地域
（出所）国際通貨基金（IMF）「世界経済見通し」、QUICKほかのデータをもとに筆者作成

しかし、散布図をよくみると、成長率と株価指数とに相関関係がありそうなのは、年率成長率がおおむね10％よりも大きい国・地域に限られている。

年率10％の成長を20年間続けると、名目GDPは6・73倍になる。こんな国があるとすれば、日本の高度成長期を上回るような急速な成長を続けたのか、耐えがたいインフレが高進したのかのどちらかであろう。こうした特殊な例を引いて、成長率と株価指数との間に相関関係があると考えるのはミスリーディングではないだろうか。

散布図の左下に集中してプロットされている年率成長率が10％を下回るような

国・地域をみると、株価指数騰落率を示す点は高い方にも低い方にも散らばっている。年率成長率が0・71％にすぎない日本の株価指数が年率6・25％上昇した一方、年率3・73％の上昇を記録した英国の株価指数が年率2・75％にすぎないなど、逆転例はいくらでもあるのだ。

米国のマグニフィセント・セブンをみてもわかる通り、企業は国境の壁を意識することなく、グローバルに活動して収益を得ているから、日本経済が低迷・衰退しようが、優れた経営戦略を実行している日本企業の株価は上昇が続くのではないか。

企業が事業を繰り広げている市場の規模と株価との間にも、比例関係があるとは考えにくい。なぜならば、第一に企業は市場の規模に応じて価格を自由に変えたり、投入する経営資源を加減したりして、縮小していく市場でも赤字にならないように最大限の努力や工夫をするだろう。

第二に成長市場ならば参入者が増え、果実を分け合うことになるだろうし、衰退市場ならば退出者が増え、残存者利益を確保できるようになるかもしれない。つまり、製品やサービスの市場規模が大きくなるかどうかと、企業が確保できる利益との間にはワンクッションもツークッションもあり、株価は事業環境の変化に対する企業の対応力を強く反映すると思われるからだ。

第2章第2節「日本企業、最高益の現実」でも説明したように、どんなときでも日本の上場企業の5〜6割は増益になり、2割程度は最高益を更新している。日本経済が大きなショックに見舞われた場合でも同じかどうかはわからないが、経済全体の動向だけが個々の企業の業績を左右するわけではない。

成功の確率が高まるかどうかは別として、個別企業の株式を買うのならば、景気の先行きや事業環境といった「森」よりも、経営戦略の巧みさや人材の生かし方など「木」をみて、「これは」と感じる投資先を選ぶべきであろう。

3 「仕上げ」に動くバフェット氏

アップル株の49%を売却

米著名投資家のウォーレン・バフェット氏が率いる投資会社、バークシャー・ハザウェイが8月3日に公表した2024年4〜6月期の四半期報告書によると、6月末のアップル株保有時価は842億ドル（約12兆3000億円）になったという。4〜6月に1株も売却していなければ、6月末の保有時価は3月末を22・8％上回る1663億ドルになっていたはずなので、3カ月間で全体の49％を売却したことになる。

この状況はバークシャーが8月14日に米証券取引委員会（SEC）に提出した保有銘柄報告書（13F）により詳細に描かれている。バークシャーは日本の商社株や中国の電気自動車メーカーBYDなど外国株を別とすると、2024年6月末現在、米国市場上場の41銘柄を保有している。

4〜6月期には2銘柄を完全売却したほか、アップルをはじめ8銘柄については保有株の一部を売却した。一方で2銘柄を新規に取得し、5銘柄を買い増した。この結果、6月末の保有額は41銘柄合わせて2799億6900万ドルと、3月末に比べて517億1100万ドル減少した。保有株数の変化を伴うすべての売買を四半期末に実施したと仮定すると、4〜6月期には株価の上昇で評価益が308億7800万ドル膨らんだが、株式が大幅な売り越しだったため、ポートフォリオ全体が縮んだ。

アップル株の話に戻ると、バークシャー・ハザウェイがアップル株への投資を始めたのは2016年1〜3月期のことだった。その後の保有株数と保有額の推移は図表6－18の通り

図表6-18　バークシャー・ハザウェイのアップル株の保有株数と保有額

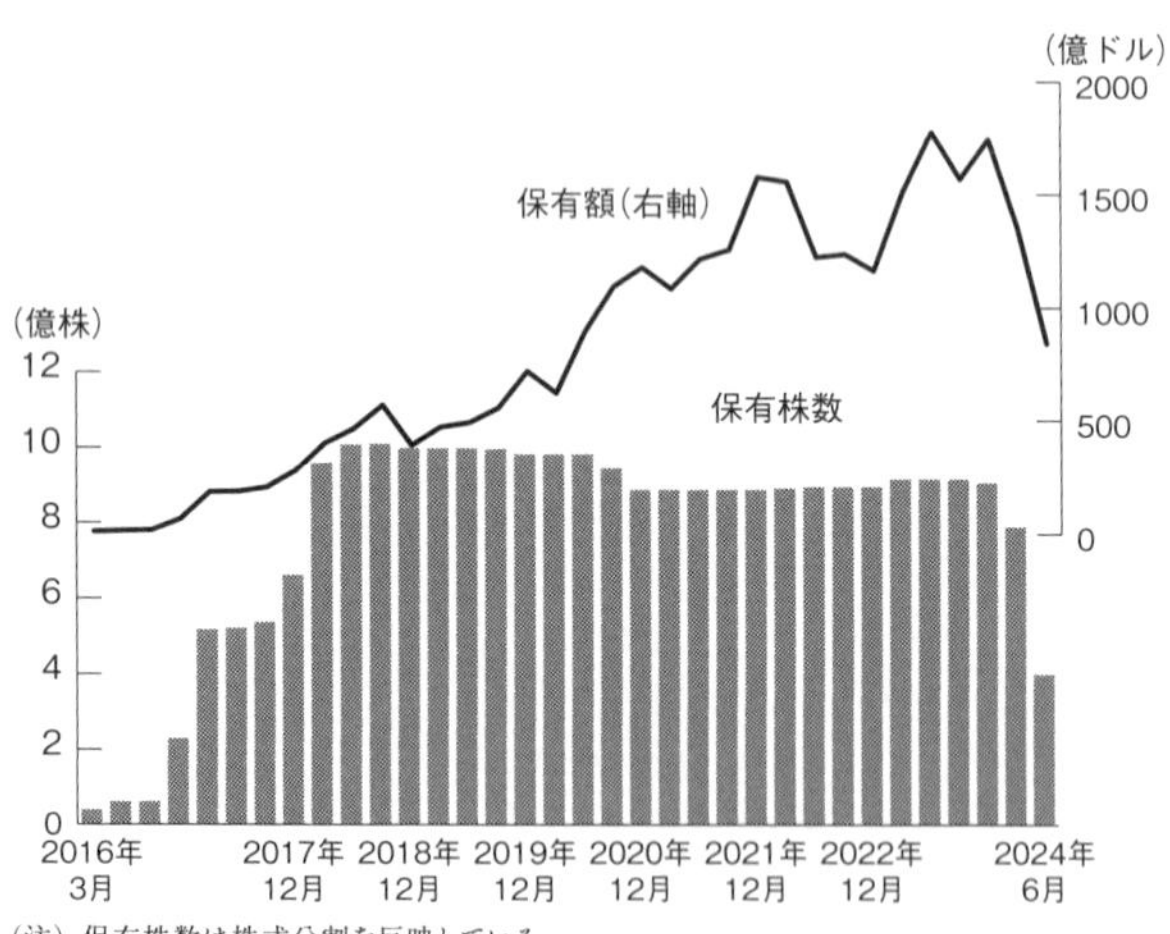

（注）保有株数は株式分割を反映している
（出所）バークシャー・ハザウェイ「保有銘柄報告書」（13F）

だ。

ＳＥＣに米国の機関投資家が提出する保有銘柄報告書（13Ｆ）には四半期末の米国市場上場株の保有状況が書かれている。アップル株は株式数ベースでは、２０１８年９月末に約10億１０００万株（株式分割調整後）を保有したのがピークで、その後２０２０年末の８億８７００万株に向けて徐々に減らしてきた。

その後はほぼ横ばいで推移し、２０２３年９月末には９億１５５６万株になっていたが、２０２３年10～12月期に１・１％を売却し、２０２４年１～３月期にさらに12・８％を売却し、新

図表6-19　バークシャー・ハザウェイの株式運用に占めるアップル株のウエート

(出所) バークシャー・ハザウェイ「四半期報告書」(10Q) と「保有銘柄報告書」(13F) のデータをもとに筆者作成

たに報告された4~6月期に一気に49%を売却して、6月末にちょうど4億株を保有するだけとなった。

金額ベースでみると、保有額が2017年以降も2023年6月末の1776億ドルに向けて増勢をたどっているが、これはアップル株を追加購入したためではなく、もっぱら株価の上昇がもたらしたものだ。米国株ポートフォリオに占めるアップル株のウエートは2023年7月と10~12月には50%をやや超える水準に高まっていた。

バークシャー・ハザウェイの主業務は保険業務だから、保険会社の株式ポートフォリオとしてはかなり特定銘柄に偏っているということもできる。4～6月期の大量売却で、このウエートは30・1％まで低下した（図表6－19）。

なお保有銘柄報告書から読み取れる米国株ポートフォリオには日本の商社株など海外市場で買い付けた外国株は含まれていない。四半期報告書（10Q）記載のデータも読み込んで、外国株を含む株式ポートフォリオ全体に占めるアップル株のウエートを計算すると、ピークの2023年6月末には46・6％に達していたが、2024年6月末には26・8％に低下した。

4～6月期755億ドルの売り越し

バークシャー・ハザウェイの四半期報告書（10Q）のキャッシュフロー計算書をもとに、株式の売買状況を振り返ると、2022年1～3月期には413億9500万ドルの買い越しを記録したことがわかる。キャッシュフロー計算書の数字には日本の商社株など外国株も含んでいる。

このときの購入判断の全てがバフェット氏自身によるものだったかどうかはわからないが、新たにオキシデンタル石油やセラニーズ、ヒューレット・パッカードなどに投資した局面だ。

図表6-20 バークシャー・ハザウェイの株式売買(年間)

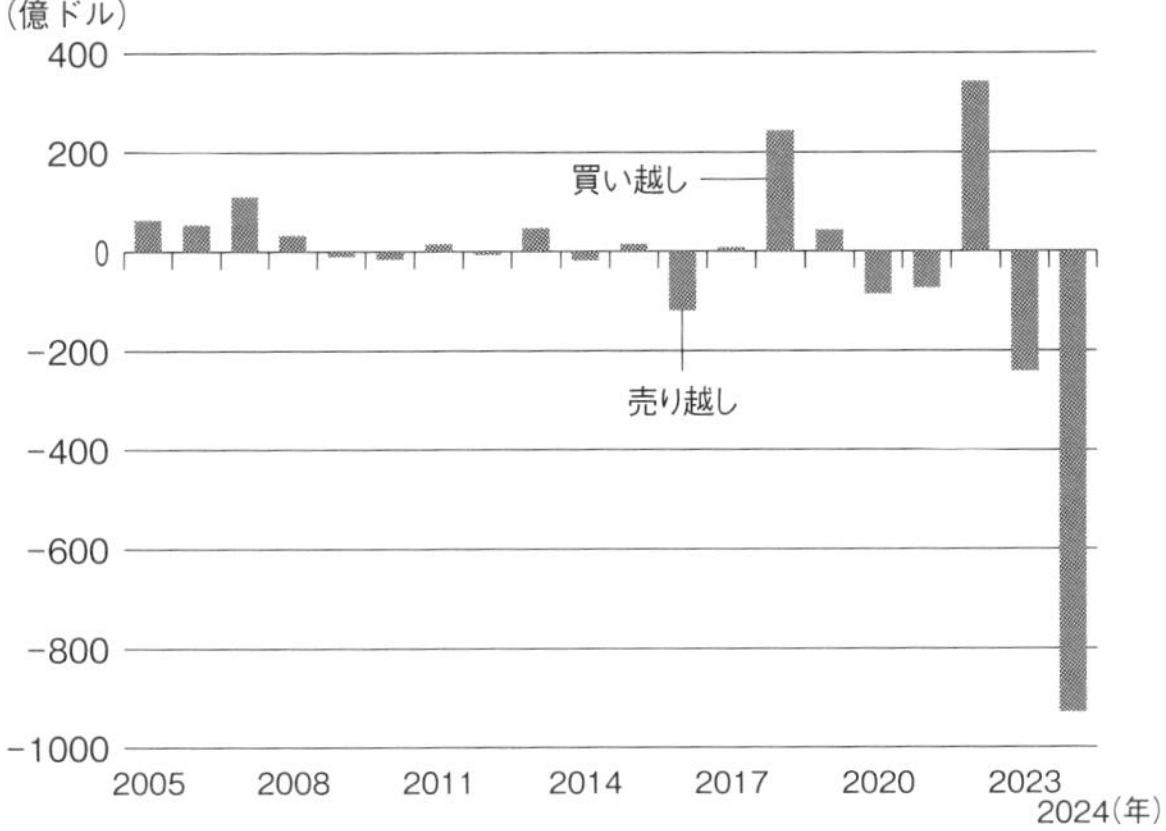

(注) 2024年は1～6月の合計
(出所) バークシャー・ハザウェイ「年次報告書」(10K) と「四半期報告書」(10Q)

過去最高額の買い出動をみて、バフェット氏が強気に転じたのではないかとの観測も流れた。その後、4～6月期、7～9月期と若干の買い越しが続いた。

しかし、2022年10～12月期から2024年4～6月期にかけては7期連続の売り越しとなった。特に2024年4～6月期の売り越し額はアップル株の売却が響き、755億3600万ドルと空前の水準になった。この7四半期間の累計の売り越し額は1316億2300万ドルにもなる。購入が224億5200万ドルにとどまる一方で、売却が1540億7500万ドルに達していた。

図表6－20はバークシャー・ハザウェ

イの株式の売買状況を年間ベースでまとめたものだ。2024年は1~6月の6カ月間だけで928億1700万ドルの売り越しとなっている。2023年の年間売り越し額は241億6900万ドルと過去最高だったが、2024年は半年だけでこの4倍近い売り越しとなった。

現金比率が45・5%に上昇

株式が売り越しになるのは、株価の上昇に伴って膨らんだ分を売却するケースも多いので、必ずしも時価ベースの株式の保有額がまるまる減るわけではない。例えば2割値上がりした銘柄を1割売れば、売り越しではあるが、時価ベースの残高は1割増える。

しかし、4~6月期は株式の保有額が前四半期末の3654億4900万ドルから3149億3600万ドルへ505億1300万ドルも減少した。値上がりした分を上回って大量に売却したためである。

代わりに増えたのは現金・現金同等物だ。資産運用の世界ではこうした投資の待機資金はキャッシュと呼ばれ、現金や預金のほか、すぐに現金に換えられる政府短期証券などを含んでいる。グラフに示すように、その2024年6月末の金額は2769億4200万ドルと

図表6-21 バークシャー・ハザウェイが保有する現金

（出所）バークシャー・ハザウェイ「四半期報告書」（10Q）のデータをもとに筆者作成

3月末の1889億9300万ドルに比べ46・5％も増加した。

運用資産全体に占めるキャッシュの割合、つまり、キャッシュポジションも6月末には45・5％に達した（図表6－21）。半分弱が現金ということは、もう投資のリスクを取るのを避けているようなイメージだ。機関投資家の通常の資産運用でキャッシュポジションをそこまで高めることはまずないと思われるので、バークシャー・ハザウェイは現金の山に埋もれているといってもいいかもしれない。

2024年9月末現在の保有銘柄報告書（13F）は11月中旬に公表される

が、バークシャー・ハザウェイは6月末以降にも保有するバンク・オブ・アメリカ株の一部を複数回にわたって売却したことが明らかになっている。バークシャー・ハザウェイはバンク・オブ・アメリカの筆頭株主であり、株式の保有額はアップル、アメリカン・エキスプレスに次いで3番目に当たっている。

なぜ中核銘柄の売却を急いで、キャッシュポジションを高めているのか。バフェット氏は5月4日に開催した年次株主総会で、アップル株を売却している理由を株式の譲渡益（キャピタルゲイン）に対する税率が将来、上昇する可能性があるためだとしている。これは確かに1つの理由であろう。

米国株全体の株価水準が高すぎて、新たな投資先を発掘しにくくなっているという側面ももちろんある。2024年8月30日に94歳の誕生日を迎え、総仕上げに動いているのかもしれない。

日本の商社株投資の現在

2024年に入ってバークシャー・ハザウェイの日本株投資に関しては、別段の動きはみられないが、日本の商社株投資が直近でどうなっているかを点検しておきたい。図表6－22

図表6-22 バークシャー・ハザウェイの大手商社5社への出資比率と株価

		三菱商事	三井物産	伊藤忠商事	丸紅	住友商事
出資比率	2020/8/31	5.04%	5.03%	5.02%	5.06%	5.04%
	2022/11/21	6.59%	6.62%	6.21%	6.75%	6.57%
	2023/6/19	8.31%	8.09%	7.47%	8.30%	8.23%
株価	2000年8月末	837.5円	957.0円	2723.5円	639.6円	1374.5円
	2024年9月末	2952.5円	3178.0円	7678.0円	2340.0円	3194.0円
	上昇率	252.5%	232.1%	181.9%	265.9%	132.4%

（注）出資比率の日付は大量保有報告書の提出日。株価は権利落ち修正済み
（出所）金融庁「EDINET」、QUICK

は大手商社5社への出資比率と株価の推移を示している。大量保有報告書の提出日でみると、最初の投資は２０２０年8月末で出資比率は５％前後だった。その後、２０２２年11月21日と２０２３年６月19日に買い増しを報告している。

バークシャー・ハザウェイは出資比率が最高９・９％になるまで買い増す意向を示している。株式の保有比率に１％以上の変動があれば、変更報告書を提出しなければならないが、２０２４年10月下旬時点では、その後の買い増しの動きはみられない。

商社の株価はバークシャー・ハザウェイによる株式取得が明らかになってから２０２４年9月末までに2・32〜3・66倍になっている。大手商社５社の合計時価総額は43兆７９００億円ほどだが、それぞれの商社の時価総額にバークシャー・ハザウェイの出資比率

を掛け合わせると、約3兆5000億円（約237億ドル）になる。

2024年に日本で関心を持たれたのは、バークシャー・ハザウェイが4月に2633億円、10月に2818億円と2回にわたって総額5451億円の円建て債を発行したことだ。これまで商社株投資には円建て債発行で調達した資金を充てていただけに、市場参加者の間には「次の買いの一手」への期待もある。

商社株投資は5社まとめてではあるが、バークシャー・ハザウェイによる株式保有額としては、アップル、アメリカン・エキスプレス、バンク・オブ・アメリカ、コカ・コーラに次ぐ水準だ。保有する米国株の整理を急ぐバフェット氏が、日本株だけは別だと考えるのかどうか、よくわからない。

4　2025年の市場の焦点

米国初の女性大統領？

2025年は何が株高の原動力になるのだろうか。本書が発売されるころには日本の衆院選が終了し、米国でも新しい大統領が選ばれているはずだ。ドナルド・トランプ前大統領の返り咲きか、米国初の女性大統領の登場か10月下旬の段階では予想できないが、向こう4年間の世界秩序がどうなるかは新しい米国の大統領の手腕にかかっている。

米国では戦後、トルーマン氏からバイデン氏まで14人が大統領の職に就いた。うち7人が民主党、7人が共和党だ。在任期間も10月22日現在、民主党が7人合わせて1万4438日、共和党が1万4610日とほぼ互角。伝統的に民主党は大きな政府を好み、共和党は小さな政府の下で自由競争を大切にするが、大統領が民主党だったときのほうが、米国株を押し上げる力は大きかった。

図表6－23は14人の大統領の在任期間中の米ダウ工業株30種平均と日経平均の騰落率を示している。ダウ平均を最も上げたのはクリントン氏（民主党）で226・6％の上昇。次いでオバマ氏（民主党）が149・4％、レーガン氏（共和党）が135・1％、アイゼンハワー氏が120・3％それぞれ押し上げた。2倍以上にしたのはこの4人だ。

最も押し下げたのはブッシュ氏（子）（共和党）で24・9％の下落、次いでニクソン氏（共和党）が16・5％押し下げた。

大統領が民主党のときだけダウ平均に連動する上場投資信託（ETF）で運用し、共和党

図表6-23　歴代米大統領の在任中の株価騰落率

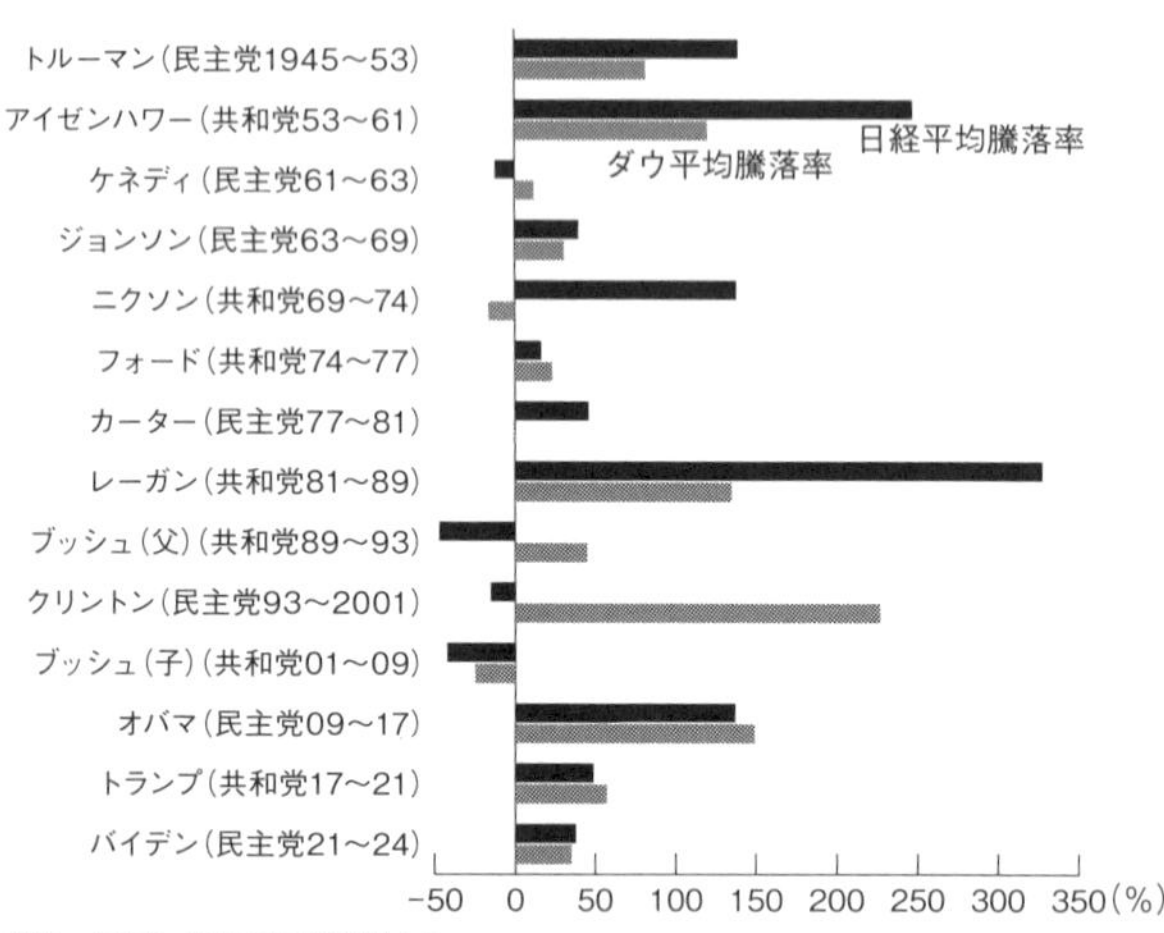

（注）バイデン氏は2024年10月まで
（出所）QUICKほか各種データをもとに筆者作成

大統領の下では何もしなかった場合、戦後の79年間で元本は29・6倍になった（2024年10月22日現在）。大統領が共和党のときだけETFで運用し、民主党大統領の下では何もしなかった場合は、元本が9・1倍になっただけだ。共和党のトランプ氏よりもハリス氏のほうが米国民の懐を豊かにしてくれる可能性がある。

　ところが日経平均に連動するETFで運用する場合は、大統領が共和党の場合のほうが効率的だ。共和党大統領の下でだけ運用した場合には元本が18・8倍になるが、民主党大統領の下だけで運用した場合には11・6倍にとどまっていた。伝統的に共和党は小さな政府を好み、自由貿易を重視する。米国優先のトランプ氏がどうかはわからないが、これまでは日本経済にメリットがあったということではないだろうか。

米国経済が軟着陸できるか

２０２２年にＦＲＢが利上げに転じた後、世界の市場関係者はとにかく米国の金融政策のゆくえに関心を持ってきた。２０２４年９月に利下げに転じたが、景気指標はまだらもようで、米国経済の軟着陸に向けて、適切なかじ取りができるかどうか、２０２５年もＦＲＢの一挙手一投足に一喜一憂することになりそうだ。

米国の経済政策の制約になりそうなことがいくつかある。第一に増加する政府債務への対処が欠かせない。政府債務を名目ＧＤＰで割った値も２０２３年末には１２２・１％に達していただろうと思われる。２５０％を超える日本よりははるかにましだが、それでも政府債務の膨張は米国経済から活力を奪う結果をもたらしかねない（図表６－24）。

第二にドルの価値が低下している現状にどう立ち向かうかだ。図表６－25のようにドル指数でみると、他の通貨と比較しての米ドルの相対的な価値は、クリントン氏が押し上げ、

図表6-24　米国の政府債務とGDP比

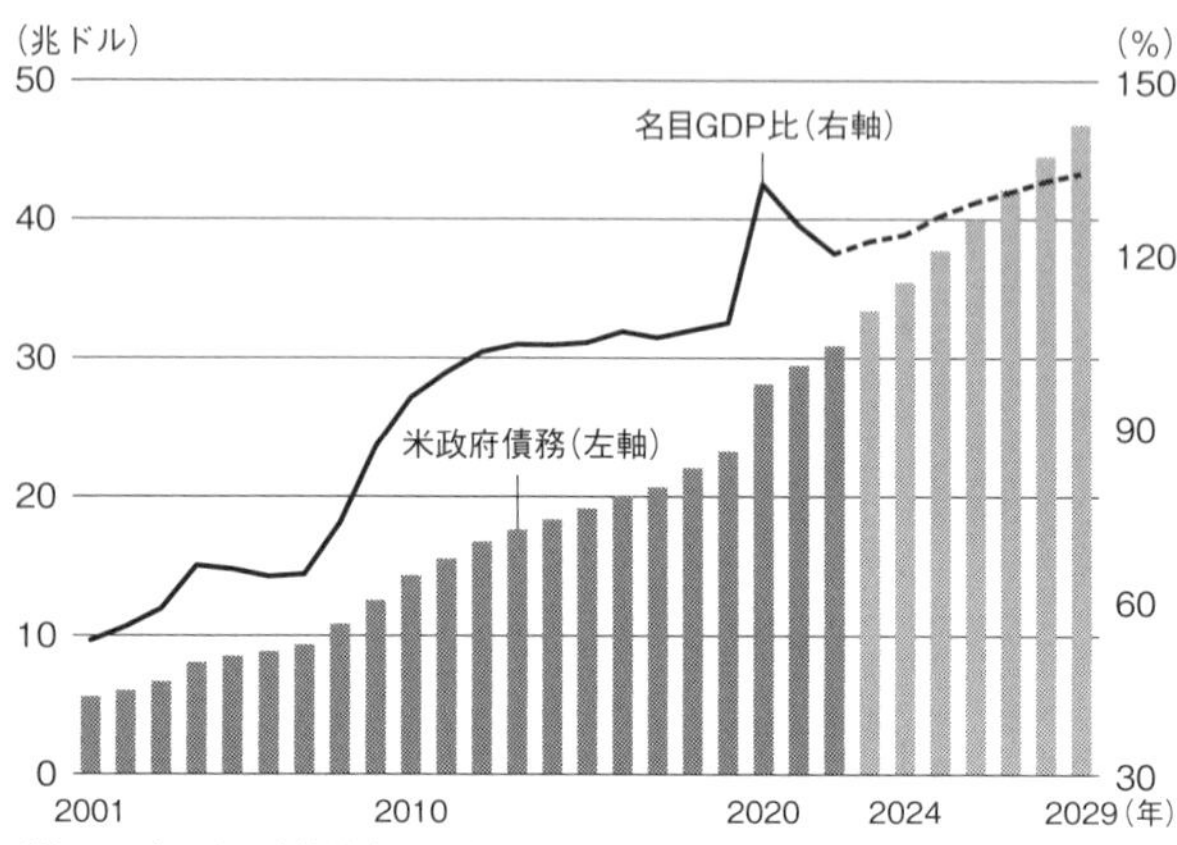

（注）2023年以降は実績見込みと予想
（出所）国際通貨基金（IMF）「世界経済見通しデータベース」

ブッシュ氏（子）が押し下げ、オバマ氏が押し上げ、トランプ氏が押し下げ、バイデン氏が押し上げるという経緯をたどっている。

しかし、1ドルで金をどれだけ買えるかという金価格でみたドルの価値は、ブッシュ氏（子）、オバマ氏、トランプ氏、バイデン氏と4人連続で低下させてきた。米国のロシア制裁が引き金を引き、米欧主導の国際秩序に挑むために結集している非米同盟諸国が、米ドルを利用しない決済を拡大しようとしていることなどが響いている可能性がある。米ドルは原油の決済通貨として強い地位を保ってきたが、サウジアラビアが米ドル

図表6-25 米大統領別のドルと金の騰落率

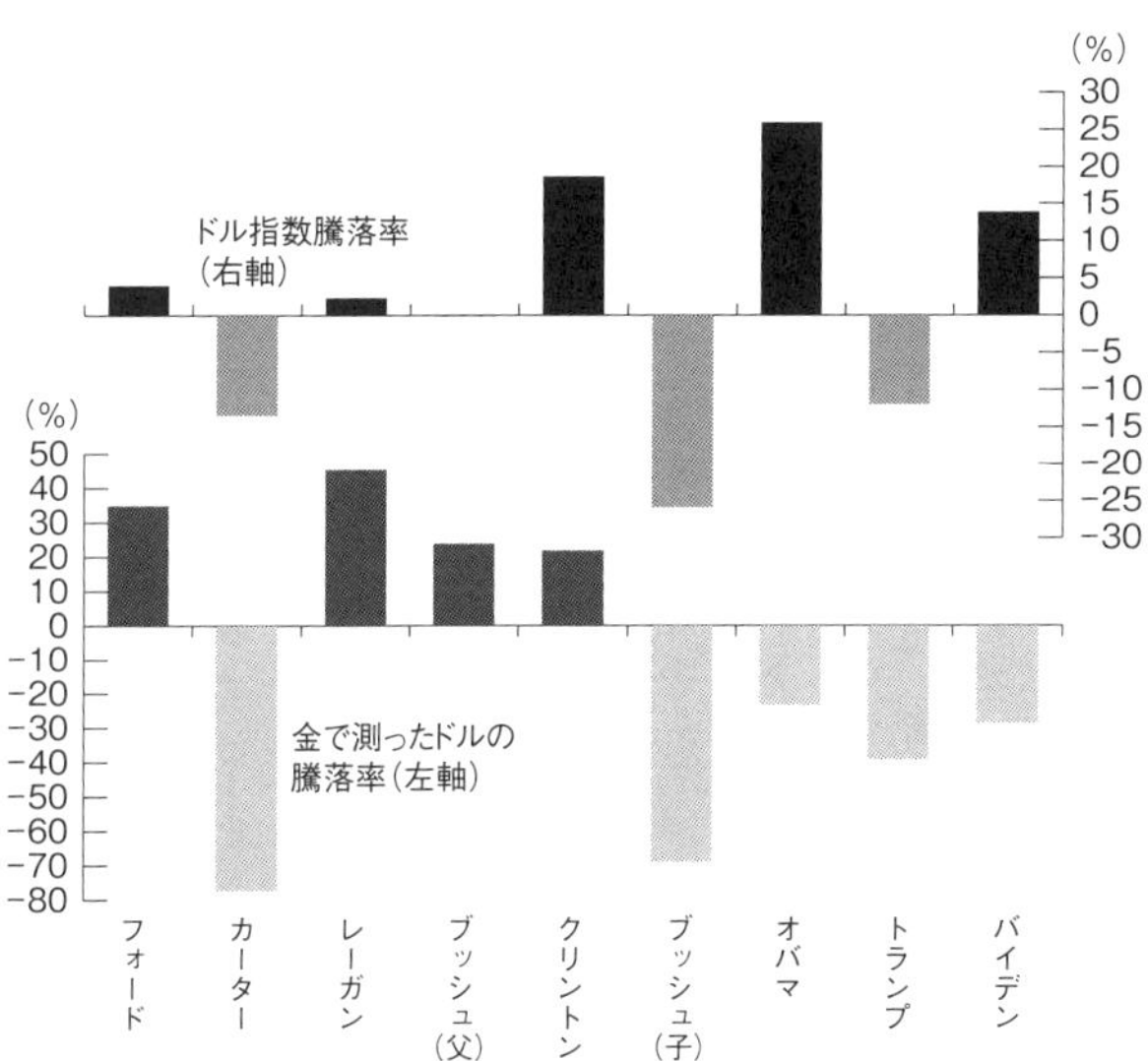

(注) 2024年10月18日現在
(出所) QUICKほか各種データをもとに筆者作成

以外の通貨でも原油輸出を決済できる方向で動いている。

米ドル基軸通貨体制が簡単に崩れるとは考えにくいが、世界の外貨準備に占める米ドルの比率は低下傾向が続いている。地政学的リスクが経済の分断をもたらし、世界経済がブロック化される可能性があることが、米ドルの弱さに結び付いているようだ。

この傾向が米ドル資産の価値低下に結び付くようならば、米国の財政赤字を世界に米国債を販売することで穴埋めする構図が崩れ、米国の長期金利が高止まりする可能性がある。ＩＭＦが２０２４年4月17日に発表した「財政モニター」では、米国の資金調達コストの上昇と歳出拡大の圧力が、世界経済の大きなリスクになっていると指摘している。

日本のプライマリー・バランスが黒字に

図表6－26は２００2年度以降の日本政府の一般会計の税収を示しているが、２０２３年度は所得税がやや減ったが、法人税と消費税が伸び、合計で72兆７６１億円と4年連続で過去最高を更新した。２０２４年度は減るような見立てになっているが、当初予算で見積もっている所得税が17兆９０５０億円と、２０２３年度の実績よりも4兆１４８０億円も少ないためだ。

賃金が物価の上昇に追い付かず、実質賃金が目減りしていることはしばしば話題になるが、所得税は名目賃金に対して課され、しかも累進構造になっているから、２０２４年度の所得税収はよほどの大型減税でも実施されない限り、２０２３年度を上回るのではないか。

商品やサービスの価格は上昇傾向だから、消費税収が増えるのも確実だし、法人税も大企業を中心に業績が好調なため、増加基調となりそうだ。財務省が財政再建に向けての最初の

図表6-26 一般会計税収とプライマリー・バランス

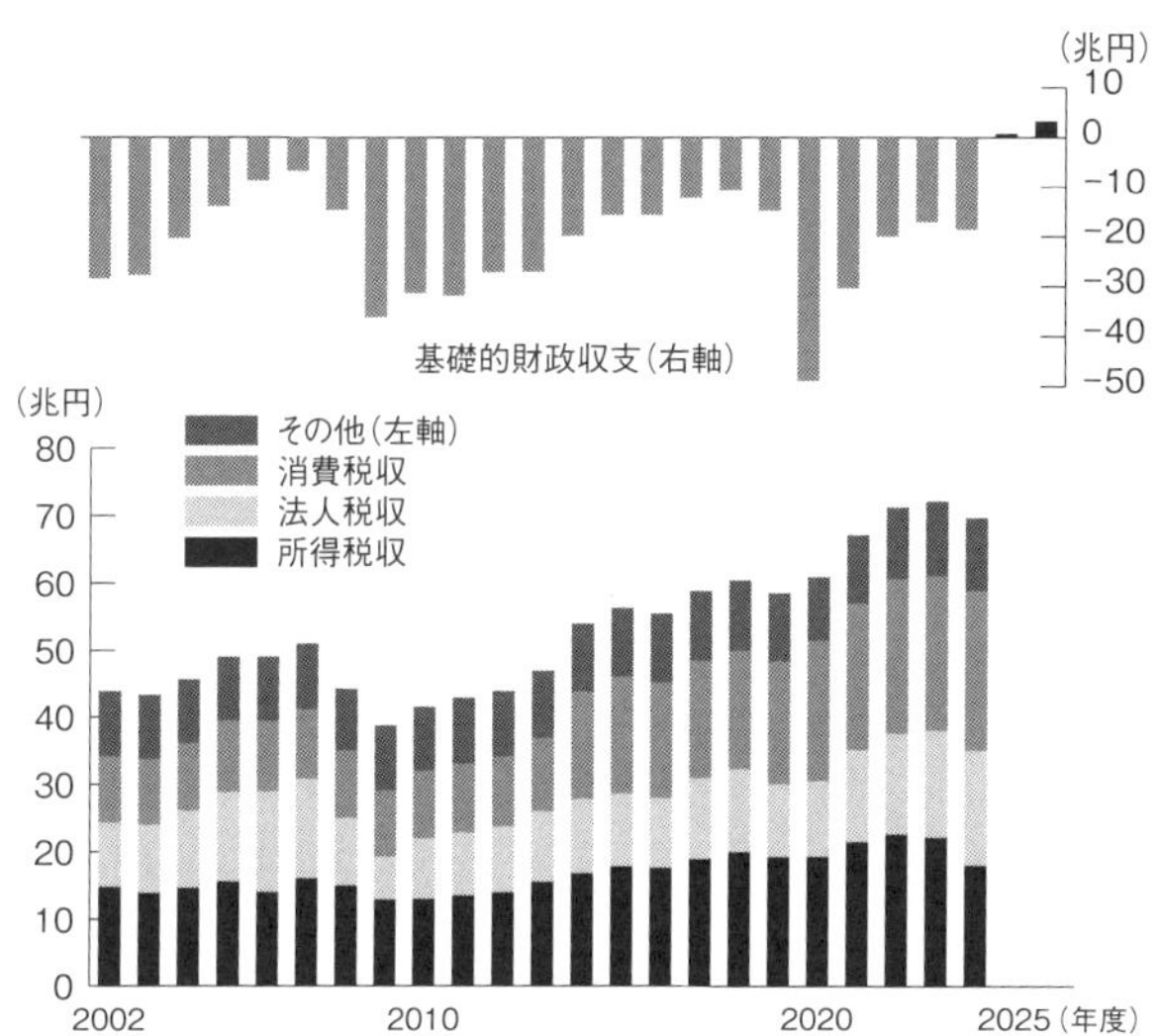

（注）2023年度以降の基礎的財政収支は内閣府試算、2024年度の税収は当初予算ベース
（出所）財務省、内閣府

目標としていたプライマリー・バランス（基礎的財政収支）の黒字化は2025年度にも実現する可能性が高まっている（図表6－26）。

プライマリー・バランスとは、国債の利払いを除いた財政収支のことだ。今後、日銀が超緩和政策の修正に動くと、国債の利払いが増える可能性があるから、プライマリー・バランスが黒字化するだけでは財政再建はおぼつかないが、それでも健全化への第一歩ではある。

ただ、問題はこの状況が経済

政策にどう反映していくかだ。政権が国民の信頼を集めているのならば、さらなる財政再建に向けて指導力を発揮できるだろうが、政権基盤が不安定ならば、人気取り政策に走っていく可能性がある。

大企業が多額の利益を確保する一方で、いっこうに向上しない日々の生活にうんざりしている国民も多く、理屈上、正しい政策かどうかはともかく、消費税率の引き下げや企業の内部留保への課税に動いていく可能性も否定できない。人気取り政策は株式相場にとってはマイナスであろう。

日本の投資家を引き付ける

あれこれ書いてきたが、本書の締めくくりとして、2025年に日本の株式相場は上昇するのか、上がるとすれば、何が原動力になるのか、どんな投資が有効なのかを考えておきたい。なお筆者は「株式相場の先行きは誰にも予想できない」「勉強したり経験を積んだりしたところで、投資で利益を上げる確率が上昇するわけではない」との立場をとっている。どんな投資が利益をもたらすかなどはまったくわからないので、一つの見方にすぎないことを了解して読んでほしい。

株式投資のスタイルにはいろいろある。どういう銘柄を選ぶかという観点でいえば、比較的厚めの配当が継続することを願う「高利回り株投資」や、企業が成長して株価が上昇することを期待する「値上がり益狙い」などがある。どういうタイミングで売買をするかという観点でいえば、株価上昇の勢いを買う「順張り型」や、株価が大きく下落した局面で株価の回復を期待して買う「逆張り型」がありそうだ。

2025年は「値上がり益狙い」の「順張り型」投資が成功するような投資環境にはならないのではないか。米国がどんなペースで利下げをするのかは予想しにくいが、植田和男総裁が率いる日銀は、なんだかんだいっても利上げの方向だと思われる。

利上げが株式相場の急落に結び付いた2024年8月5日の「植田ショック」の記憶も真新しいため、日銀も慎重だろうが、それでも金融政策を正常化する方向で動くことは変わらないと思われる。その影がちらつく以上、株式相場が企業業績の改善度を上回るようなペースで上昇していくことは起こりそうにない。

円相場にもよるが、2025年度の企業業績はせいぜい10%程度の増益だと思われるので、日経平均の上昇もその程度ではないか。多少上振れがあっても4万5000円前後まではないかと思われる。

東京株式相場は外国人の買いが入らなければ、なかなか上昇しない。最近では２０２３年4月にバフェット氏が来日したのを契機に、外国人投資家の間で日本株への関心が高まり、4カ月で約6兆５０００億円もの買い越しに結び付いたことがあったが、当面、そんなイベントはありそうにない。

個人投資家のＮＩＳＡでの買いは引き続き期待できるが、金額は知れており、株式相場へのインパクトは限定的だ。高齢の投資家を中心に保有株の処分が優先されるのではないだろうか。あとは企業自身による自社株買い。引き続き活発だと思われるが、すでに市場は織り込んで動いているので、相場への影響があるとしても、下支え程度だろう。

配当や優待狙いの買いが継続

２０２４年10月23日に東京地下鉄（東京メトロ）が新規上場し、人気を呼んだが、値上がり益狙いというよりも配当利回りの高さに注目して購入する個人投資家が多かった印象だ。

個人単元株主数が２１３万８１４１人（２０２４年6月末）と日本で最も多いＮＴＴも、まずまずの配当利回りに着目して買う投資家が多い。配当利回りが高くても業績が悪化して減配になったり、無配に転落したりすると、株価の下落と合わせて大打撃を被るが、東京地下鉄やNTTには、業績が安定しているとの期待もあろう。

こうした投資は株価指数の上昇よりも高いリターンを確保することを目的としているわけではないので、激しいパフォーマンス競争をしている機関投資家などには関心を持たれないだろう。

ただ、上場企業は若い個人株主を増やすことに強い関心を持っている。高齢の株主が中心だと、相続対策などで売られることが多く、株価の上値を抑えられがちだ。割安感が着目されて買収のターゲットになる可能性も大きくなるので、少しでも長期に保有してもらえる株主を増やし、業績向上への努力をすれば、株価が上昇しやすくなり、容易に買収されない状態を作れると考えているのではないだろうか。

株主優待は廃止する企業もあれば、新たに導入する企業もある。あっても「おまけ程度」という感じの企業も多かったが、最近の傾向は2年、3年、5年と長期に保有すれば、より多くの優待を付与しようという企業が増えていることだ。期末の株主に付与する場合も、権利確定日に瞬間的に持っているような株主は対象外で、「前決算期末から同一株主番号で継続保有」を条件にしているところも出ている。長期保有に報いるのに「おまけ程度」では話にならないので、株式を持ち続けるインセンティブになるような内容のものを提供しているのではないかと思われる。

会社法上の株主平等原則などどこ吹く風の話ではあるが、日本の慣習を企業はうまく生かしている。

値上がり益も狙うのなら外国株

今や個人投資家は日本株だろうが海外の代表的な株式だろうが、特段の区別なく買うことができるから、個人投資家の間には、日本株などには目をくれない人も多い。図表6－27は楽天証券の9月29日から10月5日までの米国株の売買代金ランキングだ。マグニフィセント・セブンのうち、アルファベット（グーグル）を除く6社が上位20社に入っている。

日本の個人投資家の外国株投資の傾向を示すものとして、図表6－28には日銀の資金循環統計に収録されている家計の対外証券投資の残高の推移を、図表6－29には公募投信が保有する外国株の残高の推移を掲載した。

対外証券投資の残高は直近の2024年6月末現在で37兆7211億円、投信が保有する外国株の残高は直近の2024年9月末現在で49兆7077億円となっている。どちらも直近に向けて増加の勢いが加速しているのは、円安の進行に伴い、保有する外国証券の円換算

図表6-27 楽天証券の米国株売買代金ランキング

順位	ティッカーシンボル	企業名	業種
1	NVDA	NVIDIA CORP（エヌビディア）	半導体
2	TSLA	TESLA INC（テスラ）	自動車
3	SMCI	SUPER MICRO COMP（スーパー・マイクロ・コンピューター）	コンピュータ
4	MSTR	MICROSTRATEGY（マイクロストラテジー）	ソフトウェア・サービス
5	MU	MICRON TECH（マイクロン　テクノロジー）	半導体
6	VST	VISTRA CORP（ビストラ・コープ）	電力
7	AAPL	APPLE INC（アップル）	コンピュータ
8	PLTR	PALANTIR TECHNO（パランティア・テクノロジーズ）	ソフトウェア・サービス
9	META	META PLATFORMS（メタ・プラットフォームズ）	ソフトウェア・サービス
10	LLY	ELI LILLY & CO.（イーライリリー）	医薬品
11	INTC	INTEL CORP.（インテル）	半導体
12	AMD	ADVANCED M D INC（アドバンスト・マイクロ・デバイス（AMD））	半導体
13	MSFT	MICROSOFT CORP.（マイクロソフト）	ソフトウェア・サービス
14	COIN	COINBASE GLOBAL（コインベース）	その他
15	AMZN	AMAZON.COM INC（アマゾン・ドット・コム）	小売
16	AVGO	BROADCOM INC（ブロードコム）	半導体
17	MARA	MARA HOLDINGS（マラ・ホールディングス）	その他
18	GOLD	BARRICK GOLD COR（バリック・ゴールド）	その他
19	U	UNITY SOFTWARE（ユニティー・ソフトウェア）	ソフトウェア・サービス
20	CRWD	CROWDSTRIKE HLD（クラウドストライク）	ソフトウェア・サービス

（注）2024年9月29日から10月5日までの実績
（出所）楽天証券ホームページ

図表6-28　家計の対外証券投資

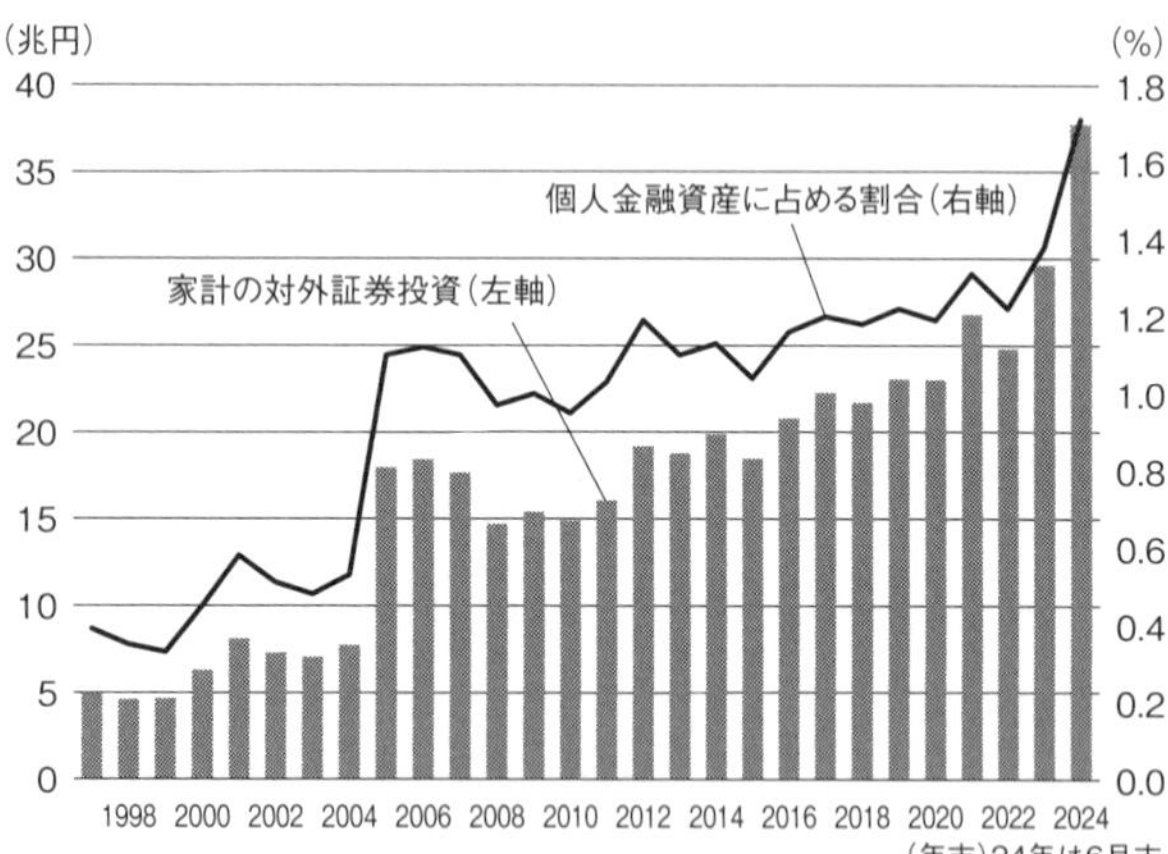

(注) 対外証券投資は外国株、外国債券、外国籍投資信託などで、国内設定の公募投資信託が組み入れている外貨建て資産は含まない
(出所) 日銀「資金循環統計」のデータをもとに筆者作成

の評価額が膨らんできたためでもある。

ここで日本の家計の国際分散投資の話をちょっとしておきたい。外貨建て資産という意味では、投信は外国株のほかに、外国債券10兆８５５億円、外貨建て投信７兆２４０６億円、外貨建て投資証券９兆２４１１億円などを保有している。投信中の外貨建て資産の９月末現在の合計残高は78兆７７３８億円に達している。

このほか家計が持つ外貨建て資産の代表的なものは外貨預金７兆１４３６億円（６月末現在）がある。ほ

図表6-29　投信が保有する外国株

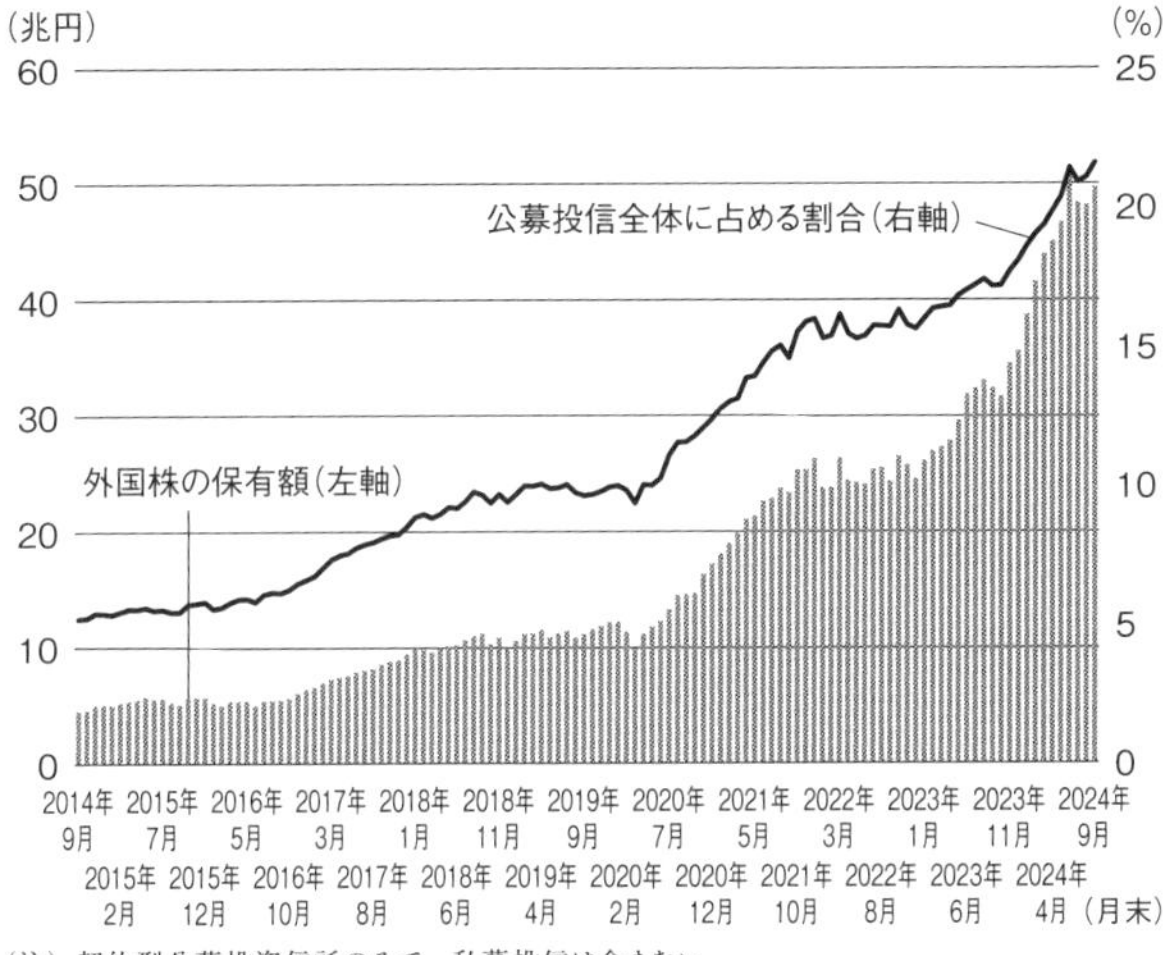

(注) 契約型公募投資信託のみで、私募投信は含まない
(出所) 投資信託協会「統計データ」をもとに筆者作成

かにも金額は不明だが、外貨建て保険などもある。

金額がわかっているものだけの合計で、２０２４年６月末現在の外貨建て資産の合計額は約１２１兆６０００億円だ。個人金融資産に占める割合は５・５％に相当する。大きいのかといわれれば、まだまだであろう。

ただ、約10年前の２０１４年12月末には対外証券投資が19兆８７０３億円、投信中の外貨建て資産が30兆５８１６億円、外貨預金が６兆７９４４億円で、合計では56兆５３１３億円。個人金融資産１７５０兆

7103億円に占める割合は3・2%にすぎなかった。

家計の国際分散投資は動き出したばかり。なかにはのめり込んでいる人もいるかもしれないが、全体的にはリスク分散の観点から、もっと推進する必要がある。「日本はもうダメだから」というのが理由ではない。激動の時代には何があるかわからないのだから、1つのかごにすべての卵を入れたままにしておくのは、やめておいたほうがいいと考えている。

むすび

先行きを読みにくい日々が続いている。特にウクライナ情勢や中東の混乱のゆくえ、誰が米国の大統領に選出されるのかによって、2025年の世界経済や世界の株式相場は大きく影響を受けることになりそうだ。

本書の締め切りの10月下旬段階でいえるのは、2025年も株式相場は一筋縄ではいきそうにないことだ。2024年には米ダウ平均は割と順調に上昇してきたが、日経平均は高値4万2224円から安値3万1458円まで1万円以上の幅で動いた。

筆者は経済や相場は誰にも予想できないという立場をとっていて、日々、さまざまなデータを分析し、ますますその確信を深めている。だから不確実な未来に備えるためには、預貯金一辺倒ではリスクが大きく、価格特性や換金のしやすさが異なるいろいろなものに、資産を分散して持っているしかないのではないかと考えている。

これからますます重要になると思われるのは、金融資産以外の資産にも広く目配りをすることだ。世界の大富豪は息子や娘を地球のあちこちに散らばらせて、リスクに備えているという。株式の銘柄分散だけで対応が万全であるはずがない。働いて収入を確保する能力、良好な家族関係、頼りになる友人などもいわば一つの資産と考え、磨き上げておかないと、いざというときに困難な状況に追い込まれるかもしれない。

戦争に巻き込まれるリスク、災害で住まいを失うリスク、食料が手に入らないリスクなども視野に入れているだろうか。あとは運命に委ねるしかないことも多いが、それでも正しいアプローチできちんと準備しておくことは重要ではないだろうか。

さらに忘れてはならないのは、「思い出資産」かもしれない。筆者の母は高齢になり、自分がどんな金融資産をどれだけ持っているかはほとんどわからなくなっている。しかし、日々、アルバムや過去に自分が活躍したビデオをみて、目を細めている。

子どもたちや縁があった人たちに残るであろう父や母の記憶は、遺産の金額ではなく、一緒に時を過ごした「思い出」ではないかと想像する。「おカネはないけど『思い出』だけはある」ではちょっと困るが、「『思い出』はないけどおカネだけはある」というのは、寂しすぎるのではないだろうか。

株式投資も無機質なインデックス投信にただ積み立てるだけではなく、投資の向こう側にある人々の活動に思いをはせ、自分の経験知を積み重ねられるような方法で取り込んだほうが、金銭に換算できないものも含めて、実りが多いのではないかと感じる。

こんなとりとめのないことを書いていると、話がどこへ行ってしまうかわからないから、6冊目の日経プレミアシリーズの刊行にこぎつけたことに感謝をして、筆を置きたい。2025年もいい相場であることを願う。

最後までお読みいただいた読者の皆さんと、いつも締め切りぎりぎりまでデータ更新に付き合ってくれる日本経済新聞出版の平井修一氏と、内容を詳細にチェックしてくれた今井雅之氏に、深くお礼を申し上げます。

2024年10月

神奈川県大磯町にて　前田昌孝

2024年の株式相場の騰落の記録

日付	日経平均	前日比	値動きの特徴・騰落要因など
2024年1月			
2024/1/4（木）	33,288.29	▲175.88	能登半島地震の影響を警戒した売りも
2024/1/5（金）	33,377.42	89.13	
2024/1/9（火）	33,763.18	385.76	米3指数上昇し、90年3月以来の高値に
2024/1/10（水）	34,441.72	678.54	米ハイテク株高や円安受け買い集まる
2024/1/11（木）	35,049.86	608.14	米エヌビディア上昇が半導体株を刺激
2024/1/12（金）	35,577.11	527.25	ファストリ好決算やSQ絡みの買い
2024/1/15（月）	35,901.79	324.68	根強い先高観を背景に海外勢が買い
2024/1/16（火）	35,619.18	▲282.61	過熱感示す技術指標増え、警戒感
2024/1/17（水）	35,477.75	▲141.43	中国の日本株ETF売買停止が水差す
2024/1/18（木）	35,466.17	▲11.58	
2024/1/19（金）	35,963.27	497.10	米ハイテク株高で値がさ半導体株動く
2024/1/22（月）	36,546.95	583.68	日銀の政策据え置き観測が買い招く
2024/1/23（火）	36,517.57	▲29.38	
2024/1/24（水）	36,226.48	▲291.09	日銀総裁発言で長期金利上昇し警戒感
2024/1/25（木）	36,236.47	9.99	
2024/1/26（金）	35,751.07	▲485.40	米SOXの下げが利益確定売りを促す
2024/1/29（月）	36,026.94	275.87	米ダウ連日の高値や円安で押し目買い
2024/1/30（火）	36,065.86	38.92	
2024/1/31（水）	36,286.71	220.85	銀行株や好決算銘柄買われ、3日続伸
2月			
2024/2/1（木）	36,011.46	▲275.25	米FRB議長が早期利下げに慎重発言
2024/2/2（金）	36,158.02	146.56	米株高で先物買い。半導体株高も
2024/2/5（月）	36,354.16	196.14	米雇用統計が予想上回り、円安進む
2024/2/6（火）	36,160.66	▲193.50	米FRB議長発言で早期利下げ観測後退
2024/2/7（水）	36,119.92	▲40.74	
2024/2/8（木）	36,863.28	743.36	米ダウ最高値受け、34年ぶり高値更新
2024/2/9（金）	36,897.42	34.14	
2024/2/13（火）	37,963.97	1066.55	米株高・円安で半導体関連株が急伸
2024/2/14（水）	37,703.32	▲260.65	米CPIが予想上回り、利下げ遅れ懸念
2024/2/15（木）	38,157.94	454.62	米ハイテク株高受け、半導体株急伸
2024/2/16（金）	38,487.24	329.30	日銀の緩和策続くとの楽観も支えに

2024/2/19（月）	38,470.38	▲ 16.86	
2024/2/20（火）	38,363.61	▲ 106.77	米エヌビディアの決算発表控え身構え
2024/2/21（水）	38,262.16	▲ 101.45	半導体関連株中心に売りが優勢
2024/2/22（木）	39,098.68	836.52	米エヌビディア好決算受け最高値更新
2024/2/26（月）	39,233.71	135.03	半導体関連下げるも物色意欲旺盛
2024/2/27（火）	39,239.52	5.81	
2024/2/28（水）	39,208.03	▲ 31.49	
2024/2/29（木）	39,166.19	▲ 41.84	
3月			
2024/3/1（金）	39,910.82	744.63	米ナスダック最高値更新で4万円迫る
2024/3/4（月）	40,109.23	198.41	米ハイテク株高受け、初の4万円乗せ
2024/3/5（火）	40,097.63	▲ 11.60	
2024/3/6（水）	40,090.78	▲ 6.85	
2024/3/7（木）	39,598.71	▲ 492.07	日銀のマイナス金利解除の思惑で急落
2024/3/8（金）	39,688.94	90.23	
2024/3/11（月）	38,820.49	▲ 868.45	米で半導体株大幅安。日銀政策も重荷
2024/3/12（火）	38,797.51	▲ 22.98	
2024/3/13（水）	38,695.97	▲ 101.54	大企業賃上げ相次ぎ、日銀の動き警戒
2024/3/14（木）	38,807.38	111.41	売り優勢で始まるが自律反発期待も
2024/3/15（金）	38,707.64	▲ 99.74	
2024/3/18（月）	39,740.44	1032.80	マイナス金利解除固まり不透明感後退
2024/3/19（火）	40,003.60	263.16	日銀会合終わり緩和的環境継続を確認
2024/3/21（木）	40,815.66	812.06	米株高受け、値がさ株を軸に最高値
2024/3/22（金）	40,888.43	72.77	
2024/3/25（月）	40,414.12	▲ 474.31	米株安や円安進行一服で輸出株に売り
2024/3/26（火）	40,398.03	▲ 16.09	
2024/3/27（水）	40,762.73	364.70	配当狙いの買いや円安受けての買い
2024/3/28（木）	40,168.07	▲ 594.66	配当落ち264円分。年金リバランスも
2024/3/29（金）	40,369.44	201.37	米ダウ最高値受け、幅広く買い入る
4月			
2024/4/1（月）	39,803.09	▲ 566.35	年度初めで機関投資家がリバランス
2024/4/2（火）	39,838.91	35.82	
2024/4/3（水）	39,451.85	▲ 387.06	米利下げ先送り観測で米株安受ける
2024/4/4（木）	39,773.14	321.29	米長期金利上昇一服でハイテク株買い
2024/4/5（金）	38,992.08	▲ 781.06	米FRB高官が年内利下げに慎重な見方

2024/4/8（月）	39,347.04	354.96	米株高と円安進行受け、幅広い買い
2024/4/9（火）	39,773.13	426.09	信越化学の新工場建設も買い材料に
2024/4/10（水）	39,581.81	▲ 191.32	ホルムズ海峡封鎖の可能性で警戒感
2024/4/11（木）	39,442.63	▲ 139.18	米3指数が下げ、朝方500円超の下げも
2024/4/12（金）	39,523.55	80.92	
2024/4/15（月）	39,232.80	▲ 290.75	中東情勢緊迫化でリスク回避の売り
2024/4/16（火）	38,471.20	▲ 761.60	日米長期金利上昇でハイテク株売り
2024/4/17（水）	37,961.80	▲ 509.40	オランダASML決算で半導体株売り
2024/4/18（木）	38,079.70	117.90	TSMC決算が予想上回り、安心感
2024/4/19（金）	37,068.35	▲ 1011.35	イスラエルがイラン攻撃の報で緊張感
2024/4/22（月）	37,438.61	370.26	割安株に自律反発狙いの買い入る
2024/4/23（火）	37,552.16	113.55	米株高受け買い先行も伸び悩み
2024/4/24（水）	38,460.08	907.92	中東情勢への警戒和らぎ米金利も低下
2024/4/25（木）	37,628.48	▲ 831.60	ファナック、キヤノンの決算に失望
2024/4/26（金）	37,934.76	306.28	日銀会合で現状維持が決まり安心感
2024/4/30（火）	38,405.66	470.90	介入観測も円の先安観根強く株高に
5月			
2024/5/1（水）	38,274.05	▲ 131.61	米FOMC結果発表控え、利益確定売り
2024/5/2（木）	38,236.07	▲ 37.98	
2024/5/7（火）	38,835.10	599.03	米雇用者数が予想下回り、利下げ観測
2024/5/8（水）	38,202.37	▲ 632.73	米著名投資家がエヌビディア売り
2024/5/9（木）	38,073.98	▲ 128.39	日銀会合「主な意見」が利上げ示唆
2024/5/10（金）	38,229.11	155.13	米ダウ7日続伸や英独株の高値追い
2024/5/13（月）	38,179.46	▲ 49.65	
2024/5/14（火）	38,356.06	176.60	SBG好決算好感も国内金利上昇が重荷
2024/5/15（水）	38,385.73	29.67	
2024/5/16（木）	38,920.26	534.53	米CPI・小売売上高が事前予想下回る
2024/5/17（金）	38,787.38	▲ 132.88	米ダウ4万円乗せ後の下落受け、軟調
2024/5/20（月）	39,069.68	282.30	米ダウ終値での4万円乗せを好感
2024/5/21（火）	38,946.93	▲ 122.75	長期金利が11年ぶり0.980%付け重荷
2024/5/22（水）	38,617.10	▲ 329.83	長期金利1%乗せや商社株安を警戒
2024/5/23（木）	39,103.22	486.12	米エヌビディア好決算でハイテク買い
2024/5/24（金）	38,646.11	▲ 457.11	長期金利上昇や米利下げ観測後退重荷
2024/5/27（月）	38,900.02	253.91	米ナスダックとSOX指数最高値を好感
2024/5/28（火）	38,855.37	▲ 44.65	

2024/5/29（水）	38,556.87	▲ 298.50	長期金利上昇し、高PBR銘柄に売り
2024/5/30（木）	38,054.13	▲ 502.74	日米長期金利上昇し、一時900円安も
2024/5/31（金）	38,487.90	433.77	金利上昇一服で売買代金膨らむ
6月			
2024/6/3（月）	38,923.03	435.13	米ダウ大幅高受け、バリュー株が上昇
2024/6/4（火）	38,837.46	▲ 85.57	
2024/6/5（水）	38,490.17	▲ 347.29	長期金利低下で金融株に利益確定売り
2024/6/6（木）	38,703.51	213.34	米ナスダック最高値で半導体株買い
2024/6/7（金）	38,683.93	▲ 19.58	
2024/6/10（月）	39,038.16	354.23	米雇用統計受け円安進み、輸出株買い
2024/6/11（火）	39,134.79	96.63	
2024/6/12（水）	38,876.71	▲ 258.08	米CPI発表やFOMC控え、持ち高調整
2024/6/13（木）	38,720.47	▲ 156.24	翌日の日銀会合の結果発表前に警戒感
2024/6/14（金）	38,814.56	94.09	
2024/6/17（月）	38,102.44	▲ 712.12	極右政党台頭のフランス情勢を懸念
2024/6/18（火）	38,482.11	379.67	欧州株価指数が小反発し、安心感
2024/6/19（水）	38,570.76	88.65	
2024/6/20（木）	38,633.02	62.26	
2024/6/21（金）	38,596.47	▲ 36.55	
2024/6/24（月）	38,804.65	208.18	円が160円に迫り、自動車株に買い
2024/6/25（火）	39,173.15	368.50	米株高を受け、幅広い銘柄に買い入る
2024/6/26（水）	39,667.07	493.92	米エヌビディア反発で値がさ株買い
2024/6/27（木）	39,341.54	▲ 325.53	急激な円安による長期金利上昇を嫌気
2024/6/28（金）	39,583.08	241.54	円安・長期金利上昇で銀行株上げる
7月			
2024/7/1（月）	39,631.06	47.98	
2024/7/2（火）	40,074.69	443.63	金融株買い続き、3カ月ぶり4万円台
2024/7/3（水）	40,580.76	506.07	米ナスダック最高値で半導体株上昇
2024/7/4（木）	40,913.65	332.89	5日続伸最高値更新、TOPIXも最高値
2024/7/5（金）	40,912.37	▲ 1.28	
2024/7/8（月）	40,780.70	▲ 131.67	短期的な過熱感を警戒した売りが重荷
2024/7/9（火）	41,580.17	799.47	米株高やオイルマネー流入観測で急伸
2024/7/10（水）	41,831.99	251.82	米ナスダック連日の新高値で上放れ
2024/7/11（木）	42,224.02	392.03	米早期利下げ期待で初の4万2000円台
2024/7/12（金）	41,190.68	▲ 1033.34	大幅な円高や米ハイテク株安を嫌気

2024/7/16（火）	41,275.08	84.40	
2024/7/17（水）	41,097.69	▲ 177.39	米が対中半導体規制で新ルール検討
2024/7/18（木）	40,126.35	▲ 971.34	米の対中規制と円155円台が重荷に
2024/7/19（金）	40,063.79	▲ 62.56	
2024/7/22（月）	39,599.00	▲ 464.79	米大統領選の不透明感や中国景気警戒
2024/7/23（火）	39,594.39	▲ 4.61	
2024/7/24（水）	39,154.85	▲ 439.54	円が154円台に急伸し先物主導で下落
2024/7/25（木）	37,869.51	▲ 1285.34	米ハイテク株急落と円急伸で大幅安に
2024/7/26（金）	37,667.41	▲ 202.10	米ハイテク株安と翌週の日銀会合警戒
2024/7/29（月）	38,468.63	801.22	米早期利下げの思惑で主要3指数上昇
2024/7/30（火）	38,525.95	57.32	
2024/7/31（水）	39,101.82	575.87	日銀が利上げ決め、売り手が買い戻し
8月			
2024/8/1（木）	38,126.33	▲ 975.49	円一時148円台で輸出株や先物に売り
2024/8/2（金）	35,909.70	▲ 2216.63	米景気下振れ懸念で歴代２位の下げ幅
2024/8/5（月）	31,458.42	▲ 4451.28	米景気懸念や円高で過去最大の下げ幅
2024/8/6（火）	34,675.46	3217.04	円高に歯止めかかり過去最大の上げ幅
2024/8/7（水）	35,089.62	414.16	日銀副総裁発言がハト派的で安心感
2024/8/8（木）	34,831.15	▲ 258.47	一時800円強下げるも好業績株に買い
2024/8/9（金）	35,025.00	193.85	米株高や円安で一時800円超の上昇
2024/8/13（火）	36,232.51	1207.51	米ハイテク株高受け、半導体株大幅高
2024/8/14（水）	36,442.43	209.92	朝高後、岸田首相不出馬報道で軟化
2024/8/15（木）	36,726.64	284.21	4～6月期GDP速報値が市場予想上回る
2024/8/16（金）	38,062.67	1336.03	米株高や円安で今年2番目の上げ幅
2024/8/19（月）	37,388.62	▲ 674.05	円高進行受け、先物に断続的な売り
2024/8/20（火）	38,062.92	674.30	米主要3指数上昇し、ハイテク株買い
2024/8/21（水）	37,951.80	▲ 111.12	米ハイテク株売りや円高が重荷に
2024/8/22（木）	38,211.01	259.21	雇用者数大幅下方修正で米利下げ観測
2024/8/23（金）	38,364.27	153.26	植田日銀総裁発言で利上げ警戒和らぐ
2024/8/26（月）	38,110.22	▲ 254.05	円一時143円台半ばで輸出関連株売り
2024/8/27（火）	38,288.62	178.40	米エヌビディア決算控えるも円安好感
2024/8/28（水）	38,371.76	83.14	
2024/8/29（木）	38,362.53	▲ 9.23	
2024/8/30（金）	38,647.75	285.22	指数の銘柄入れ替えに伴う買い入る

9月			
2024/9/2（月）	38,700.87	53.12	
2024/9/3（火）	38,686.31	▲ 14.56	
2024/9/4（水）	37,047.61	▲ 1638.70	米景気減速懸念で今年3番目の下げ幅
2024/9/5（木）	36,657.09	▲ 390.52	円高進行受け、先物や輸出関連株売り
2024/9/6（金）	36,391.47	▲ 265.62	米雇用統計発表控え、米株安を警戒
2024/9/9（月）	36,215.75	▲ 175.72	米株安受け一時1100円超安も下げ渋り
2024/9/10（火）	36,159.16	▲ 56.59	
2024/9/11（水）	35,619.77	▲ 539.39	円一時140円台を嫌気し、輸出株売り
2024/9/12（木）	36,833.27	1213.50	米ナスダック高受け、8日ぶり反発
2024/9/13（金）	36,581.76	▲ 251.51	円高進行で輸出関連株に売り圧力
2024/9/17（火）	36,203.22	▲ 378.54	円一時139円台で自動車株などに売り
2024/9/18（水）	36,380.17	176.95	円一時142円台に下落し輸出株に買い
2024/9/19（木）	37,155.33	775.16	米0.5%利下げに円安で反応、先物買い
2024/9/20（金）	37,723.91	568.58	米ダウ最高値や欧州株高が追い風に
2024/9/24（火）	37,940.59	216.68	米経済軟着陸期待で米ダウ高値追い
2024/9/25（水）	37,870.26	▲ 70.33	
2024/9/26（木）	38,925.63	1055.37	円一時145円台と米半導体株高を好感
2024/9/27（金）	39,829.56	903.93	高市氏の自民党総裁就任への期待感
2024/9/30（月）	37,919.55	▲ 1910.01	石破氏が総裁に就任し、円高進行
10月			
2024/10/1（火）	38,651.97	732.42	前日の急落で自律反発狙いの買い入る
2024/10/2（水）	37,808.76	▲ 843.21	イランのミサイル発射で中東緊迫化
2024/10/3（木）	38,552.06	743.30	石破首相が早期利上げに否定的見解
2024/10/4（金）	38,635.62	83.56	
2024/10/7（月）	39,332.74	697.12	強い米雇用統計で米経済に軟着陸期待
2024/10/8（火）	38,937.54	▲ 395.20	米長期金利が2カ月ぶり4%台
2024/10/9（水）	39,277.96	340.42	円安進行や中国の財政政策への期待
2024/10/10（木）	39,380.89	102.93	米3指数上昇と円安で輸出株が上昇
2024/10/11（金）	39,605.80	224.91	好決算ファストリ6%高がリード役
2024/10/15（火）	39,910.55	304.75	米株高や円安進行で一時4万円台に
2024/10/16（水）	39,180.30	▲ 730.25	ASMLの決算低調で半導体関連株売り
2024/10/17（木）	38,911.19	▲ 269.11	TSMC好決算もASMLショック続く
2024/10/18（金）	38,981.75	70.56	
2024/10/21（月）	38,954.60	▲ 27.15	

（注）備考欄は原則として100円以上の騰落があった場合に記載

前田昌孝 まえだ・まさたか

マーケットエッセンシャル主筆。1957年生まれ。79年東京大学教養学部卒業、日本経済新聞社入社。産業部、神戸支社を経て84年証券部。91～94年ワシントン支局。証券部編集委員、日本経済研究センター主任研究員、日本経済新聞社編集委員などを経て、2022年2月より現職。著書に、『株式市場の本当の話』『株式投資2022』『株式投資2023』『株式投資2024』『深掘り！　日本株の本当の話』（いずれも日経プレミアシリーズ）ほか多数。

日経プレミアシリーズ | 519

株式投資2025

二〇二四年一一月一四日　一刷

著者　前田昌孝

発行者　中川ヒロミ

発行　株式会社日経BP
日本経済新聞出版

発売　株式会社日経BPマーケティング
〒一〇五―八三〇八
東京都港区虎ノ門四―三―一二

装幀　ベターデイズ

組版　朝日メディアインターナショナル

印刷・製本　中央精版印刷株式会社

ISBN 978-4-296-12152-6　Printed in Japan

日経プレミアシリーズ 504

「正義」のバブルと日本経済

藤井彰夫

「地価を下げることこそ正しい」「銀行救済に税金投入はけしからん」「弱い中小企業は皆救うべきだ」「堕落した官僚は懲らしめろ」「金融政策はあらゆる手段を」「高齢者は弱者、皆で助けよう」——何が「正義」とされ、その結果どうなったか。日本経済長期停滞の真因を新たな視点から探る「物語」（ナラティブ）の日本経済論。

日経プレミアシリーズ 513

マイナス金利解除でどう変わる

清水功哉

なぜこのタイミングでマイナス金利解除に動いたのか、金利はどこまで上がるか、住宅ローンへの影響は、日銀が株の売り手に転じる意味合いは——。何が決まり、どう変わったのかを、日経新聞編集委員がこれまでの政策の変化も踏まえてわかりやすく解説。デフレからインフレへの転換で必要な心構えも的確に示す。

日経プレミアシリーズ 516

日本のなかの中国

中島 恵

日本で中国人のみが属するコミュニティや経済圏が続々形成されている。母国の規範や行動原理を持ち込み、階層化の兆候も観察される。彼らは何を考え、日本にどのような影響を与えているのか。80万人を超える巨大な在日中国人社会の実態を明かす、迫真のルポルタージュ。